U0925107

俞敏洪 张洪伟 周容 编著

立志要趁早

陕西师范大学出版社

图书在版编目（CIP）数据

立志要趁早/俞敏洪，张洪伟，周容编著. —西安：陕西师范大学出版社，2009.8
ISBN 978-7-5613-4753-9

Ⅰ. 立…　Ⅱ. ①俞…　②张…　③周…　Ⅲ. 成功心理学—青少年读物　Ⅳ. B848.4—49

中国版本图书馆 CIP 数据核字（2009）第 139810 号

图书代号：SK9N0742

上架建议：成功励志|大众读物

立志要趁早

编　　著：俞敏洪　张洪伟　周　容
责任编辑：周　宏
特约编辑：一　草　罗　岚
选题提供：林振宇　齐　莉　李吉琴　孔　玮
装帧设计：张丽娜
出版发行：陕西师范大学出版社
（西安市陕西师大 120 信箱　邮编：710062）
印　　刷：北京市京都六环印刷厂
开　　本：787×1092　1/16
字　　数：250 千字
印　　张：19.5
2009 年 9 月第 1 版
2010 年 7 月第 2 版第 3 次印刷
ISBN 978-7-5613-4753-9
定　　价：28.00 元

李开复：
Google全球副总裁/中国区总裁
知名教育家

人生的快乐就是实践自己的理想，如果在很小的时候，就已经明白这个道理，立下这个志向，成长一定会很精彩，人生也会有大不同。我是这样走过来的，《立志要趁早》里的十个孩子同样如此，我怀带欣喜的目光注视他们的成长，他们的成长会是一个时代前进的力量。对世界，对中国，都一样。

—— **李开复**

目录

contents

人生追逐的就是寻找自己的兴趣，实现自己的理想，过上自己想要的生活。我经常在各个场合谈及青少年励志，那是从外到内。现在我们要说立志，那是从内到外。没有什么力量比自动自发更强大。没有什么成长比主动追求更健康。

——俞敏洪

俞敏洪：
知名教育家，著名的英语教学专家、企业家、青年精神导师
新东方教育科技集团董事长兼总裁，中国青年企业家协会副会长

要成功　先立志

我总觉得留学事业对中国的发展是十分重要的事情。一年又一年，新东方承担着一种说不清道不明的使命，将一批又一批学生送到国外。非常让人欣慰的是，现在的留学，和我们当初的留学有着本质的区别。上世纪八十年代，我们的留学只是为了逃避贫困。九十年代，我们的留学只是为了能够拿到国外大学的奖学金。不用自己花钱还能够拿到学位、学到知识，真是天上掉下来的馅饼。

进入二十一世纪，人们的留学观念真正进入了终生思考的轨道。能够拿到奖学金到国外去读硕士和博士固然再好不过，但更多的父母和学生开始思考中国教育和国外的区别，开始意识到中国的教育体系尽管很优秀，但如果和国际教育体系，尤其是欧美的教育体系结合起来，也许能够更加有助于孩子们的成长和成功。这一思考的结果是，中国的父母越来越具备国际眼光，越来越愿意

摆脱中国高考的独木桥，把自己的孩子送到国外去接受更加完整、更加有创新意义的教育。

而现在的孩子们，更是日益展现出他们独立思考和奋发追求自己人生目标的能力。我在五年前就写过一篇赞美 80 后的文章，专门陈述了我对 80 后的看法。我认为 80 后，90 后及未来的 00 后，都凸显了我们这些老一代人没有的能力：他们更加有自己的判断力，知道自己要什么，哪怕那不是具体的目标，只是一种生活，一种状态。总之他们的志向是明确且卓越的。此外，他们大多很独立，愿意把所有的事情都放到桌面上来谈，更加愿意主张自己的权利，更加愿意自觉地完善自己，更加愿意遵守规则办事。他们会终止中国文化和习俗中恶劣的东西，把更加阳光的思想引入日常生活和工作。

所有这些观点，无一不越来越被这些年轻孩子的实践所证明。我们总是认为这些年轻的孩子们没有思想，总是认为他们很自私，但事实证明我们总是错的。汶川大地震灾后支援活动中，活跃在前线的都是他们的身影；在各种事件中，我们总是看到他们在幼稚的年龄充满着成熟的思考。

就像这本书的十位小作者，他们都还那么年轻，却已经是国内最优秀的中学生，他们通过自己的努力考取了世界上最知名的高校，但学习优异并不是他们的全部，他们首先是立体的人，丰富的人——刘禹琦通过化学对人生积极的思考，周雪瑶对艺术的爱好，赵一苇对漫画的喜欢，李孟元对电影的痴迷，刘家彬在学习中的孤勇，李峭寒对志愿工作的热心，陈励子对文学创作的追寻，郭文煊对美丽的不懈证明，邓炜传递奥运火炬的那份自豪，袁瀚对生活的不屈——他们的思想，他们对于世界的看法，他们对于理想的追求和执著，所有这一切都体现了新一代生生不息的生命力，不仅仅为他们的同龄人提供了榜样的力量，也可以让我们更加放心地放手，让年轻的一代更高更远地飞翔。

人生追逐的就是寻找自己的兴趣，实现自己的理想，过上自己想要的生活。我经常在各个场合谈及青少年励志，那是从外到内。现在我们要说立志，那是从内到外。没有什么力量比自动自发更强大。没有什么成长比主动追求更健康。但立志还是需要先励志的，很多时候，大人的道理并不励志。同龄人的成长经历更打动人。看完这本书，肯定会有很多孩子想，他们能够这么优秀，我为什么不行？如果这样，那么这本书的励志效果已经产生。

是的，我是如此激动且真诚地向各位推荐这本书。因为此刻我终于意识到，中国的留学事业到现在才真正走上正道。也许我们过去的留学目的是不纯粹的，我们是为了物质财富而去，我们是为了摆脱贫困而去，但今天的孩子们，他们是为了理想而去，是为了生命的价值而去。更加让我们感动的是，他们是为了祖国的前途而去。至少在我碰到的每一个准备留学的年轻人身上，都流淌着深爱这片生他们养他们的土地的热血。我曾经问过这些年轻的孩子们，他们留学毕业后打算在哪里继续他们的梦想，我得到的答案几乎是统一的：回到中国，回到他们出生的土地，因为他们的希望，世界的希望，就在中国。

我赞美年轻的一代，不管是在中国读大学，还是到世界其他国家去读大学，他们都是中国的希望，他们都是中国千年梦想的实践者。他们让我们可以骄傲地对世界说：我们是中国人！

郭文煊

要做强女人，不做女强人

点评：徐小平

她是一个让人惊呼的女孩儿，时尚、漂亮

她是一个让人赞叹的女孩儿，自信、大方

她是第 57 届世界小姐大赛北京站十佳选手

她曾荣获北京市“迎春杯”数学竞赛一等奖

爱动手的她还是北京市智能机器人大赛二等奖

她热爱公益，是格桑花西部助学北京站最年轻的义工

她的生活多姿多彩极了

现在，她又被伍斯特理工学院高额奖学金录取

她渴望成功，她的故事可以打动所有人

让郭文煊告诉你，自信的女孩最美丽

一个没有远大志向的人，就像一只没有翅膀的鸟。

由于幼年时期经商的父母对我的熏陶，以及长大后“赢在中国”给我的深刻印象，我心里对成功的渴望也就愈加强烈了。尽管年幼的我对成功还没有一个明确的概念，也不能有什么确定的把握，但是这种渴望却在我的心里生根发芽……

——郭文煊

要做强女人，不做女强人

我从小就是个叛逆的孩子。爱运动，性格外向。

小时候有件印象深刻的事情是，去参加八中的少儿班考试，当时参加的人非常多，我很不容易地从近似海选的一千四百人晋级到可以参加复试的两百人。现在想来，那应该是第一次面对“激烈竞争”这件事，虽然当时没什么感觉。就在等待复试的时候，八中的体育老师发现了我，觉得我有田径方面的潜力，开始让我练中长跑，后来练了很久，也爱上了各种运动。

这两件事情，让我在很小的时候，发觉了自己对“赢”的渴望。这种渴望决定了以后的很多事情，后来我参加各种竞赛，走T台，做平面模特，在镁光灯下表演，大概都有小时候埋下的种子。

我要成为世界小姐

在同龄人中，我一直属于个子高的那一类。可是后来走T台，身边有很多大姐姐，我几乎总是最矮的那个。但是，我表现力好，认真，学得快，所以老师经常让我做示范。我也乐于有这样的机会不断地调整和展示自己。在大家面前示范，不仅技术提高快，也能增强自信，因为你要习惯面对众人，而且要做到最好。

做模特对一个中学生来说，虽然也有辛苦的时候，但总体来说是件很好玩而且长见识的事情。2007 年快要放暑假的时候，我正在想怎么度过一个有意义的假期，却无意间在报纸上发现一条第 57 届世界小姐大赛参赛的报名信息。世界小姐（Miss World）是全球举办时间最早的顶级选美大赛，漂亮的女孩子们应该都有关注这个比赛，但是我们不知道的是，这不仅仅是个选美的比赛，它还以促进世界和平和文化交流、树立杰出妇女榜样和帮助饥饿残疾儿童为宗旨，对选手的要求是“才貌双全、充满爱心、积极向上”。所以说，这个比赛除了对外形有很高的要求外，更多的是对综合素质的全面考察。这是个有趣的挑战，我要报名参加。

我顺利地通过了海选和面试，和北京赛区其他一百多位选手一起入围初赛。在赛前我们要进行为期五天的基础培训，第一堂封闭式的表演基础课就在一个 900 多平方米的大厅里开始了。这堂课的老师是我国著名国际大赛的总编导毛毛老师，她曾是个著名的光头美女个性模特。我们在她“挺胸！微笑！保持形体！让你的自信由内而外散发出来”的声音中紧张而兴奋地开始了训练。自信是这个比赛非常重视的品质，“无论是北京舞台、中国舞台，还是世界小姐全球总决赛的舞台，自信、积极的品质和气质都是最为重要的成功基石。这种气质的培养正是全部培训的主题。”

可是从练习站立开始，我就觉得这个比赛不容易。我平时上学只穿运动鞋，这几天都穿十公分的高跟鞋练习基本步伐，脚上都是血泡，再站上个几小时，我小腿就开始僵硬了，脚酸得不得了。大概因为疲惫，在一次转身中我扭伤了脚，脚踝立刻肿了起来，像个包子。毛毛老师立刻让工作人员将我扶到椅子上休息，并鼓励我要直面挑战，一定要坚持下去。她还对其他选手说："世界小姐的选拔，是一个综合考量的系统工程，要求选手具备全面的素质，当然，其中包括自信的气质和过硬的心理承受能力，以及不畏困难的韧性。这是世界小姐大赛一贯的遴选标准，也是这一历史悠久的国际赛事能够长盛不衰的核心竞争力之一。"我想这还只是开始呢，我还没展现出自己的发光面，怎么能坐着呢？于是就站起来，继续练习。

除了表演基础，我们还有其他一些专业课程，像演讲、服装色彩与配搭、化妆、镜头前展示以及赛前培训等，而且我们的老师都是这个行业著名的专业人士。这些精心为我们设计的课程让我们受益匪浅，我觉得这些知识，即使以后不参加比赛，也将是令我受益终身的。

初赛是在一家国际性的酒店大堂里举行的，比赛的流程是：T 台走秀、演讲、英语朗诵、才艺表演。我准备的才艺是一支印度舞蹈，因为在家练习了很久，所以这个环节我很有信心。可是最安全最不会出问题的地方，往往会给你一些惊愕。在家练习的时候我都是用 DVD 放音乐的，比赛前就用这个碟刻了张光盘给音响师，而且还考虑到这个可能不好用的情况，我也准备了一个备用的 U 盘。结果轮到我才艺表演的时候，那张碟还真放不出声音来了，我赶紧拿出 U 盘来，却被告知，没有 USB 接口。当我站在台上不知所措的时候，毛毛老师示意我下来，对我说："如果没有音乐就视为放弃比赛，赶紧想办法。"

我想到可能是当时音频的格式转换错了，后悔为什么那么粗心不在家检查一下呢？可是如果现在退出，那么先前所有努力就都白费了。我拿着 U 盘，眼眶全湿了，但是没办法，只能风驰电掣地向大门外跑去。我仔细分析了下现在的情况，参赛选手一共 110 号，我是 8 号，其他人的表演应该会给我点搞定音乐的时间。但是酒店所在的那条街上的几家 IT 小店都不能有效转换格式，刻出我需要的盘，后来有家店主告诉我电脑城肯定可以做，我也顾不了来不来得及了，伸手打了辆车，朝电脑城奔去。

当我把刻好的光盘交给音响师的时候，最后一位选手刚好表演完。好悬啊，还好来得及。我深呼吸一口气，重新站上舞台。音乐响起来，节奏欢快，我赤着脚，开始了我的印度舞。直到最后听到了热烈的掌声，才松了口气。

之后，我顺利晋级进入复赛。这个结果在意料之中，但这过程确实充满了惊险和喜悦，当然也有深刻的教训。

获得复赛资格的选手们，被分成三个站比赛。环保站的女孩子们被送到美丽的怀柔，我们放飞小鸟，诠释了世界小姐大赛绿色、仁爱、和谐的精神内涵。之后经过了惊险、刺激的漂流后，来到白沙滩，开始比赛。

这次的流程是：个人环保小演讲、团队环保知识问答、闯关登山赛。比赛的评定标准是该组成员全部抵达终点才可以计算名次。这样的标准更强调团队的意义，要做一位世界小姐是需要很好的合作精神的。我们小组的姑娘们像一家人那样，互相鼓励、互相加油。经过艰苦的跋涉，整组成员全部抵达终点，顺利地完成了任务。经过这次分站赛，我们团队的感情更亲密了。

而另一个世界小姐的秀场，则是一个 18 洞的高尔夫球场。我们在整个比赛中都和高尔夫球运动员“亲密接触”，了解了很多高尔夫球的知识，看到了各种球杆，十分有趣。和前面一样，我们也和湖畔青蛙高尔夫俱乐部的会员嘉宾一起放飞了百余只和平鸽。

健美站的比赛场地，是中体倍力总部，聚集在这里的是三十多名复赛选手。首先我们跟舞蹈老师学习印度舞。这种舞蹈讲究用夸张的面部表情和丰富的手部动作，结合华丽的服饰和化妆，通过肢体语言而非音乐演唱来传情达意。跳动时，腿可弯曲，身体幅度变化很大，非常具有观赏性。在强劲音乐的伴奏下，我们还学会了增强肌肉力量、弹性与身体柔韧性的有氧健身操。在学习舞蹈的过程中，我也更深刻地理解了本次世界小姐大赛的主题："仁爱、关怀"，我们有健康的身体和健康的心灵，才是一个完善的人，才能更好地关爱其他人，关爱世界，才能成为真正的"世界小姐"。在健美站，我获得了季军，成功闯进决赛。

决赛的流程和初赛一样，赛前有封闭训练。我们被组委会送到了避暑山庄。那时候，训练辛苦，每天都很想家，想妈妈。可是比赛就是比赛，很多想念都只能藏在心里，我必需付出更多力气去做得更好。

这样的训练，让我对如何做个优秀模特的感受更深了。模特走台时用双脚中心线的外侧，步伐要慢且稳，两腿绷紧脚尖朝前，沿直线走到前台，给人一种轻佻的感觉，就像猫走路的样子。在前台停留时间长一些，转身时，动作要慢，亮相、旋转、神态、韵味、眼神，都是很有讲究的。模特应具有优雅的人体造型，表情内敛、含蓄，台下对着镜子刻苦训练才能有很好的基本功。模特应具有高雅的形体，通过身体基本功练习，使身体柔软、协调，动作舒展，健康美丽，同时还要具备服装搭配色彩知识，有自我形象设计的能力和不同场合的化妆技巧，提升自我形象和气质。这些经验都是通过一次一次的实践得来的，而且以后还需要继续锻炼。我相信我会成为一个更好的模特。

在比赛的十天当中，与其他选手们同吃、同住、同训练，我结识了许多美丽的女孩子，成了好朋友。我们之间有种莫名的亲近感，或许是因为拥有一个共性：我们都是追梦的女孩。

9月中旬，我们终于等到了决赛。五光十色的灯光，时尚概念的舞台，我和其他女孩子一起，穿着高贵、典雅的服装，迈着优雅多姿的步伐，走在世界小姐大赛的T型台上。场内的鲜花、掌声、闪光灯，并未使我喜极而泣，我回忆起这一路走来的初赛、复赛、决赛，这其中身体和心理上的艰辛，所有的准备，激烈的角逐……想到这些，感慨非常多。我年龄还小，舞台经验并不丰富，但幸运地走到了最后。而这只是一个开始。我的人生还有很多的追求，还有很多未实现的梦想。我希望成为内外兼修，融美丽、智慧于一身的女企业家、女慈善大使。就像我面对台下数十名专家、评委，面对众多的领导、来宾，在大赛获奖感言上说的一样：今天我站在世界小姐的舞台，这只是人生的起点，我相信：不久的将来，我不仅会用美丽时尚的外表打动世人，还将用知识与智慧的精彩魅力，征服世界，站在人生更大的领奖台上！

做模特的过程中，我参与了很多活动。像《瑞丽》《男人风尚》《看天下》的大片拍摄，李嘉子彩妆新妆发布，施华洛婚纱摄影，美罗城开幕庆典，李连杰“壹基金”，“老凤翔杯”中国首饰设计制作电视大奖赛，索爱手机发布，圣火传递仪式“流动的紫禁城”，还有迪斯尼和VEVA、MIIDII、Esprit、Betu这些品牌的走秀，以及2009上海国际车展，2009唐山国际车展的活动。在这许多活动中，我同各种人一起工作，遇到各种事，我想，在我这样的年纪，这些经历都是很宝贵的，它们让我迅速地成熟起来，让我更早知道社会是什么样，而我的位置又是什么样，以及，最重要的，我可以做到什么，我可以继续憧憬更广阔的世界和更美的梦想。

文煊面试经验谈

几年来，我经历过大大小小上百次面试。而每次面试都有不同的收获。

最开始那几次，听到经纪人说“好了，你可以回家了”的时候，心里总是特别难过，自信心也减少了好多。但经历的面试越多我越发现，只要不给自己太大的压力，收到的效果反而会更好。心态放轻松，就这么想：既然什么也没失去，我们为什么悲伤呢？悲伤是因为我们觉得那一定是属于我们的，所以没有得到就受不了。

可是，一份工作，一份感情，一次看似走到我们身边的机会其实原本就不是我们的，我们为什么要为不是我们的东西而悲伤呢？越是对自己不抱有过高的期望，平和地看待自己，看待周围的世界，越会发现一个个机会悄然而至。

当然同时，也要增强我们的自信心，相信自己可以做得好，鼓励自己再登上一座座更高的山峰。

其实每个人都有一个成长的过程，人的一生也不可能一帆风顺，有起伏，并且总有低谷。人的身份其实也有高贵和卑微。只有在任何岗位上都能适应，不浮躁，努力调整自己，才能适应环境。同时，我发现，越是放低自己的姿态，越是可以从以前从未观察过的不同角度去发现问题，学到更多受用一生的宝贵经验。

比如我选择工作的时候，薪水永远不是考虑的第一要素，多尝试不同的工作，积累不同的经验，才是我想要的。

这样的心态成就了我的第一次平面广告，第一次车展经历，第一次T台秀，第一次动态TVC广告，第一次杂志拍摄……许多的第一次。因为我把人生当成一个寻找与体味的过程。

有一次我向一位来自摩根斯坦利的经理请教关于投行和咨询的相关知识，他回答得特别耐心，当他知道我只有十六岁的时候对我说："真厉害，小小年纪就到社会上积累经验。"后来我向他咨询华人留学生中比较流行的金融和经济等热点专业时，他让我仔细思考自己的兴趣和专长，不要盲目跟风。这些话一直鼓励和影响着我，在我申请学校和报考专业的时候也一直给我启发。

每天学习一点点，读社会这所大学，不是件简单的事，但是也确实不是一件难事。只要虚心好学，不放过任何一个机会，多想敢做，你总会收获到自己没想到的东西。俗话说：三人行必有我师。其实“一人行”也必有我师，只是看我们有没有善于发现别人优点的眼睛。学会寻找别人身上的闪光点，也是一个自我成长的过程。如果我们每天向不同的人学习一点点，不久就会发现自己进步了一大截。

言归正传，下面给大家讲个我印象深刻的面试吧。

那是我快要参加 TOEFL 考试的时候，被经纪人叫去参加一个新加坡公关公司的面试。面试本身当然是很值得参加的，但是让我犹豫的原因是，我马上要考 TOEFL 了，而且还要抽时间准备过两个月就要考的 SAT。这是两项非常重要的考试，而且它们的意义不仅在于考试，可以说，这是关系到我整个人生方向的大问题，我对此有了很多思考。一场面试还是两场考试——我到底要选择什么呢？人的一生总是要面对各种选择，而且任何一个小的选择就会造成完全不同的结果，甚至造就完全不同的人。

我想了很多，最后觉得，其实在岔路口，选择哪一个方向都不要紧，重要的是自己能够承担结果。自己能对自己的选择负责，不管结果怎样，都会值得。而且这个世界没有如果，我们不知道另一种选择会带来什么，只能根据自己现时的判断做决定，然后接受所选择的。

所以我还是去参加了这次面试。这种工作机会对我锻炼英语口语和听力是很有帮助的，而且又能增加社会经验，所以即使把握没有那么大，我也还想试试。

参加面试的有二十多个女孩，我们按照顺序排号，我排在最后一个。在聊天的过程中我才发现，这些和我一起面试的人中，真是卧虎藏龙。她们有的是外语学院的高材生，英语当然不在话下，还有家乡在台湾，闽南话、广东话、英语、普通话都很好的大学生，简直就是全能。

在他们面前，我不禁有些心虚：我行吗？但转念一想，我来面试就是要锻炼自己，能成功当然很好，但如果没有得到这份工作，我其实也并没有失去什么，反而是有了一份宝贵的面试经验，所以有什么好担心的呢？

而且，在平常的工作中我了解到，在当今经济形势下，一般只有大学毕业才能有比较好的工作机会，但我现在十六岁就和她们一起面试，多么难得，这说明我也很不错啊。等我大学毕业准备找工作的时候，我肯定已经身经百战、胸有成竹了，肯定比现在更自信，更有实力。

这样一想，我就更加不担心了，觉得轻松起来。轮到我面试的时候，我已经自信满满了。

面试过程很简单。我讲了一些自己的工作经验，展示了自己的英语水平，面试官并没有问太多问题。面试很快结束，然后我又交代了下身高和衣服尺寸之类的细节。我当时有非常清楚的感觉：我可以得到这份工作了。果然，不一会儿，经纪人就叫住四名女孩子，开始介绍工作内容——这四名里有我。

面试过后的实际工作则更让我激动。这次要参加的活动是一家酒店的开幕仪式，我担任活动助理。为避免一切可能的疏忽，尽量做到完美，我们从清早开始彩排了一遍又一遍。后来，新加坡总统亲临现场，他走过我身边的时候，我特别兴奋，疲惫一下就消失了。

到晚上酒会的时候，我们四个女孩已经非常非常辛苦了，因为把七八公分的高跟鞋穿上一天也是体力活啊。旁边的女孩子开始抱怨："为什么我们非得站在门口啊？""他们吃着、喝着，我们只能站着、看着，怎么笑得出来啊？"我在想，以前出去吃饭，我根本没有关注过身边的服务员，现在却特别能感受他们的辛苦。很多时候，换个角度想问题，感受就完全不一样了。站在巨大的会场里，我像一个局外人在观察事物，这种角度让我看得更细腻，也更客观。

在那短短的几个小时里，我向 Mr.Bigs 学到了许多沟通以及礼仪方面的技巧。我深知，只有懂得怎样与人良好地沟通，才能拥有更多的“幸运”，人脉即财脉。

所以，许多平时无法接触到的知识在不经意间突然涌到我面前的时候，我根本没有意识到自己有多累，我高兴还来不及，怎么会累呢？而且我看着会场里这些大人物，暗暗下定决心：将来我一定要像他们一样，只能做得更好！而且我会用更短的时间达到自己的目标！

以前总听到这样的说法：只有自己工作了以后，才知道父母挣钱的艰辛。事实确实如此。在各个秀场、发布会上，我们模特都是摄影师、镁光灯的焦点。在家里，作为独生子女的我们也总是一个家庭、几辈人关注的对象。而这一次酒店开幕的公关活动，我完全是以一个助理、一个局外人的身份，穿梭在会场与机场之间，接待从世界各地飞到北京来的贵宾，一站就是一整天。这样的疲惫很容易让人体味到生活的艰辛，因此也更能理解父母，知道他们给予我们的有多难得。

作为这个公关活动的助理，我们还带领各位嘉宾逛北京，参观了奥运场馆。这次活动工作时间很长，也没有镁光灯的聚焦，身体非常累，但是，非常有意义。一场面试给予我的，远不止普通的“面试经验”，我学到的超过我的期待，而且对自己的认知也更清楚了。我坚信信，以后再遇到更复杂的问题，我也更懂得选择。

最后，我把我的面试小贴士放在这里，供大家参考哦：

1、每次面试时，行头要得当，给面试官留下美好的印象；

2、在面试前，要对工作有一定的了解，对面试官的性格也要有一定了解；

3、自信，是面试成功的法宝，相信自己一定可以得到这份工作；

4、要恰当地说话，不要过分表现自己，更不要不表现自己。

5、每次面试后，争取得到面试官的评价，为下一次面试作准备；

6、回家后，对于面试进行总结，争取做到每次面试都有进步；

7、最重要的一点，就是经常与他人进行交流，尤其是那些你觉得不如你却面试成功率高的人，他们一定也是有着自己的过人之处的。

好了，相信你做到以上几点后，面试成功率一定会节节攀升的。

记住，自信、专注，是我们成功的法宝。

这就是生活

有句话说得好，如果你爱一个人，就送他去参加服博会吧；如果你恨一个人，也送他去参加服博会吧！每年，每逢时装周和服博会，模特们就会异常地忙碌。总是要赶场，吃饭没点，休息没点，作息非常不规律，就已经让人很痛苦了，而最痛苦的莫过于好不容易找到了后台的一个小角落小憩一下，却被编导用巨大的喇叭声吵醒。

之前的时装周、服博会举行的时候，我还在学校里准备考试，所以2008年的时装周是我第一次参加的时装周面试。面试地方是北京798艺术区的D—PARK时尚广场，那天许多家模特公司齐聚。首先每家公司会上交模特名单，组委会再把名单发到每个设计师手里。像比赛一样，每名设计师根据模特的走秀、相貌、身材等打分，选出适合自己品牌的走秀模特。这可是卧虎藏龙的地方，周围被很多比如CCTV模特大赛、职业模特大赛、新丝路模特大赛等比赛的获奖选手填个严严实实。

这次我有幸跟着一家外模公司参加面试。与相对竞争激烈、往往会派出近百人的中国模特公司相比，外模公司来参加面试的模特人数就很少了，几个模特公司加上也就一百人。看到她们，我在考虑我到美国后是否也可以继续发展这项事业，当然这是后话了。在每场面试中，我都不断自我审视着。人不能永远原地踏步，止步不前，不仅是在模特圈，在任何行业都一样，只有不断进步，才不怕被后来的人超越自己的脚步。

这一次的服博会，我一开始接的是迪斯尼品牌的演出，演出前一个星期就开始排练。和其他品牌的演出不一样，这次的主办方更多地要求我们笑着，展现出我们的青春与活力，像电影《歌舞青春》中的情景一样，欢快、热烈，让大家一下就能感受到青春的氛围。其实我平时很少穿体恤和板鞋这种休闲类服装，因为年纪小，工作性质又特殊的关系，我总是想把自己打扮得成熟一些，好让自己看上去更有说服力，更可信。而这次演出，仿佛让自己年龄倒退了几岁。和那些小朋友们在一起，我也觉得更加青春有活力，像是找到了小时候单纯的快乐。

除了迪斯尼的表演，后来我又接到了深圳服装联展的工作，以及一家丝绸厂商的发布会的走秀。这几项工作，分布在不同的场馆，于是整个服博会现场，对我来说，就成了个跑步的竞技体育训练场。参加完一个演出，就赶紧跑向另一个馆换造型，偶尔碰到了从不同方向跑来的姐妹，就只能打声招呼。“嘿，干嘛去？”“赶另一个演出去！”唉！谁说我们没有时间锻炼呢，这不，锻炼在路上了嘛。

我们演出前一天5点就在模特公司集合，然后所有人一起坐车前往展厅，路途是漫长的。同去的女孩子个个是一米八的个子，身材高挑、长相甜美。她们有的是服装学院的学生，有的则已经在一起演出过许多回，互相都很熟悉。而这是我第一次与这家公司合作，人、事都很陌生，未满十八岁的我，好似隔了很远的距离，站在一大群人外，没有熟悉的朋友，自己一个人孤独地上路。到了展馆，天就已经黑了，昼夜温差很大，白天很暖的天气此时就变得有些凉了，女孩们三三两两地蜷缩在一起，我在陌生而寒凉的地方，多想有团篝火啊，这样也能变得有点精神。T台上有别的演出还在进行排练，我们在等着依旧在路上的衣服及设计师。那时候展馆因为装修，很多设施还没有完善，只有主舞台才有着光亮，那里是大家的焦点，而我们所在的休息间，灯光是灰暗的，此情此景，仿佛有淡淡的哀伤。但大家都还是耐心等待，等待设计师，等待排练，等待自己的演出。

到9点多钟，设计师终于带着他们的衣服赶到了现场。我们按高矮排成一排，设计师根据衣服的风格与搭配分发衣服。因为是联展，所以共有三个品牌一起参展，每个品牌两套衣服。由于模特身材不一样，鞋号也不一样，所以衣服试好后还要掉换，进行装饰品的搭配，等我们模特试完衣服，又过去了两个小时。我们每一名模特都会对应一位换衣工阿姨以及一个相应的衣架，衣架上都标上模特的名字，方便阿姨寻找。等我们确定完衣服后，便排队照相，然后打印出来一同贴在标签上的名字旁边，方便阿姨在我们走秀的时候，提前准备好下一身准备穿的衣服。看起来比较复杂，但一切都井井有条。到11点，彩排正式开始，编导先和我们讲了一遍队形，由于共有三个品牌，所以也需要安排三次谢幕。然后便开始了合音乐的彩排，合完音乐又进行了带妆彩排。然后每个设计师根据服装的风格，提出对模特展示时的要求……然后又根据设计师的意见再进行彩排……一遍又一遍，这个台走了一轮又一轮，要不是因为这是第二天下午的演出，我们就肯定得住那里了。这样，到家的时候，已经是第二天凌晨了。想到明天早上还要早起赶另一个演出，我就头痛。

但，这就是生活……所谓台上一分钟，台下十年功。

你总是要付出很多很多，才能有一点点收获。我只能跟自己说，加油！

第二天的演出是忙碌的，我们在台上笑着，释放着，展现着……T台是白色的，洁白得没有一丝污渍，灯光打上去显得特别的明亮，甚至是有些耀眼，晃得让人有点喘不过来气。但这种窒息的感觉却又在登上T台的那一刻消失得无影无踪，留下的只是一份纯洁的美好。当我们全体返场，整体谢幕的时候，听到台下持久不息的掌声，那种满足感是溢于言表的，可以扫去一身的疲惫。

下午的演出结束后，我顾不上多想，就赶紧跑出场馆直奔下一个演出场地。我觉得自己像一个落跑的新娘，只是电影里那些美丽的新娘是因为惧怕婚姻而紧张，所以逃跑了，而我是迎着紧张而上，我奔跑是要跑到目的地去。在路旁打不到车，我急得像热锅上的蚂蚁，这边经纪人还一直不停地打着电话催着……下午5点的北京，车道正是最堵的时候，我被塞在路的中间，恨不得推开车门自己跑过去。最后实在觉得时间太紧张，我还是让师傅帮我开到一个地铁站，从刷卡到站台，我一路飞奔，行人都用异样的眼光看着我这个在地铁里飞奔的人，再看看我身后，才得以验证我不是个小偷什么的。

服博会的忙碌和忙碌中的辛苦，都很让人头痛。但是，忙碌完之后，又觉得非常充实。好像过了很长很满的一段时间，而自己在这时间里，比其他时候成长得更快更好。

这短暂的模特生活让我这半年的后申请时代变得异常忙碌。在别的同龄人准备高考的时候，在申请的朋友们忙着“腐败”为国家的GDP创收的时候，我还是颇爱我的模特小生活的。我曾经一直想给自己放个假，一个人去玩一玩，感受一下中国壮丽的大好河山，但就一直没有机会。其实身为模特本身就是一个“瘾”，这个“瘾”一直迫使我让自己忙碌着。朋友说你真的应该好好地休息一下，因为上了大学后就没有很长的时间让我们走走停停，也不一定有那么闲的心情到处看风景了。我们要开始为未来奋斗，为工作奋斗，为生活奋斗，我们会更忙碌，更用力。但是现在，我却无法从一个个拍摄中自拔。就像一个人问你“这个机会你要吗”一样，我愿意把一次次面试、一次次走秀、一次次拍摄当成一个个机会，一个个人生的体验。

前两天看到一个关于布兰妮的纪录片，关于她真实的生活。布兰妮讲述了自己每天忙忙碌碌，没有任何休息的时间，她感觉自己的生活完全被别人摆布，门口总是停满了二三十辆狗仔队的车，总是被人跟踪，她找不到自己的生活了。我看到这些的时候，有种想哭的冲动。尽管我能够掌控我的生活，能够有自己的隐私，拥有她没有的一切，但是，我为这些忙碌而不能给自己一个孤独的思考空间的人而叹息。成功的人，往往都是能够耐得住寂寞的人，因为只有我们停下脚步，独自思考时，才能更深地领悟到我们自身的缺陷，也许这就是为什么佛的修行需要禁欲吧。

师哥对我说：快点来 WPI 吧，这里没有纷扰，有的只是枯燥与乏味，每天忙不完的功课。

好吧，我来了，我的另一种人生体验。

劳斯莱斯给我的力量

一个没有远大志向的人，就像一只没有翅膀的鸟。

由于幼年时期经商的父母对我的熏陶，以及长大后“赢在中国”给我的深刻印象，我心里对成功的渴望也就愈加强烈了。尽管年幼的我对成功还没有一个明确的概念，也不能有什么确定的把握，但是这种渴望却在我的心里生根发芽。

我有一次在网上搜寻“赢在中国”的时候，偶然发现了一个关于“史密斯商业计划书大赛”的网站。我当时特别兴奋，因为我知道“赢在中国”是不允许十八岁以下未成年人参赛的，而且因为“赢在中国”是一个真人秀节目，所以一定会耗费很多的时间。这些条件对我来说都是很大的限制。但这个“史密斯商业计划书大赛”并不会牵扯我们太多的时间，所以我赶忙给大赛组委会发去了一封E-mail，询问十八岁以下的在校学生是否可以参赛。大约一周后我收到了回信，信中写道：不论文化程度，不论年龄大小，都可以报名参赛。这封E-mail给了我很大的勇气，我变得很兴奋，急忙在学校中询问是否有同学愿意与我组成一个团队，一起参赛。很快，两名志同道合的同学便联系到我，就这样，我们组成了一个满怀期望的三人小团队。

但那时的我们根本不懂什么是商业计划书，更不懂什么高科技项目，对于网络营销之类更是一头雾水。最快速有效了解信息的方式当然就是上网查了，于是网络搜索、整理、学习便变成了我们每天必做的功课。回家后我们各自查找项目资料，第二天再碰头，相互交流经验，那阵子天天如此。经过各方面的讨论，根据现实的人员和资金情况，我们觉得目前我们唯一能做的就是网站，然后我们准备做一个B2C、C2C（企业面向消费者、消费者面向消费者）的关于学生相关用品的网站。

怎样实现这个计划呢？我们首先想到的是要为这个网站设计一个好的营销概念：公益。正所谓广告要先打响嘛，而且公益这个点一来容易让人有好感，二是我们确实可以为他人和社会做点事情。我们的计划是，首先通过C2C的模式向山区的孩子们捐书本、书包等学习用品。我们之前用过的课本都是以“公斤”为单位被卖掉了，实在特别可惜。每次看到自己用过的书就这样浪费掉，心里也很不舒服，但是苦于没有办法处置。我们可以把用过的低年级的书捐献给贫困山区的孩子们，并寻找企业赞助，负担运费，捐献者可以获得一些捐赠积分，这样不仅可以达到为商家品牌宣传的目的，还可以促进消费者进一步消费。接下来我们便在网上搜寻向贫困山区儿童捐书的信息，了解到了许多关于公益活动的网站。其实人生就是这样，在一个转身的瞬间，我们巧遇了另一家公益网站，它给我们很多的启发，让我们的商业计划书完成得还比较顺利。完成了计划书的翻译工作后，我总算是松了一口气。

有人说做人要把眼光放远，随时往前看。而我说，我们也要时不时地往回看，从我们曾经走过的路上吸取经验。现在回想起来，通过这个比赛，我学到了许多以前没有接触过的知识，也丰富了我人生的体验。小沈阳在春晚里说过：人生其实可短暂了，眼睛一闭一睁，一天过去了；眼睛一闭不睁，一辈子就过去了。那就让我们睁一只眼闭一只眼吧。生命不可以重来，那就让我们多一些体验，多一份精彩吧。在转身的一瞬间，当我们重新审视我们当时所经历的困难时，我们会发现它们渺小得只是我们漫漫人生路上再平凡不过的一颗小石子。没有坎坷经历的人生不会精彩。而我们所站的高度也就决定了困难的大小。我们站得越高越远，一个个困难在我们面前也就显得越平凡。其实决定我们发展的，不是长路漫漫上面的崎岖和布满荆棘的一个个陡坡，而是我们究竟是蚂蚁还是大象。

记得有一天，在北大校园里向路人宣传格桑花助学网的时候，我偶然看到一条“5·12 欢迎光华校友返校”的条幅，不由得被吸引了过去。“开辆日本车都不好意思和人打招呼”是演员李诚儒在 2002 年冯小刚导演的贺岁电影《大腕》中的一句台词。当时许多人听到都会会心一笑。而那一天，荧幕上的场景却被真实地搬到现实生活中来。光华管理学院的楼下两侧早已变成了一个小型车展，路过的行人也都不禁停下来驻足观看。其中印象最深的是一辆劳斯莱斯汽车。其实我原本对汽车并没有太深刻的了解。但是那一天，我在阳光下看到反射出灿烂光芒的飞人标志后，真觉得自己浑身充满了力量。

“如果亨利·莱斯先生和查理·劳斯先生还在世的话，看到这种试车肯定会大惊失色。这不仅仅是因为居然会有人无聊到在赛道上测试他们完美的劳斯莱斯，更因为试车人来自美洲，没有任何贵族血统。”《Quattroruote》杂志在 1975 年 7 月报道 Emerson Fittipaldi 试驾一辆 silver shadow 时这样写道。Fittipaldi 是 1972 年和 1974 年一级方程式大赛年度冠军，他当时说：“我开过很多部豪华车，其中不乏更具现代设计理念的车型，但劳斯莱斯毕竟是劳斯莱斯，握住它的方向盘心中就会涌起难以言表的激动。”

是的，我看到那辆劳斯莱斯后，和 Emerson Fittipaldi 一样，感到了一种难以言表的激动。人们都说榜样的力量是无穷的。如果说在这之前我开始对自己有了些许的人生规划，而这次的场景使我的目标更加具象。虽然这只是一辆车，可是它确实代表了更多更多的东西。别人可以，为什么我不成？我一定要成功！这次北大之旅给我的影响无疑是巨大的。没有方向的人是痛苦的，因为他们一生都生活在浑浑噩噩之中。记得很久之前，一个叔叔问我将来想要成为什么样的人。我对他说，我的梦想是成为一个对社会有益的人。他回答我的话，我一直印象深刻，他说：“梦想不同于理想，而理想更不同于目标。”把梦想奋斗成目标，是我们成功路上的第一步。想多远就能走多远，I know I can！

如果我死了，我一定把器官捐献

“史密斯商业计划书大赛”的经历，在教会我关于网络运营、经营模式等知识的同时，也给了我一个了解公益事业的机会。我渐渐发现了我对公益事业的热情，公益事业的纯粹与美好给了我力量。

印象很清晰的是 2007 年 5 月 12 日，也就是 NGO 文化节在北大举办的日子。NGO，是英文“non-government organization”一词的缩写，是指在特定的法律系统下，不被视为政府部门的协会、社团、基金会、慈善信托、非营利公司或其他法人，不以营利为目的的非政府组织。5 月 12 日那一天，我作为格桑花网站的志愿者，参加了这次的文化节，在结识了许多非常有爱心的朋友们的同时，宣传了格桑花西部助学网并发起了为西部贫困山区儿童义卖等非常有意义的小活动。当我们拿着工厂帮我们免费印刷的宣传单，向路人宣传这个机构的时候，路人们也都是非常关注这项公益事业，并且积极响应义卖等活动的。烈日炎炎，用再多的汗水换来这份体验也是值得的，没有比感受到大家的爱心再好的幸福了。

在做格桑花的志愿者之前，我从来不知道这世界上的贫富差距有这么大。有人安逸地在教室里吹着空调上课，用着最好的教学设备，有最好的老师和资源，同时，在这个国家的另一些角落里，却有很多人因为上不起学而哭泣。他们仅仅是想读书而已。也许你不知道，在有些贫困山区，五十元钱就是一个孩子一年的学费，他们没有书，没有本，只是拿着小树枝跟着老师在地上画着、读着、念着。所以我觉得，这个社会有时候真的太不公平了。当我看到那些孩子的眼睛，当我看到他们的表情，当我看到他们的愿望，我觉得，一个人对学习的渴望无法满足比他身体上的病无法治愈更加可怕。这几乎是扼杀了未来仅有的希望。如果我是有钱人，我一定会帮助他们，他们实在太苦了。如果我死了，我一定把器官捐献，因为这对别人有帮助。我们需要在能帮助别人的时候帮助他们。所以记住：如果你无法帮助他们，那么就使自己努力学习，也许这对他们也是一种支持，因为你至少没有浪费你的资源。

爱心是纯粹的，是透明的，它是不能被污染的，这也是在城市穿梭并且忙碌的人们心中唯一的净地。爱心，是冬日里的一簇火焰，是沙漠里的一潭泉水，更是黑暗中的一缕阳光。其实奉献一份爱心的同时我们内心里收获的也是一份宁静的美好。

爱，首先意味着奉献，意味着把自己心灵的力量传递给所爱的人，为所爱的人创造幸福。

在这个世界上，有许多人为这个社会默默奉献着许多许多。而且，献爱心真的不在于多少，只要你奉献出自己的一份微小的力量，你就为这个世界、为其他人做了很多。我们所做的，也许并不需要那么高尚，比如献出自己的金钱等，但是那堆在墙脚的一堆堆的书是否可以不送到废品回收站？那仅仅用过一面的“草稿纸”是否可以再多画几笔？义卖会上我们是否可以当当义工？

在参加格桑花助学组织的活动时所认识的那些志愿者们，都很年轻。有许多都已经工作了，却都很朴素，像在校学生的样子。而且这些志愿者几乎都是来北京漂着的人，他们生活并不轻松，但是都很愿意付出时间来帮助那些希望读书的孩子们。他们很让我感动。我参加的那场活动，没有志愿者，绝对不能办成。小到一张宣传单，大到音响、演出的队伍，都是靠大家帮助的。每一个人都特别令人感动，真的，真好。我认识了慈善 1+1 的朋友们，毛毛等许多人让我知道了这个交流的平台。“希望我可以帮助更多的人”是我在慈善 1+1 平台的留言板上写下的话。当我看到“郭文煊”这三个字出现在志愿者一栏时，当我看到格桑花的朋友们亲切地叫我煊时，当我看到我们北京志愿者的合影时，内心非常感动，因为在这个世界上，还是好人多。我希望所有的好人都幸福平安。

后来我接触到越来越多的公益活动，我帮一家福利机构写了活动策划案，又参加了对日索赔的对劳工的捐助仪式等。总之，我将努力，希望可以帮助更多的人。拥有一辆自己的劳斯莱斯是我的梦想，做一名慈善家同样也是我的梦想。

让我们一起跑吧

我特别喜欢体育运动，所有运动都喜欢。

从小时候起我就参加了学校的田径队和篮球队。中长跑练了四年，校运会上经常获得 800 米及跳远的冠军；篮球也打得相当不错。

2007 年 10 月 21 日，我参加了北京全日空国际马拉松比赛。人潮涌动，在参赛的队伍中，我看到了七八岁蹦蹦跳跳的孩子，看到了八十多岁的神清气爽的老人，还看到一位二十岁左右的哥哥领着自己双目失明的弟弟。每一幕情景带给我的都是一份感动。

发令枪一响，我们每个人都欢呼着举起手臂冲出起跑线。在那一刻，胜负真的都不再重要，因为在我冲出起跑线的一刹那，我感受到的是一种心灵的震撼。是的，的确不是每个人都能跑回终点，但是只要我们曾经为之努力过，我们就已经胜利了。约一公里处，我经过了第一个转弯，此时我已经很疲惫了，但兴奋的心情却依然激励着我。“水立方，快看，水立方！”一个声音响起。是的，因为身体的劳累，我们中许多人都没有注意到它，差点错过这沿途最美的风景。

不管胜负如何，我想我都会在自己的道路上一直跑下去。

我的计划已经排到了二十八岁

决定申请美国大学的时候，我去新东方上了 TOEFL 和 SAT 的课，以及最后的 Workshop 班。这段经历让我觉得很宝贵。班里的同学是来自各地、最优秀的那一批人，每个人在各个方面都非常厉害。他们作自我介绍的时候，我经常会很震惊。所以开始的时候觉得，跟那么多很牛的同学在一个班里，压力特别大。但是后来我觉得，和很厉害的同学认识、交流，互相鼓励，一起学习，本身就是一种成长。而且和优秀的人一起成长，是让人非常舒服的事情。Workshop 班所教的知识不仅仅对我申请学校很有帮助，而且它本身具备更深的意义，它使准备申请的过程变成了一个自我审视的过程。这段时间，人的成长是很迅速的。

我申请的是伍斯特理工学院。首先是因为我喜欢金融和商业。我小时候对商业就比较感兴趣，总是在父亲的公司里背“公司训导”。后来看了“赢在中国”的节目，对商业就更感兴趣了。平时自己就比较关注这些，也喜欢和已经在国外留学的朋友交流这方面的经验，包括将来毕业后的计划等，也会问一些朋友关于投资银行和咨询业的内容，因为觉得自己将来也肯定要经历这些。选择这个学校的另外一个原因，是考虑到奖学金的因素。我的学习成绩不是很占优势，TOEFL 90 分，SAT 1920 分，这个分数在申请名校的学生中间，并不算高，如果申请顶尖名校，肯定竞争不过其他申请者，但是从各方面考虑，我还是想拿奖学金留学。另外，美国大学分为综合类大学和文理学院，我很喜欢文理学院相对自由的选课，和更有针对性的对个人的培养，经过这些综合的比较，我最终选择了伍斯特理工学院。

在申请的时候，重要的是要对自己有清楚的认识，我觉得我既然学习成绩稍有不足，那就要想方设法在其他方面突显自己的与众不同之处。美国院校都看重学生的发展潜力以及对学校多元化的贡献，所以在文书材料中，我重点突出了自己丰富多彩的课外活动，从不同侧面展示出自己的优点。比如说，我会写自己参加过北京市的机器人大赛，而且我是我们组唯一的女生。我们做了两代陶艺机器人，那时候非常紧张，每天都睡得很晚，比赛前一宿几乎都没有合眼，最后取得了比较好的成绩。还有我做模特的经历，参加数学奥林匹克大赛的成绩，参加奥运会演出等。但是，就我的经验来说，在高中的时候还是一定要平衡好学业与课外活动的关系，不能厚此薄彼，两条腿走路才是最稳当的。

有时候被问到未来的计划，我喜欢给自己设定明确的规划，这样一步步才能走得更踏实，更稳健。我的计划目前已经排到了二十八岁，包括职业、学业，甚至爱情的规划。但是一切其实也都是未知的，这也是为什么人的生活充满乐趣的原因之一。我不知道我将来会过哪种生活，我唯一知道的就是我会享受生活的乐趣，并且朝着成为一名对社会有贡献、有影响力的女性而奋斗。

我觉得我要做一个强女人，而不是女强人。其实优秀女人的判断标准有很多，有人要做事业女性，有人愿做家里的贤妻良母，这些都是个人选择。但是在我心里，我还是认为在现代社会，一个独立、自强，又不失风韵的女人是最美的。在商务环境中，女人具有男人不易获得的亲和力，所以我觉得，一个能把握大局的女人，有很好决策能力的女人，一定可以成为一位很好的企业家，而这就是我的目标。

徐小平：
知名教育家，著名留学、签证、职业规划和人生发展咨询专家
新东方文化发展研究院院长

从劳斯莱斯，看到人生理想，你觉得是一种错误吗？你答错了——因为我估计你多半会说这是一种错误。我的答案是，劳斯莱斯，可以和伟大理想挂钩！

——徐小平

阳光下的劳斯莱斯与美女模特

郭文煊是一位经典的新东方学生——学英语、考 TOEFL、考 SAT、上周容老师的留学辅导班，拿到美国名校奖学金，即将赴美留学，奔向美好前程……百万新东方学生，个个都追求她的追求、渴望她的渴望。

郭文煊是一位最不典型的新东方学生——她是模特，她是美女，她是“世界小姐”，她是 T 型台上万众瞩目的精灵，她的生活，被香槟、玫瑰、闪光灯、掌声与惊艳的目光包围、淹没……百万新东方学生，无人拥有她的拥有、辉煌她的辉煌。

然而，郭文煊仍可列入新东方经典学生的花名册和光荣榜——十八岁的她，虽然从事着这项独特而炫目的事业，但当模特，其实和做模具一样，同样也有普通人的烦恼、压力、痛苦，甚至绝望，但花季少女郭文煊，顶住了常人没有的压力、抵御了种种迷人的诱惑、迈开她健美的双腿，昂首同时挺进在 T 型台和校园路上。

三年高中时间，一般学生能够拿出不错的毕业成绩、进入不错的大学读书就已经足以令父母骄傲，让社会艳羡，但郭文煊则不一样，她不仅在模特事业上越走越顺畅、越走越娇艳，她在中学学业、英语学习、考试成绩上，同样也交出了一份令人喝彩的成绩，走出了超越普通人能力的远征。

假如你和作为模特的郭文煊在街上不期而遇，你也许会为她的美丽赞叹，被她的高贵折服，但你怎么也不会想到，作为善良女孩的郭文煊，在依然需要爸爸妈妈娇惯宠爱的岁月里，她的模特事业已经带着她走遍大江南北，从事多项慈善和公益事业，把欢乐与爱心的阳光，撒向了无数阳光照不到的角落，感染了多少天真纯朴的眼睛。你当然更难以知晓，作为高中女生的郭文煊，她拥有和你我一样的奋斗精神、创业梦想、奉献意识和远大理想。郭文煊喜欢“赢在中国”，参加过“创业大赛”，她有明确的职业目标，她有强烈的成功渴望，她已经拥有了舞台与课堂的双重辉煌，她正迈着坚实的步伐，去迎接更加美好的未来……

在郭文煊的自述中，一个细节深深吸引了我：一天，她去北京大学参加一个活动，正好光华管理学院的EMBA学生聚集，路边停满了各种各样漂亮昂贵的名车，尤其是一辆闪光的劳斯莱斯，更加吸引了她的目光。曾经为各种国际车展做过模特的郭文煊感到了强烈的激动。她从那里，看到了理想！

从劳斯莱斯，看到人生理想，你觉得是一种错误吗？你答错了——因为我估计你多半会说这是一种错误。我的答案是，劳斯莱斯，可以和伟大理想挂钩！

其实，人类从诞生之日起，就在为了生活得舒适美好而努力创造。劳斯莱斯、奔驰、宝马，甚至富康、桑塔纳，都是人类文明的结晶、美好生活的支柱。说得大一些：中国共产党改革开放三十年，中华人民共和国成立六十周年，这一切的一切，不就是只有一个目的——为了人民幸福美好地生活吗？

美丽聪明的少女郭文煊，有一百个理由和把握，去追求她的幸福生活之梦，去追求她的劳斯莱斯之梦，去追求她的所有追求。

聪明美丽的少女郭文煊，有我一百个祝福与祈祷，去捕捉她梦中的幻影，去获得她想要的一切。

因为，作为一个典型的新东方学生，郭文煊必将成为未来中国某个领域里佼佼者之一，在中华民族伟大复兴的洪流里，掀起属于她的浪花。

因为，作为一个非典型的新东方学生，郭文煊必将在未来岁月里成为滚滚红尘里一道耀眼的风景，在亿万人民幸福生活的蓝天下，放射属于她的异彩。

“东方红，太阳升，中国出了毛泽东，他为人民谋幸福，他是人民大救星！”

“舞台红，追光升，新东方出了个郭文煊，她为生活展示美，她是生活美丽星！”

我看见，郭文煊正迈着自信的猫步，走向人生下一个 T 型台。

李孟元

我知道自己要什么

点评：包凡一

他是一个贪玩的孩子，每天为了玩耍而不愿回家

他是一个勤奋的孩子，三岁开始学英语，英语和母语一样棒

他是一个聪明的孩子，在全美数学竞赛中摘得满分

他兴趣广泛，擅长漫画，更弹得一手好吉他

2009 年，他全奖进入耶鲁大学

他用自己的经历告诉世人，谁说爱玩的孩子不成材

关键就看你如何玩

他叫李孟元

他的故事正在为你讲述

很小的时候我就知道自己要什么，在出国留学这个问题上同样如此，小学四年级时我读过一本名为《放飞美国》的英文书，看完后我就萌发了出国读书的念头。后来参观了斯坦福大学，我将目标提升为非美国顶尖名校不去。

——李孟元

我知道自己要什么

我的个性更多遗传自母亲：有主见、幽默，注重细节。

我今天的成绩如果算作一种成功，那和我的个性一定是分不开的。很小的时候我就知道自己要什么，在出国留学这个问题上同样如此，小学四年级时我读过一本名为《放飞美国》的英文书，看完后我就萌发了出国读书的念头。后来参观了斯坦福大学，我将目标提升为非美国顶尖名校不去。今年4月，我被耶鲁大学全奖录取，算是正式实现了目标。

而这个长达十多年的追求过程，留下的不只是青春的见证。

学英语，母亲和我“做生意”

现在很多关于我的报道里都管我叫“英语奇才”，并且特别想知道我是如何学英语的。说起来还挺好玩的，我最初的英语学习其实是在和我妈的交易中完成的。

三岁那年，我无意中看到了母亲正在学习的一本《新概念英语》，当时想都没想就拿过来叽里呱啦地“念读”起来（当然是我母亲的描述啦），母亲看我把书拿倒了，还能念得饶有趣味，便暗下决心要教我学会这门外语。

上世纪 90 年代初，要在市面上寻找一套像样的英语教学材料——更不用说是给三岁小孩的课本，绝对是一项让人煞费苦心的工程。母亲做到了！她在爱的驱动下疯狂搜索，终于觅得一套台湾出版的《小叮当英语小百科》——一部以科普和语言学习为主题的系列图书。几乎是同时，英语教学动画片《玛泽的故事》开始在电视上热播，也真算得上天时地利。那段时间里我的英语学习，步骤分明，内容清晰：每天一集“玛泽的故事”，辅以在母亲陪同下阅读两个小时《小叮当》，雷打不动。也许是这种听、读双管齐下的教学异常奏效，也许是小孩子都拥有不同寻常的记忆力和理解力，也许是自己还真有那么一点点语言天赋，总之，在那短短几个月时间里我从一个彻头彻尾的门外汉迅速变成了初窥门径的学子。

后来，我们搬到了东城区的大羊宜宾，不用骑多远的车就能看到王府井外文书店。在那里母亲购买了大量的英文插图小说——更确切地说应该是插画书——给我阅读。那时候我迷上了四驱车，为了拿到原始“天皇巨星”，每天不懈地攒着零花钱。母亲不知怎么突然灵光一闪，决定和我做一个交易。她告诉我如果背完一本插画书，不管哪本，都奖励我一辆四驱车，只要丛书没有全都背完，车子就会源源不断地开入我房间。现在回头看，不禁感叹自己当时真是容易被收买啊！不过归根结底，还是因为自己属于比较需要动力的类型。几十辆四驱车让儿时的我英语突飞猛进；而到小学后半段，奖励又变成了“背完一篇《新概念》玩一个小时电脑”，于是新概念第二册、第三册也在小学被顺势 KO。上了初中，又是“做完一套数学题玩一个小时电脑 / 看一部电影”，结果电影没少看，魔兽没少打，数学水平也节节高升。

小时候背的那些故事和之后背诵的《新概念》文章，虽然难度并没有多么夸张，学到的新单词也相当有限，但是对我英语能力的提高却有着不可磨灭的贡献——培养语感。在中国，很多学生苦于学不好英语，其中很多人也明白是因为没有地方可以用。光靠考试去磨炼自己的实力明显是不够的，于是京城一度出现老外一被目击便有海量学生围上去“Good morning，Sir！”然老外之数有限，学生之需无厌，追随一众陌生的黄毛终究不是办法。幸运的是，我在背诵那些文章的时候，也不知不觉将自己置身在一个完完全全的英语环境当中了。几年下来的结果就是，考试的时候我还没见过完型填空题的选项就知道该填什么了。而同学问我英语问题时，我也常常很无奈地说：真不知道，就是靠语感做的。

当然，这种“赏罚分明”的教育政策不仅带来了语言水平的提高，更让我养成了一种“要付出才有资本娱乐”的心态。偶尔我在没有完成任务之前就放松自己时，都会隐隐约约感到一些不安。或许相对于英语能力，这种“insecurity with ungrounded entertainment”才是更大的收获。

有声书，我的最爱

从开始学习英语的那天起，我就对阅读产生了一发不可收拾的浓厚兴趣。从《Goosebumps》(《鸡皮疙瘩》) 系列看起，经过《Animorphs》(《动物变形》) 系列和《Harry Potter》(《哈利·波特》) 的试练，我逐渐能正常地阅读大部头作品了——这里的正常，指的是average American peers看书的速度。到现在，我看过的小说的具体数量已经不太清楚了，不过从家里那一摞摞卷边儿的书籍和一打打有声书CD、磁带来看，应该是一个非常可观的数字。这里面，也有一些是我死力推荐的经典之作。

在介绍这些压寨宝书之前，我要先大大地跑一下题。在这数不清的书本中，我真正“读”过的并没有多少。大家可能会注意到上一段中提到的“有声书”；没错，我一大半的“阅读”其实都是在Walkman或者MP3上进行的！

这也是我最引以为豪的一个爱好，或者说是习惯。我对 Audio Books 的热爱如此强烈，以至于在我 Common Application 的 Required Essay 中，把“Reading With Ears”作为主题写了那篇至关重要的文章。这里，把我的 Essay 贴在下面。

Reading with Ears

I am the kind of person who uses the same pair of shoes for jogging, soccer and basketball, but when it comes to updating my MP3 player, I am always as meticulous as my savings allow me to be. The reason is simple: I keep my MP3 memory filled to the brim—with audio books in English.

I began learning English at the early age of three; as I grew older, I started reading in both English and Chinese, establishing a lasting friendship with the written word. I would spend days reading inside the house, going out to play only when ordered to by my parents. So imagine my bitterness when school and homework deprived me of ever increasing periods of free time, allowing the bookshelf to gather a thin layer of dust as days went by.

Salvation presented itself in the form of a present. During my fourth year in grade school, my aunt returned from the US, bringing with her a seven-cassette audio book, Harry Potter and the Chamber of Secrets, narrated by Jim Dale. I received the present with trembling hands, feeling just as Harry would have felt when he found himself on the threshold of an entire new world filled with golden possibilities. Audio books, the perfect, almost obvious solution; even if my eyes had been taken hostage by the sad excuse of a grade school education, my ears could still roam free above all the relentless humdrum of daily obligations.

Audio books, unlike printed ones, can be attended to almost anywhere, anytime. Bumpy rides and clamoring restaurants used to be my worst nightmare, but as soon as I grabbed a headphone set, the world became my very own desk. Consequently every place I have been and every step I have taken has acquired its unique significance through a piece of literature. I went to school with J.D Salinger, watching Holden Caulfield play the catcher in the rye; I came back home to Fitzgerald, joining Gatsby in his party at night; I sat in Pizza Hut with the Corleone gang, listening to Vito reason with his sons; I stood on the subway with Forrest Gump, babbling away about the wonders of late. This is where Jane first met Rochester; this is where Elizabeth rejected Darcy's offer; this is where Heathcliff started his revenge anew; this is where David Copperfield hit Uriah. The mundane locations of my daily routines had been transformed into windows through which I could glance upon a thousand worlds.

Naturally, audio books involve only the narrator and myself, yet the long hours spent in solitude never alienated me from other people or the outside world. A good speaker may attract any number of audiences, but as it turns out, a good listener can keep any number of friends. Fortunately, years of experience have made me a master at the art of listening. People trust me with their thoughts because when they talk, I really listen, instead of what most people do everyday: wait for their turn to speak.

Over the past decade, audio books have proved far more than a means to an end, or a hobby for spare time. In fact, they have become my way of life. As duties urge me to keep up in this raging world and the ever more demanding tasks it offers, I have created for myself a safe haven of knowledge and inspiration. Surrounded by whispers of wisdom，I walk through school，work and play，through life.

（我是那种不论打篮球、慢跑，还是踢足球时都穿着同一双鞋子的人，但是当升级我的 MP3 的时候我会动用我所有的积蓄。原因很简单，我的 MP3 的存量永远都不够，因为里面存满了英文有声书。

我早在三岁的时候就开始学英文了，随着年龄的增长，我开始阅读中英文书籍，逐渐熟悉书写的文字。

我可以好几天都在家里读书，只有在父母的要求下，才会出去玩。可想而知，当我的时间被学校功课和作业占去了大部分之后，我有多么难受，而且我的书架也积了一层薄薄的灰尘。

解脱的办法是以礼物的形式出的。我四年级的时候，姑姑从美国回来，带给我了七盒磁带——是由 Jim Dale 朗诵的《哈利·波特与密室》。

接过这份礼物的时候，我的手都在微微地颤抖，感觉自己就好像哈里·波特面对着一个充满各种可能性的新世界的入口一样。

有声书对于我当时被学校的功课拖得难以分身的情况来说，绝对是完美的解决方式。就算我不得不做着各种各样学校的功课，但是我的耳朵却仍然可以从日常的各种功课中解脱。

有声书和印刷书籍不同，你可以在任何时间任何地点"阅读"。在那些颠簸的车辆上和吵闹的餐厅里我经常是根本无法阅读的，但是现在只要戴上耳机，整个世界都可以是我的书桌。

因为有了有声书的陪伴，我去的每一个地方，我走的每一步都被涂抹上了独特的文学色彩。我和塞林格（《麦田守望者》的作者）一起去上学，看着霍尔顿·考菲尔德（《麦田守望者》的主人公）在麦田里嬉戏。我和菲茨杰拉德（美国二十世纪最杰出的作家之一）一起回家，晚上和盖茨比（Fitzgerald 笔下《了不起的盖茨比》的男主人公）一起玩乐。我和柯里昂家族（《教父》

中的角色）一起坐在必胜客里，听着 Vito 对他的儿子们训话。

我和阿甘（《阿甘正传》）一起搭乘地铁，闲聊着深夜的奇迹……这里是简·爱第一次碰见罗彻斯特的地方，这里是伊丽东海白（《傲慢与偏见》）拒绝达西的地方，这里是希斯克立夫（《呼啸山庄》）开始他全新的复仇的地方，这里是大卫·科波菲尔打击 Uriah 的地方……我日常生活中所经过的路线和地方被有声书转变成了一个能够看见大千世界的窗口。

当然了，在我听着有声书的时间里，世界只有朗诵者和我自己，但是长时间的独处却并没有让我和外界隔绝。一个好的演说者可以吸引到很多观众，但是，事实证明，一个好的听众可以交到很多朋友。

幸运的是，这么多年聆听的经验使得我成为了一个擅长聆听的人。我周围的人信任我，并对我诉说他们的各种想法，因为当他们在说的时候，我是真正地在聆听，而不像大多数人常常做的那样，不是在聆听，而只是在等待着自己说话的机会。

在过去的十年里，有声书不仅仅只是达到目的的一种方法，或是一种业余爱好。事实上，有声书已经成为我生活方式的一种。

在这个繁忙的世界里，做不完的工作和责任总是在催促着我，但是我却用有声书给自己构架出了一个充满知识和源源不断的灵感的桃花源。

智慧的低语陪伴着我上学、工作、玩乐，陪伴着我走过人生。）

如果你看完了文章并容忍了我奇怪的文笔，那就应该多多少少了解有声书在我生活中的地位了。如果没看完，抑或因为我糟糕的码字能力而不能理解文意，那就只需要知道：Reading（with ears）is the love of my life。

两部对我意义非凡的书籍

1、《Lord of the Rings》(《指环王》)

这是一部地位和名气大到不需要我介绍的作品。作者 J.R.R.Tolkien 最初只是在一张空白的考试卷上瞎写着脑子里冒出来的小故事，不料却成就了《魔戒》系列的最初作品:《Hobbits》(《霍比特人》)。此书一出版便广受好评，以至于编辑和读者苦苦哀求作者拿出续集，而托尔金自己仿佛也被中土的魅力俘获，答应下来后一写就是十六年。

虽然是上世纪 50 年代就出版、成名的小说，但《指环王》在中国的普及却要晚于相比之下乳臭未干的《哈利 · 波特》。当然在很早以前就已经有《魔戒三部曲》的译作出版，可是因为包装朴素、宣传不力一直没能畅销。其实，要没有《哈利 · 波特》在中国刮起一阵奇幻风，也没有史诗级别的改编电影在同一时期杀青，那么《指环王》将依然难有出头之日。最根本的原因，就是 J.R.R.Tolkien 的作品一律属于“慢热”的类型。他有比 J.K.Rowling 更加天马行空的想象力，却没有 Rowling 在故事之中埋伏诙谐笔墨的习惯；他有比 Dan Brown 更深刻的历史文化背景和对宗教的理解，《指环王》却没有《达 · 芬奇密码》中种种阴谋论、神秘组织、名人黑幕、性、尖端科技等吸引眼球的噱头。《指环王》不是老少咸宜的魔法故事，更不是充满悬疑的文化快餐。看托尔金的作品不是为了找乐子，而是为了膜拜文字的伟大。没有借助栩栩如生的插图，没有引用脍炙人口的经典，《指环王》以最单纯的文字便描绘出一块完全虚构的大陆。“中土”的背景，人类与兽人，恶魔和亡灵，矮人与机械，精灵和魔法……托尔金融和了北欧神话和自己的想象，创造了一个庞大到令人叹为观止的世界。“中土”里的许多概念成为了不朽的经典，被后人无数次引用。我们耳熟能详的，以《龙与地下城》为代表的奇幻小说，以《魔兽争霸》为首的电子游戏，无一不是起源于托尔金笔下的文字。他凭空编出了两种语言 Sindar 和 Quenya，而且据说写作《指环王》的原因之一就是作者想为自己的发明找一个归宿。精巧华丽的文字错落有致，融化在井井有条而又引人入胜的情节之中，听来真是荡气回肠，让人欲罢不能。

我家这套《指环王》的载体是一套 CD。系列中每本书占十几盘的样子，每张盘上有一个小时左右的内容。朗读者是一位嗓音低沉的资深演员，其音色用一个词形容，就是 Rich。他时而做出老头睿智的嘲弄声，时而学矮人粗重的口气谩骂，时而悲叹，时而高歌，用一个声音把几百个角色演绎得风情万种。从小学四年级遇到第一部有声书读物《哈利波特与密室》开始，一直到现在聆听了上千个小时的书籍，我还从没听到过比这位大叔更能把握分寸的朗诵家。尤其是托尔金在故事里时不时穿插的大段民谣、诗歌等，此大叔都会货真价实地放声开唱。阿拉贡的磁性歌声、莱格拉斯的嘹亮嗓音、山姆的乡间小调……一律信手拈来，曲曲感人肺腑。坦白讲，没有他精彩的朗诵，《指环王》兴许不会给我留下如此深刻而美好的印象。相对于《Lord of the Rings》电影气吞山河的特效，可歌可泣的成本，以及盆满钵溢的奖项，这部名著的有声书可谓是一穷二白、简约得让人心疼；可正是那些朴实无华的 CD，而不是五彩斑斓的大荧幕，让我真正爱上了“中土”的世界，爱上了“魔戒”的传奇。

在“阅读”《指环王》之前，我更多是把它当成娱乐消遣去对待，殊不知几百万字下来，许多看法，许多懵懂，都被托尔金字里行间的一股凛然正气所打动，可谓振聋发聩。作者的挚友，《纳尼亚传奇》的作者 C.S.Lewis 曾经对托尔金说：“神话是美丽的谎言。”托尔金回道：“不，它们不是。”他说：“真理就在其中，美、真实、荣誉……这些都是超越凡人的真理。人们知道那里有真理，但他们看不见。”他坚信，撰写、阅读神话是对生命最重要的真理的沉思。托尔金在自己的作品从不畏惧某个人物过于“脸谱化”——其实很多所谓“脸谱”本身就来自经典如《指环王》的作品，所以这一弊病也无从谈起——反而，他笔下的主要角色大都敢爱敢恨。若非光明磊落，即是邪恶丑陋。而且虽然很多勇敢正义的人物遭魔戒蛊惑，一度被内心的黑暗所吞噬，但博罗米尔、弗罗多他们还是在最后的关头或凭自身意志，或逢机缘巧合而悬崖勒马，没有陷入万劫不复的境地。事实上，托尔金没有让任何一个关键人物堕入黑暗。可在当今的畅销小说里，相反的情况正广泛而普遍地发生着。差别就在，后者希望用血淋淋的悲剧换来可读性从而增加销量，前者则承载了作者自己对正义的执著，散发着人性的光辉。

寥寥千字，远远无法概括《指环王》的博大精深。偷偷说一句，《Lord of the Rings》是美国高中生的必读篇目；它绝不仅仅是一部简单的故事书而已。看过，方知其妙。

下面是我的打分：

○看本书有趣度：7.5（0为无聊，10为令人爱不释手）

○听本书有趣度：9.0（0为糟践耳朵，10为如聆仙乐）

○需要英语实力：7.5（0为初中课内水平，10为SAT2200水平）

○需要文化底蕴：7.0（0为作者在毫无根据地意淫，10为书中历史文化典故层出不穷）

○专精后对英语提高幅度：8.0（0为没有帮助，10为在质的飞跃上有质的飞跃）

2、《America》

相对于《指环王》，这本书少了很多人文气息。虽然如此，它在人文关怀上却高出前者一筹。此话怎讲？那就必须知道这本《America》的来历了。

首先，申明一些事实，任何人初见《America》这种牛 x 烘烘的题目，第一反应可能都会认为这是某 White Elite 坐在自己的大办公室里，策划如何连任议员职务时不慎呕吐出来的作品；而事实正好相反。这是一本秉承搞笑精神的书，这是一本政治讽刺题材的书。

本书作者名叫 Jon Stewart，但是担任编写工作的还有另一撮人：“the full cast on the Daily Show with Jon Stewart”。到这里，应该不难看出，此 Jon Stewart 乃某电视节目 Daily Show 的小头目，而这部《America》凝聚了他整个剧组的心血。问题是，很多人连 Daily Show 是什么都没有头绪，更没兴趣探索 Jon Stewart 是何方神圣了。之所以这般费尽周章一遍遍打他名字，是因为 Jon Stewart 乃本人上高中以后，第一个真正意义上的偶像。如果把他其貌不扬，甚至与我有几分相似的面孔贴上来，也许有很多人会觉得面熟。这也难怪，毕竟 Jon Stewart 是 2006、2008 两年的奥斯卡颁奖晚会主持。说实话，Jon 在这种大型正式的节目上总显得有些拘谨，就仿佛李咏主持春晚，虽然观众看着亲切、听得高兴，却隐隐约约会感到一点格格不入。若要 Jon Stewart 体现真正的魅力，还是必须在他自己的节目——Daily Show 当中。这个神奇的电视节目，是美国 Comedy Central 卫星频道上常青树一般的存在。十余年来，Daily Show 几乎每年都在美国电视艾美奖（Emmy's）上夺得自己所属类型的桂冠。The Daily Show with Jon Stewart 凭借主持人和记者恰到好处的插科打诨和鞭辟入里的审时度势，已然从最初的娱乐节目晋升为美国首屈一指的（Fake）News Center。据说大部分美国孩子懒得看新闻，而更喜欢从 Daily Show 当中发掘每日的新鲜事。每期 The Daily Show 都汇总全球各地——美国为主——的焦点，然后用自己的说法把当中不近人情之处、荒唐之处、可圈可点之处一一道明。不得不承认，作为 Comedy Central 这样以捣乱为基本精神的频道中的一员，Daily Show 真真是在娱乐之外，有着令人刮目相看的教育意义。

总之，这本书与其说是正规的文学作品，倒不如说是恶搞的产物。书模仿美国大学课本的形式写成，分为一个一个章节，每个章节之后还有补充资料和课上活动。全书的主题就是美国民主的演变史。从古代人到希腊人到罗马人，最后到美国，作者们大笔一挥就概括了几千年的历史。而谈到美国时，书中有这样一段话：

有人说美国发明了民主，这种说法很显然是一种保守的低估。美国不仅仅发明了民主，还发明了自由、公正和分时享用度假别墅。

听到这里我"噗"一下就喷了，虽然知道 Jon 从来在口头上不饶人，但这句话很明显是在讽刺美国人动不动就拿民主说事，一提及"德先生"就如数家珍的行为。类似的例子还很多：对美国人神化那些 Founding Fathers（国父）的讽刺，对总统滥用职权的讽刺，对国会议员满脑子都是"连任连任连任"的讽刺，对最高法院在审判之前就已被党派和个人倾向决定了判决结果的讽刺……幽默的一种，就是用一本正经的语气去描述一件明显不合情理的事物。这种幽默手法在《America》中体现得淋漓尽致。每一章节的开始，作者都会对美国民主的某种制度作出比较客观而完善的介绍，但很快就会听到 Jon 用很正常的语气说了一句非常暗讽的话，比如上面那句，再比如：

一个自由独立的媒体是良性的民主制度的根本，用来知会投票的公众与之福利相关的事情。他们为什么会停止这样做确实是一个谜，而且开始……

接下来就是令人捧腹的诙谐语言，其中你能充分体会到作为一个有责任心的媒体人士，Jon Stewart 在为这个国家的问题感到困扰。任何一句牢骚都不是无病呻吟；每一句讽刺更是切中要害。一遍听下来，我不但对美国的政府结构和权力制度有了一个感性的认识，更直接认识到了这个庞大机器中的许多故障。在所有的有声读物里，《America》是我重复听次数最多的一部书——时间不长，内容丰富，而且每次听都有新的收获。那些入木三分的幽默剖析，那些针砭时弊的讽刺笑话，总令我不禁感慨。

但这类事情只可能发生在媒体自由的社会，什么时候我可以开始在我的家乡看到一点点的政治讽刺的言论呢？什么时候中国也能够有一本集娱乐和教育意义为一体的《America》这样的书呢？

关于这本书的朗诵我还是只有一个字：棒。原因很简单：Jon Stewart 在 CD 中亲自操着地道的纽约腔朗读了这部作品，而 Daily Show 那几位和他抬头不见低头见的记者们也纷纷参与其中。其效果，就是一部剧场版每日秀的效果。试想平时只有二十分钟出头的优秀节目，突然被拓展到近三小时且质量不减反升，那该是怎样的一道听觉的盛宴！

美中不足的是，《America》实体书上很多异常有趣的图片和标注无法在有声书里还原，不过朗读者们亲切的声音以及时不时插入的应景音效可以最大程度弥补这些缺憾。

阅读《America》是一次完美的体验，最初的开怀大笑，中间的义愤填膺，到最后繁华落尽，内心深处难描难绘的感动。无论抱着什么目的去接触这本书，都不会有丝毫的遗憾。

下面是我对这本书的打分：

○看本书有趣度：9.0

○听本书有趣度：10

○需要英语实力：8.5

○需要文化底蕴：8.5

○专精后对英语提高幅度：9.0

有趣的数学学习法

从小学开始一直到高中，我数学都还不错。在北京师范大学附属实验小学读书时，获得过“四地数学竞赛”的金奖外加随金奖而来的五百港币；从三年级开始，我每年都被实验小学授予“数学小博士”（校际奥数考试年级前十）的称号，而且在五、六年级都是第一名。通过在北京知名的华罗庚数学学校学习，我得以进入梦寐以求的人大附中。在附中的六年里，我初三获得北京初中数学联赛一等奖；高一获美国 AMC 竞赛满分；高二获得高中数学联赛一等奖……回头来看，还真有不少值得稍稍骄傲的资本。

如今，很多同学、家长乃至老师都谈“奥”色变。但早期学习奥数对于开发智力，真的非常有效。一开始的培养阶段总是会比较麻烦，那几年妈妈每周六都要接送我往返于人大附中和家之间，要陪我一起做有挑战性的题目，还要忍受我时不时会犯下的低级失误。但实际上，当她用孜孜不倦的谆谆善诱让我对数学产生了兴趣之后，其他的练习、熟练等最耗时间的部分我就可以自己应付了。

事实上，母亲在教育我的十几年中始终坚持“有趣”和“提前一点点”这两个原则，尤其是在数学方面。

在我还没有上学时，母亲并没有按一至六年级的顺序去讲解数学，而且从来不碰那些上学之后老师会教的东西。四岁时学会了百以内加减法以后，我就开始在母亲的引导下接触鸡兔同笼、魔方、植树原理等数学知识了——效果也出奇的好。目前社会上大部分培训机构是从三年级才开始讲授这些内容，妈妈则遵循“提前一点点”的原则，一方面是因为她觉得我可能会因为感兴趣而能够并愿意学习，另一方面是因为将来学校不会重复讲这些大纲里没有的东西。

我觉得，相对于老师的“传道、授业、解惑”，家长的作用更应该偏向于想方设法让孩子喜欢上学习，而这其实很不容易。妈妈在教我学习的时候永远把“有趣”放在第一位，教育的痕迹不是太重。比方在教我数字魔方时怕我试来试去没了耐心，就先做好一个 3×3 的魔方图，再让我把已经写好了1到9的九个小圆片去按要求填到数字魔方中；我像做游戏一样就完成了，并一直乐在其中。另外妈妈从来不讲授过于抽象的概念。比如我还没有上学时，她从不试图让我弄清楚什么除数、被除数、商之类的东西，她一贯的教育理念是老师能教的家长不必去教。如果真的想让我建立起乘除法的概念，可以在生活中找我能接受的、有趣的例子。诸如——

小时候我特别喜欢吃羊肉串儿，妈妈就在摊子前不失时机地问：“羊肉串五毛钱一串，今天你想吃几串呢？”

“六串儿。”

“那妈妈需要给你多少钱呢？”

其实这就是乘法。如果换成“妈妈给你八块钱你能吃到几串羊肉串呢”，便是除法。整个过程完全不需要叙述乘除法的概念，只要能解决实际问题就说明我懂得乘除法的概念了。

在我很小时，妈妈就注意培养我的数字概念。我们曾经住过 13 层，她抱着我上电梯时每到一层就说出楼层数，这样就可以从 1 数到 13 了，而下楼时则倒着数，从 13 数到 1；出门看到汽车时让我练习把看到的车牌号码累加起来；把一副扑克牌的数字部分留下来，一张一张累加起来，再猜猜藏起来的那张牌是什么；玩 24 点游戏等。她让我对一些常用的结果烂熟于胸，如 1 到 19 的平方，2 的 1 到 10 次方等。因为把工作做到了前面，所以上学后尽管我从来没有做过老师留的口算卡作业，但口算永远都是班里最快且最准确的。

我是如何考出 SAT 高分的

SAT 不同于课内的应试测验，并不需要花大量时间死记硬背，或者一套题一套题地在反复训练里挣扎。在我看来，SAT 比其他任何同类型的考试都更能体现考生的语言水平。这门考试像骑脚踏车一样，水平到了，就不会“遗忘”或者“生疏”。

对于 SAT，我还有一些具体的想法。

第一，要早考。SAT 之于高考，最大的好处（之一）就是可以多次参加，在一年当中竟达六次之众，不利用这难得的机会简直是暴殄天物。更何况美国大学审阅你的材料时，一般会在 SAT 的三个科目中每科都按个人历史上最好的一次成绩计算，这也保证你无论考多少次 SAT 都只可能进步，而不会倒退。话虽如此，考 SAT 还是要交钱的，而且因为大陆并不开放 SAT 考试，大多数内地学生必须要飞到香港、澳门、台湾、日本、韩国、新加坡、泰国、马来西亚，甚至越南等周边地区参加 SAT，那么这一来一回的路费就不是小数目了。所以，要珍惜每一次考试机会，同时也要让自己钟爱的大学看到：自己的高分是凭借实力在一两次考试中取得的业绩，而不是从高一开始经历了一十八次洗礼方才修成的正果。

第二，如何训练 SAT。我的方法并不一定适合大多数同学；毕竟从三岁开始学习英语，十几年下来英语和我的母语并没有相差太远。而要求初高中的同学们临阵磨枪地去创造英语环境、培养英语语感既不现实，也不奏效。在这里，我推荐英语水平在高中同龄人中属于中等偏上，或者更高的同学去进行一些考前短期培训，比如新东方的 SAT 强化班。大家放心，新东方没有给钱让我做广告（其实应该要点是吧，哈哈）。我自己在高一的寒假报名参加了北京新东方的 SAT 强化班，其中许多特点鲜明的同学和老师都给我留下了深刻印象（或给心灵罩上了一层挥之不去的阴影……），在历时三个星期的课程中，的确得到了不小的收获。举个例子，那时我学习英语已有十四个年头，但从来没有系统地接触过语法。还好，语法老师李楠楠是一个化腐朽为神奇的女子，在看烂好几本 SAT 官方指南之后，她总结出了一套学习 SAT 语法的策略，里面只用屈指可数的几个专业用语就让我看得一个豁然开朗接一个豁然开朗，随后对她五体投地——原来平时在班里听英语老师说的那些莫名其妙的用法，就是这么简单的一回事啊！ ORZ……总之，新东方在短时间内提高应试能力和英语素养方面可以起到立竿见影的效果。尽管如此，大家必须记得背单词的时候、看小说的时候、K 电影的时候、听广播的时候，都不会有一众充满激情的老师在身后给你打气，更没有什么秘诀可以鲤鱼跳龙门。真正属于自己的英语能力还是要靠平时默默地积累才能够获得。

第三，选取教材。这里的不二选择就是先前提到的 SAT 官方指南（SAT officail guide，简称 OG），College Board 出品；可以在新东方（非广告……）和一些外文书店买到，也可以通过 Amazon.com 订购。这个 Official guide 是我从小到大所看到最负责任的一个“official”东东，书中不仅详细罗列了考试的背景、方式、内容等重要细节，更提供了完整的作文教程、若干范文，以及最最最最宝贵的资料：八套 SAT 真题。这八套真题也正是我笃信 OG 的原因。在市面上你可以见到很多华丽的 SAT 教辅：Kaplan、Princeton review、Barron 等，对于常年备战 SAT 考试的同学来说这都是如雷贯耳的名字。然而其中 Princeton review 太简单，Barron 太变态，唯有 Kaplan 是比较贴近真实难度的一个。但归根结底，哪一本都比不上 OG 的权威和原汁原味。稍微搞过学科竞赛的同学都可能有所体会：做十套模拟不及一套真题，而且做山寨的模拟题甚至会影响正常发挥。综上，我对 SAT 参考书的总体意见可以简单表达为：**做模拟，慎选择；不做多，做透彻；人与书，要契合；信 OG，上本科。**

接下来一起讲一讲 SAT Ⅱ和 TOEFL。

先说 SAT Ⅱ，一个非常有美国特色的考试。与中国高中文理分科那种一棒子打死的做法不同，美国高中学生可以既学习物理，又研究历史，既钻研拉丁文，又沉迷于音乐；而令人羡慕的是，他涉猎的任何领域几乎都可以作为高中成绩的代表在大学录取官眼中受到一视同仁的对待。而用于考核他这些方面能力的考试，就是 SAT Ⅱ。

SAT（或 SAT Ⅰ）也被称作 SAT Reasoning Test，因为它旨在考核学生的思维能力，故分为英语、写作、数学三个部分；而 SAT Ⅱ的学名是 SAT Subjects Test，亦即 SAT 学科测试，其中包含的科目之广博令人叹为观止。从数学到文学，从物理到地理，加上化学、历史、生物、拉丁文、法语、分子生物、音乐、数学 II、德语、日语、西班牙语、汉语……总之就是国内高中所有主副科外加各种语言。看到这茫茫的项目，你也许会望而却步，不过不必担心，一般的美国学校都只要求 SAT Ⅱ当中三门的成绩，每门满分 800，总分也就是 2400。国内的中学生一般都会选择很固定的三门：数 II，理，化。原因也很简单——实在是太容易了。首先，SAT Ⅱ的每门考试基本都有“容错率”，所以即便你零星失误了几道问题，也依然可以拿到满分。其次，数学、物理、化学这三科的题目难度一般不超过中国高考前 2–3 道选择题的水准，所以只要能看懂条件，就基本上可以拿到满贯 2400。

问题在于，你想给国外大学留下什么样的印象？要知道，美国众多的名校每年会接受成千上万份来自中国的申请材料，而其中九成上下的学生都在 SAT Ⅱ当中考的是数，理，化。那么你是想成为茫茫人海中的一员呢，还是想让录取官们眼前一亮？就个人而言，我没有考化学，而选择了文学。当然一方面是因为我化学很糟糕，另一方面，也是更重要的方面，则是因为我喜爱文学。几个月后当我和耶鲁面试官 Sarah 聊到 SAT Ⅱ考试，她获悉我所选择的科目时，脸上露出了让我难忘的惊喜笑容。此时此刻我终于确信，虽然自己的文学（Literature）测试以 740 分（满分 800）的成绩收场，也让 SAT Ⅱ总分达到了国内学生难以企及的 2340 低分，但我的选择依然是正确的，也是能有效体现我学术特长和知识结构的做法。事实证明，美国优秀的学校也并不排斥 SAT Ⅱ的非满分生。到这里，我们终于触碰到了 SAT Ⅱ考试的真谛——通过这场测验，你想证明什么？想好了，再去考吧。

对于 TOEFL 的准备，我就一句话：先考 SAT。当你 SAT 的成绩比较令人满意之后，TOEFL 的高分也就唾手可得了：TOEFL 要远比 SAT 简单。

不安分的我

人大附中本身就是一个主张张扬个性的场所，作为一个不安分的年轻人，我的很多想法和冲动都在这里得到了实现。

还记得高二时，足球联赛上一个漂亮的高挑助攻。

还记得每周五下午，一下课就到选修课上占座，以便观察美女。

还记得班里时不时举行的“团体赛”，诸位斗智斗勇，既为荣誉，也为逃避残酷的刑罚。

对了，我还是一个爱好比较广泛的人。首先电影是我的最爱，爱到我多年来一直准备在赚够钱之后立刻去搞电影的地步。一个人要有目标也要有梦想，而称霸好莱坞，做 Clint Eastwood、Stephen Spielberg、Coen Brothers、David Finch、Tim Burton 级别的人物，正是我的梦想。而上面提到的这些导演，正是我最喜爱的几位。我最喜欢的电影，是那种聪明的电影。很多时候，电影看到一半你就能猜到后面的剧情了，导演的小阴谋暴露无遗。这种时候虽然会有智商上的优越感，但也不免为电影事业感到悲哀。真正的好电影是不可预知、引人入胜和娱乐的完美结合。而当今太多的电影只顾及到第三条，而成为了没有脑子没有亮点、只顾炫科技打哈哈的作品。我尤其喜欢结局在意料之外、又在情理之中的电影。看《搏击俱乐部》《非常嫌疑犯》《仙境之桥》等不仅能体会到剧本的强大，更能感受到导演讲述故事的非凡能力。只有这种电影，才能让人发现原来导演应该是一部电影的灵魂，而不是那些明星。

我印象最深的，还是高二拍摄的英语短剧。当在 Workshop 里，周容老师提出写 Short Answer 这一条时，我想都没想就写出这样一段文字：

During senior 2，I wrote，directed and shot an English film. It surprises me now how much work and effort can be put into one simple sentence，but there it was.When a good film is focused on everyday life，it always tells a story or leaves a message that everyone understands perfectly，but can never aptly express for himself. However，before my own movie，I had taken all these incredible virtues too much for granted. As soon as I had started，I realized how naive I had been，thinking it only took an original script，the right actors，and undying enthusiasm to make a good movie. What I came to learn later was the combination of these essential elements，and the art of communicating with people on my cast and crew. The movie carried a spark of my inspiration，as well as a stage of my life.

（高中二年级的时候，我创作并导演了一部英文电影。使我感到惊讶的是，即使是一句简单的句子都要付出很多的努力，但我毕竟是完成了。一部反映日常生活的好的电影总是会讲述和传达每个人都能够理解的故事和信息，但是却无法表达电影创作人本身的想法。在自己拍摄电影之前，我太过想当然了。开始拍摄之后，我意识到我多么天真，以为创作一部好的电影只需要一个原创剧本，合适的演员和无穷无尽的热情。然后我学会了如何将这些关键因素组合起来，以及如何和剧组的人沟通。那部电影展示了我灵感中的闪光点，是我的精神以及我生命中的一个阶段。）

首先，这部电影是我自编、自导、自拍（理解就好）的作品。光写一个合适的剧本就花了近两个月。当然一方面是因为条件苛刻，另一方面也因为我生性磨蹭 + 懒惰。写就之后，我花大口舌请动了最适合的同学担任各个角色，然后突然意识到还没有摄像机呢……我向父亲苦苦哀求终于把他新买的 SonyDV 搞到手，又发现没有人会剪辑……于是找帮手、下软件，自学成才……这样，又是几个月过去了。接着设计海报、剪辑预告片、宣传、推销……这一切，也许在多年后会被当成美好的回忆，不过在当时，真是造就了地狱般的生活。

在五月的电影节上，我们没有拿到 any substantial awards。得到的是一个"最佳英文对白"，一个"最受欢迎男主角"，但是我真的真的很开心了。想想历届的人大附中实验一班一直因为没人参与、没人负责而养成了年年"实验一班无电影"的尴尬传统，再看看我们班的同学在综合楼四层的礼堂一个个西装笔挺，惴惴不安地关注着自己的作品，想想他们在毕业后、在工作后回顾今夕，发现自己竟然留下了一部电影……这些想法，比任何奖项都能令我感动。真的！

小学时候听音乐，为了练听力一直听英语歌……而且全是老歌。尽管如此其中也不乏精品，Hotel California，Scarborough Fair，Sound of Silence，500 Miles……使得我年纪轻轻，就开始满嘴沧桑。后来上了中学，突然邂逅了周杰伦，邂逅了蔡依林，邂逅了朴树、许巍，邂逅了五月天、方大同。经常在校园里漫无目的地散步，耳朵里挂着《三年二班》《骑士精神》《那些花儿》《曾经的你》《知足》……这些声音陪伴着我第一次恋爱，第一次失恋，第一次投篮，第一门统练……我的中学生活是一首首动听的歌编织成的感情旋涡……我发现自己在最理性的班级，学着最逻辑的东西，却也拥有这样感性的一面，我太感动了。至于运动，我除了跑步很垃圾之外其他的都还好。足球方面算是有特长了吧，过人、传球、盘带都还不错；篮球也是能运出很诡异的“地板球”，然后用各种奇怪的方式得分；游泳比较快，让我总是抱怨为什么高中体育会考不能让游泳代替 1500 米长跑；会打羽毛球，一直很弱；会打乒乓球，曾经很强……会下象棋，肆虐全班；会下国际象棋，全班第三（小时候可拿到过未成年业余最高段呢……）；五子棋下得不错，曾经横扫全院男女老幼……总之，大家可能发现了，我在不是很要求体力的运动上都还有一技之长。

完美的埃及之行

埃及的活动发生在 2007 年 12 月。这是一次对我的国际视野、知识结构，乃至人生观价值观都造成了巨大冲击的活动。举办方叫做“People to People International”，是艾森豪威尔总统在五十年前建立的非营利性慈善机构，其口号“理解传递和平”，也是促使其建立“和平营”项目的原因。

“PTPI Peace Camp”在中国共招两名学生，中方负责该活动的国际友协在北京，在人大附中进行了一番筛选——校方推荐加面试——确定了两名学生，我是其中之一。在埃及举办的和平营中，我遇到了来自二十五个国家的五十名年轻人，大家在一起畅谈，一起活动，一起分享幸福和悲伤。到最后起程回家的时候，没有一个人不是泪流满面、强撑笑容向着彼此挥别。当时每一个人心里都在想：如果世界能如我们一般，和平还会遥远吗？

在我向 Yale 递交的两篇 Essay 之中，有一篇就是讲述在和平营的经历。

Peace Camp Journal

“This is like…… having a life……” I murmured in awe.

Unfortunately, Carolyn heard, and laughed out loud that hysterical laugh so peculiar of her. She declared it the best line from me so far, and that I must come to meet the others. An iron grip then closed around my wrist, dragging me across the deck through a matrix of snow-white decliners. Some 40 yards off, the pool could be seen glistening in the Egyptian sun.

Yes, Egypt...

To fully grasp the meaning of this situation, we need to go some 50 years back, when U.S president Dwight Eisenhower founded People to People International, a non-profit humanitarian organization dedicated to world peace. Each year since established, PTPI invites a select group of young people from nations all over the world to its renowned annual event in Cairo, Egypt: the PTPI Peace Camp. Naturally, representing one' s country is not a job for the average soccer-playing movie-going 17-year-old, but for a soccer-playing movie-going 17-year-old with unique qualities. I believed I was the one. Apparently those bulky officials from Ministry of Foreign Affairs had agreed.

To some extent, I was surprised that at the moment Carolyn, an American, had not begun questioning me about human rights, Tibet, or Taiwan. Before leaving for the camp, months were spent in front of the computer screen gathering information. I had expected heated debates over political standing, calculated assaults between historical rivals, but I had not expected a five-star Nile Adventurer waiting at the dock, or daily visits to ancient ruins, or exotic cuisine served at each meal, or a top deck with armchairs and a top-class swimming pool. On board were 50 people from 25 countries, and everyone just enjoyed the culture gulf, Model United Nations be damned.

I felt like Alice tumbling down the rabbit hole, only to realize after waking up: pretty nice hole.

Even so, the first two days we arrived in Egypt, and before boarding the ship, I had remained as taciturn as a wall. Not out of annoyance to anyone or anything, both the people and the activities had far exceeded my irrational hopes. It was the principle of this Peace Camp that caught me off guard. Peace through understanding, it meant instead of convincing people, one should try to be convinced, to open his or her mind to either side of the story, which also meant most of my preparations went straight into the Nile. However, failure to adapt had never entered my options, and while views and notions may be provincial, humor is always universal. This I discovered first night on the Nile Adventurer.

"……9 o'clock pm. So there I was, alone in the room, fresh off the plane with every inch of me screaming for sleep. Then I wondered what if a burly roommate returned in the middle of the night and beat me up for not paying the proper respect……

Chuckles broke out. Apparently on the first night, more than a few people had had to deal with the same trepidation.

"……I could see trunks and bags scattered around one of the beds, but I couldn't exactly go over his clothes and feel the sizes, could I?" more laughs. "and then it hit me— you have to understand I was hanging by a thread at the moment—I went over to his bedside, placed my shoe beside one of his sneakers, and behold: I had the bigger foot! I was taller! I was safe!"

Roars of laughter exploded all around the common room; people clutched their cheeks and held on to nearby sofas for support.

“……that aside，people，I must say Peace Camp is one of best things that ever happened to me. Before we met，I bore the stereotype of my countryman like a cross over my shoulders，but in your company I finally threw off those burdens to become myself，once and for all. It is a magical process I suggest all of you experience. You can remain in your comfort zone of course，safe with your own feelings and preying for the clock to speed up，or you can step out of that prison and embrace this chance of a lifetime. Before our camp，peace was to me like the Pyramid of Egypt，a concept to often mentioned，but rarely seen. Here，I am fortunate enough to have witnessed both.”

First，there was silence. Then thunderous applause erupted from every corner of the room; cheers and yells shot up like fireworks. Grinning，I walked down stage and handed the microphone over to our leader，Barbara Capozzi，who asked me two times without realizing，whether I had prepared for this speech. I replied negative，and she responded with a bear hug，breaking all my ribs and promising me that this “open mike session” would from now on become a tradition of the Peace Camp.

As I walked back to my seat，people looked at me with expressions Columbus would have held when he saw continents looming over the horizon: big smiles tinged with surprise. I knew all was not perfect; there were sessions ahead that promised dissent，the inevitable parting doomed for tears，but for now I lay back，relaxed，preparing once again. This time，for the most glorious week in my life.

(“这就好像……生命一样……”我敬畏地低语着。

不幸的是，卡洛莲听到了我的话，大声笑了起来，并且宣布这是目前为止她听我说过的最精彩的话，而且建议我一定要见见其他人。一条铁爪抓住我的腰，将我拖过一条由雪白的斜面架构起来的空间。四十码之外，一个在埃及的阳光照耀下的游泳池清晰可见。

是的，埃及……

要了解这种情况，我们必须要退回五十年前，美国总统艾森豪威尔建立了 People to People International，一个为了促进世界和平而建立的非营利性的慈善组织。在其建立后的每一年，PTPI 都会挑选一组来自世界各地的年轻人参加每年在埃及开罗举行的活动——PTPI 和平营。

代表各国参加这项活动的不是那些十七岁的喜欢踢足球看电影的年轻人，而是那些有着独特能力和资质的十七岁的喜欢踢足球看电影的年轻人。我相信我就是其中之一。而且很显然，那些外交部的官员们也同意这一点。

我遇见的美国人卡洛莲仍然没有询问我任何有关于人权、西藏和台湾的问题，从某种程度上来说，这让我着实有点惊讶。来参加和平营之前，我坐在电脑前收集了几个月的资料，我当时预料此行会遇到政见不同的激烈辩论和争议，但是，我却没有料到会有一艘五星级的“尼罗河冒险号”正在码头等待着我们，也没有料到我们会每天去看古迹，还有那些充满异国风味的美食，以及有着躺椅、游泳池的顶级甲板。船上有来自二十五个国家的五十个人，每个人都乐于享受彼此文化的间差异，那种模拟联合国会议上的争吵受到唾弃。

我觉得自己好像是倘佯在兔子洞里的爱丽丝，只有在从梦中醒来时才意识到——这是一个不错的兔子洞。

尽管如此，在我们到达埃及的头两天，在上船之前，我一直保持着沉默。并不是因为周围有人惹了我或是别的什么，周围的人和所有的活动都很好。而是我一直在想着这次和平营的主题——“理解传递和平”，这就意味着我们不是要说服别人，而是要试着去被别人说服，听取故事的每一面，这也意味着我来之前做的所有工作都随着尼罗河付之东流了。

无论如何，我从来都抱着“既来之则安之”的想法，就算观点和想法有差异，幽默却绝对是共通的。在“尼罗河冒险号”上的第一个晚上，我就发现了这一点。

“晚上9点，我独自一人在房间里，刚刚下了飞机而且困得要命。但是我又担心半夜里我的室友回来后会不会因为我先睡显得对他不够尊重而把我打醒……”

大家都笑了起来，很显然，在第一个晚上，大多数人都有着同样的担心。

“我可以看见箱子和包包散落在每张床上，但是我不能够过去检查他的衣服，看看他是不是魁梧健壮的大尺码的人……对吧……”

更多的笑声。

“然后在千钧一发之际，我想到了一个好主意，我走到我室友的床边，将我的鞋子放在他的凉鞋旁边比较了一下，我的脚比较大，也就是说，我安全了。”

大家哄堂大笑起来，笑得东倒西歪。

“……除开这一点，各位，我不得不说和平营确实是我经历过的最好的事情。在我们相遇之前，我就好像一个故步自封的乡下人一样，但是有了你们的陪伴之后，我把以前的想法都抛开了。这是一个奇异的过程，而且我建议所有的人都去经历一下。当然，你们可以安全地呆在舒适的井底，盼望着时间快点过去，或者——你们可以跳出井底，拥抱这次人生难得的机会。在来这次和平营之前，“和平”对我来说就像是埃及的金字塔，是一个经常听到但是却从来没有见过的名词。但是在这里，我可以很幸运地看到和平和真正的金字塔。”

刚开始，大家都一片沉默。然后房间里每一个角落都响起了雷鸣般的掌声和欢呼声。我微笑着走下舞台，将麦克风交还给我们的领队，Barbara

Capozzi，在演讲之前，她曾经问过我两次，我到底有没有好好准备这次演讲。她用力地拥抱着我，并且信誓旦旦地说，从现在开始“大家谈”这个项目将成为和平营的一部分。

当我走回到座位时，大家都用哥伦布当年看见新大陆的眼神看着我，大家都惊喜地微笑着。我知道我做的并不能被称为完美，接下来还有很长的路要走，很多事情要经历，还有离别时的眼泪会等着我们，但是——此时此刻，我放松地靠在椅子上，准备迎接我人生中最荣耀的一个星期。)

好了，我的故事就这样简单讲述完了，当然只是到目前为止，接下来肯定还会遇到更多精彩的事情，对此我从来就没怀疑过，而我也做好了准备去拥抱我的精彩，每当想起这个，我就会很兴奋。对了，最后，我想给一些想出国的朋友建议，出国留学一定要做好心理上的准备，有强烈的愿望。否则，因为随大流，或者是想把留学作为没有考上理想高校的一个备用选择，都是无法实现这个梦想的。

包凡一：
知名教育家，留学文书写作专家，新东方留学文化研究院院长

今日的收获与梦想有着紧密的关系。一个人可以没有显赫的家世，可以没有万贯财富，但是绝不可以没有志向。读这篇文章会让同学们知道成功者的幸运是建立在怎样的基础上。

——包凡一

成功者不只是幸运

可能比 2330 分的 SAT 成绩更让人吃惊的是李孟元同学在 SAT 中选考了“美国文学”，这在中国申请人里面是很少见的。

李孟元的文笔秀丽生动，他用幽默翔实的笔触描绘了一个鲜活的自己和自己成长、成功的道路，他和他的同龄人一样喜欢玩耍，不过他更加成功，有什么特别的原因呢？

首先，今日的收获与梦想有着紧密的关系。一个人可以没有显赫的家世，可以没有万贯财富，但是绝不可以没有志向。孟元从小就有一个梦想，而他的成长过程就是一步一步向目标迈进的旅程。梦想是一个美丽的光环，高高地挂在远方，不去努力，它将会永远挂在那里，而且只能离你越来越远。在妈妈的引导下，孟元从小就养成了自律的能力，能很好约束自己的学习和业余生活，这种习惯为他能够不懈努力打下了良好的基础。另外，不拘一格的学习方法、学习途径，也使他一直保持着浓厚的学习兴趣和动力。这些都是他获得最后这些成绩的原因。当然，他的成绩和家长正确地教育引导同样是不可分的。他提到他母亲在教育他的十几年里始终坚持“有趣”和“提前一点点”这两个原则，而且在学习的时候永远把“有趣”放在第一位，在生活中找他能接受的、有趣的例子，教育的痕迹不是太重。他母亲没有揠苗助长而是促进成长，这起到了事半功倍的效果。其实，学习本就应该是生活的一部分，应该融于生活。

读这篇文章会让同学们知道成功者的幸运是建立在怎样的基础上。另外，李孟元还给大家介绍了英语学习的方法，备考 SAT 的经验，和几本饶有趣味的书籍。同时，家长们也不要气馁于自己教得不好，这篇文章中孟元介绍了母亲对自己的教育实例，这些其实都是我们身边可以为之的小事，大家不妨借鉴。

正如孟元的母亲所说，现在生活水平提高了，眼界开阔了，会有更多的人在本科教育上拥有更多选择。我们相信将来会有越来越多的中国学子能像孟元一样成就自己的梦想！在这里我祝福孟元的留学生活顺利成功，同时也祝福千万学子学业有成！

赵一苇

蓦然回首

点评：王辉耀

她从小博览群书，还是乒乓球和古筝高手

她高一就去哈佛游学，对美国历史倒背如流

她最常逛的网站是 Times 和 CNN，她最想自己做一本新闻杂志

她自己组团去陌生的城市旅行，感受各地风土人情

她思考宗教、宇宙、人生，同时也爱好动画和游戏

她叫赵一苇

现在她即将去往哈佛，继续丰富美妙的人生

学生时代，我们需要经营学习、人际、家庭等，就不说更加麻烦的年龄段。而且，在遇到人生不如意事十之八九的时候，我们还经常不知道原因，是实力不够呢还是没把握好机遇，或者是因为传说中的命运？更让人郁闷的是，到人生结束，我们也不一定知道自己到底输了还是赢了。

——赵一苇

蓦然回首

签证结束的时候，我爸文学地感叹：“其他事都做完了，现在只剩下伤感了……”

录取和奖学金都比较理想，签证本来应该没多大问题。但凡事情想多了，就会愈来愈担心。有人告诉我，几年前一个朋友美国全奖却被拒了。准备了好多问题，带去了一沓材料，签证官却只问了我以前在美国的时候住在哪里，然后祝贺我被录取，就这么简单地通过了。我爸妈说，以前我们全家去哈佛一年，归心似箭，准时回国，毫无移民美国的迹象，因此留下了良好的记录。这可能是签证很快通过的一个原因。

原以为从此万事大吉，后来发现并不尽然。出境必须体检，体检报告上的奇奇怪怪的英文名称，让我觉得 GRE 单词远不够用。更麻烦的是哈佛的入学考试，而且考从未学过的微积分，并且机上限时考试，据说为分班用。我买了微积分的资料自己学习，时间很仓促，也不知道结果如何。

在中国，高考似乎是每个人的里程碑，连爸妈都是高考下的一代，我却没有参加。尽管也坚持复习到 4 月，丝毫不敢放松，但自哈佛通知来的那天起，我再也没有去学校上过课。没有了准备高考的煎熬，也就失去了与高考有关的一切悬念，我变成了一个生活的旁观者。

高考成绩出来的那个中午，和同学一起在晒北京植物园的太阳。她们很沉得住气，连成绩发布的时间都不知道，我还是在录取结果发布半个小时以后就起来查结果了呢。

日记本上的童年

我有时会漫不经心地想：如果高考了呢？如果到时候在机场忽然就不想走了，就能回来，能在北京的大学里上学，每周都回家，能窝在自己的小床上大叫一声“妈”，她就在旁边的屋子里不耐烦地说干吗啊！多好！

自小一直没有离开过家，但拿到了梦想中的录取通知书，却意味着我必须从此离家，而且不远万里，漂洋过海。

我生于烟台，八岁的时候随爸爸到北京。童年的记忆，于是和大海连在一起。在会念“鹅鹅鹅”之前，就已经能背诵“前不见古人，后不见来者。念天地之悠悠，独怆然而涕下。”曾经装模作样地在狂风怒浪的天气里背手站在海边的悬崖上，只冻得直哆嗦，并没生发出什么有关古今天下的深沉感慨来。关于海，喜欢的当然还是晴天。暖洋洋的太阳把一大片沙滩烘得熨熨帖帖，我们三个小朋友就手拉手蹲在地上玩沙子，注意力比上课集中多了，谁叫下海都不去。一座长城是塌了又盖，盖了又塌，海浪不往上冲了我们就自己一屁股坐上去，毁完了就去捉螃蟹。

时间差不多都这么混过去了。我小时候经常生些不大不小的病，学也不怎么上，每天早上就等楼下一声中气十足的山东话吆喝：赵一苇她姥！！！我和我姥就屁颠屁颠地下楼了。到楼下，姥姥和一帮老太太坐小池塘边上唠嗑，我就跟好多小孩在两步就能跨过去的小石桥上爬上爬下，间或摸摸石狮子的头。所有人都很快活。

小时候都是这样美好的事——池塘边的青青柳树，高地上卖的豆浆油条，姥姥大手的细腻触感。早上赶集买豆浆，上午在池塘边和小朋友绕圈，下午坐 9 路公共汽车去海边。——总之就是这么温柔的回忆。在刚来到北京和在国外上学时都会想起来，像夜晚的灯塔。

有关于北京的记忆，则是上小学以后的事情了。生平只有在 1998 年后写过一年多的日记，是在我爸的建议下写的，因此这一段时间就犹如化石般被保存下来。

1998 年，正是我离开烟台的那年。这一年夏天，我和妈妈先去北京和爸爸在通县过了一个暑假。第二年年初，我们全家正式离开烟台，迁往北京。日记上居然有准确的日子，还有像模像样的心情描写：

1998 年 7 月 27 日　星期一　晴

今天我和妈妈爸爸去北京。

天气很好，风很大，我们到了船头，看到海水绿绿的，浪花也很好看。我们还在甲板上照了几张相。

第二天一早我们想看日出，可是没有看到。因为当时天上还下着雨，雾蒙蒙的。我还看见了大海中的航标灯和远处的像楼一样高的船。我们的船从两只航标灯中间驶过。

来北京以后，我在爸爸单位中国社科院后面的东总布小学上学。上学的日子，积极向上，态度很端正，对自己的认识很客观；业余时间，则以读书为爱好，喜欢去的地方是书店。

1999 年 6 月 18 日　星期五　晴

今天晚上，我、妈妈随爸爸去图书大厦。

一走进图书大厦，凉气迎面扑来，让人感到非常清新。在三楼的儿童书城中，各种各样、五颜六色的书整齐有序地摆放在书架上。这些书仿佛在对我说："欢迎光临欢迎光临！"这里图书种类很多，有神话故事、作文选刊、科学知识等。书这么多，我都不知道看哪本好了，我先拿起《数字的奥秘》，接着又翻起了《单人翻绳》，然后又看了一本《作文口诀》……不知不觉已经快九点了。最后，我买了一本《散文》，还买了一块儿红色的橡皮和一个苹果似的夹子，依依不舍地离开了书店。

书是智能的海洋、知识的阶梯，在书里遨游，是我最大的快乐。

我的两项课外爱好，乒乓球和古筝，都始于此时。日记上还有我练习乒乓球和古筝的记载，写得是一贯的积极向上，但每个周末去上培训班儿肯定不会让我这么开心的。尤其是暑假每天打六个小时乒乓球，中午还得写作业的时候，应当是很清苦的。在私下的小随笔上还有对我妈天天让我去上培训班儿的抱怨，字里行间全都是正义感，好像我妈是压迫我多年的美帝国主义。

当然现在能想起来的，多数是些好事。比如，我打了一天球，我爸就近带我去乒乓球馆附近的马兰拉面，菜色非常固定——大碗拉面，豆腐丝。不到一个月就不用跟服务员说了，到了往那儿一坐，五分钟菜就上来，跟回家似的。刚打完球我特别能吃，跟我爸最多十分钟解决问题。有时候，我妈没事就也来接我，这时爸妈就一起骑车带我上三联书店，回来的时候也得六七点了，华灯初上，昏暗里只觉得微风拂面，想这一天又忙碌地过去了，就特别有成就感。回去安心地趴在桌子上做作业，爸妈在厨房里做菜做饭，等吃完了，也就十点了该睡觉了。

很可惜，我的日记终于没有坚持下去，日记以后的岁月遂模糊不清了。只是小学毕业升初中的时候，颇有些磨难，至今难忘。为了报考好一点的初中，爸爸带着我满北京跑，因为三年级才来北京，到这儿还跳了一级上五年级，所以没参加过春蕾杯，不是连续三年区“三好”，也没有什么被认可的特长等级证书，每每被拒绝，爸妈都很受打击。后来我去了朝阳外国语学校，这是一所民办公助的学校，它只凭入学考试，不看其他。

虽然号称外国语学校，但朝外似乎并不以英语见长，连外教都少见，校长对于数学的重视远远在英语之上。三年混下来，我的成绩还算不错，被免费保送高中。但我没有在那里上高中，而是跟爸爸出国，去了哈佛。外面的世界很精彩，哈佛一年，收获远远不只于外语，它差不多成了我的人生的一个转折点。

哈佛时光

第一次出远门就是穿越太平洋。看温柔的云彩绵延成海洋，看北极冰川上闪耀着的光，我不由得对即将到来的陌生世界有了些许的紧张。

初到波士顿，住在 Irvine House。这个家庭旅馆离哈佛校园很近，是一家美国常见的 B&B（Bed & Breakfast）旅馆。这里的房子周围和路的两边，栽着一簇一簇的小花草，再竖上个夜晚发冷色白光的金属黑牌子，格外有情调。

一直惦念着如何上学的我，很快和爸爸妈妈出去寻找当地中学。我们正走着，忽然发现前面有一大片漂亮的草地，上面零落着几棵高大的梧桐，中间隐藏着一座漂亮的欧洲教堂样的建筑。原来，这就是我的学校——哈佛所在城市 Cambridge 唯一的一所公立中学：The Cambridge Rindge and Latin

School。奇妙的是，这所中学坐落在哈佛校园内。当然，哈佛校园并不像中国的大学一样有完整的区域，而是由散落在城市各角落的学院 (college) 和主校区组成的一个庞大的整体。

进入学校后，我对校内的工作人员进行了自我介绍，并从微笑着的老师手里接过来一沓申请表。表上生僻词汇很多，我填起来很费力。好在老师并没有看那长长的文字，而是接过表后就立刻亲切地对我说："马上是个入学测验，你稍微准备一下吧。"我立刻觉得很沮丧，开始头晕脑涨起来：好不容易摆脱了北京的考试，到这里却又要考试！

垂头丧气地跟着老师走进一个布置得很专业的办公室，老师随手从桌子上的杂物中抽了一沓装订好的复印件，和善地与我聊了起来。老师和蔼的笑让我不知不觉放松了心情，我用英语做了简短的自我介绍，并讲起我的家乡来。于是老师很有兴趣地问起我小时候常做的事情，我就谈起了幼年和小伙伴们去海边抓螃蟹的趣事。

谈话进行得很愉快。尽管我的英语结结巴巴，甚至花了很长时间也没想到"小桶"应当怎么说，但让我意外的是，老师在我卡壳的时候并没有沉下脸来，也没有不耐烦，而是很耐心地等着。她微笑的眼睛给了我很大勇气。聊天之后，老师又让我读了个英语阅读片段，并解释其中一些较难的单词。老师听完我的回答后，用很夸张的语气说："Excellent（很好）！"考试就结束了。

这别具一格的考试让我大大地松了一口气，并为我能够做得不错而激动不已——原来我没有问题，即使有问题也不会被老师批评。我对自己在新学校的学习多了许多信心。

很久以后，我才知道，那篇文章里有许多单词我当时都读错了，但老师并没有纠正。老师这善意的鼓励，让我在进入新中学的开始，消除了陌生和焦虑的情绪。正是这样的开始，让我适应了这个充满微笑、气氛轻松的学校。

刚入学的时候，英语与历史课我选的是十年级（由于美国高中学习需要四年时间，因此十年级实际相当于中国的高一）的 ESL 课程。由于我在第一学期中学习很好，第二学期就转到了本地班 (Regular English)。

在 ESL 班里，我第一次见到这么多不同国家和种族的人聚集在一起。他们肤色不同，衣着风俗迥异，口音更是相差很大。作为一个从中国来的学生，我在这里增长了见识，拓宽了视野。

在这个“国际大家庭”班级里，各种肤色的同学都很友好。但毫无疑问，肯定不能像北京的同学那样沟通自如，那样默契。和不同种族的同学相处，有些障碍实在不是努力就能克服的，彼此之间哪怕感觉透明，也始终隔着一层薄薄的玻璃，可以微笑，可以聊天，但无法触碰到深处。

上 Microsoft Office 课时，同学竟然随手点开了中国国歌。听着这已经融入血液里的旋律，我一时热血沸腾起来。在国内的时候，每天学校里都有庄严肃穆的升旗仪式，但我也从未有过什么感觉。可在这里，国歌的旋律突然间就抓住了我，让我几乎热泪盈眶。中国，我从来不知道它意味着什么，原来它在我内心的最深处。家乡、祖国，并不是最漂亮、最强大的，却是我真正熟悉和认同的土地，是一个心灵栖息的港湾。

这里的课程，与国内的差别很大。首先是课程不重，用不着天天晚上做作业。其次这里的课程比较强调动手动脑，而不是死记硬背。

在我基本适应了 ESL 的英语课程后，老师布置了一个 Project（时间较长，内容较独立的作业），内容是创建一个自己的“国家”，两周后提交。这个 Project 需要设计“国旗”、“国歌”和简要的“宪法”，并对“国家”的交通、艺术、能源、建筑、流行文化，甚至垃圾处理等许多方面做文字说明。而最重要的，是准备一个关于创建的“国家”的 Presentation（演讲类展示）。

分组以后，我们迅速进入了这项 Project 的准备。我同组的同学虽然都已经来美国三年以上了，口语比较流利，但写作方面尚有欠缺，也不擅长功课，所以最终决定由我负责。一开始，我把关于“国家”的说明的各个方面平均分给每个同学，希望他们能够完成这些方面资料的搜索、整理和各项设计及说明的稿件。几天后，我发现同学们虽然都尽力地去做了，查了很多资料，但写出来的内容常常文不对题或者语法错误非常多。于是，我修改了对于任务的分配：由我来综合整理文稿，而其他同学负责设计和绘制国家的国旗和地图，打印文字，以及装订。

事实证明，我对于任务的变动还是很正确的。我花了很多时间撰写文字，最后的成果也让老师很满意。而其他同学对他们所擅长的任务，也都完成得非常出色。我们组提交的文案，内有精巧的平面设计，外有透明带花文件夹做封面，浅黄缎带做装饰，可以说相当漂亮。而我们“国家”的国旗和地图由一位选修绘画的同学绘制，很专业而且美观。我还利用放假时间从校外的美国朋友那里借来了电子琴，在反复的修改之后写出了较为满意的“国歌”。这样，我们每个人都发挥了自己的长处，做出来的成果自然相当完善。

当然，我们的 Project 还不能称做尽善尽美。在 Presentation 即将开始的时候，我发现了一个很严重的问题：我们组的其他组员都不太善于唱歌（很跑调），即使我已经编写出一首“国歌”，他们也无法每个人单独唱一段，因此我原来设想的一人一句、最后合唱的想法就无法实施了。

Presentation 已经开始，我赶忙到前面主持我们设计的“国家”的特点的介绍。在其他同学进行生动的讲解的时候，我边听边思考着“国歌”演唱问题的对策。歌曲全部由我来唱也可以，但未免冗长单调。

在我们的 Presentation 即将结束的时候，我忽然想出了一个很好的主意。

我拿了一张空白的幻灯片，迅速地写下了“国歌”高潮部分的歌词。然后我走上台，把幻灯片放出来，示意我们组的同学唱一遍高潮部分。第二遍的时候，我独自唱了一段引子，之后号召全班同学与我一起唱余下的部分。班里的气氛迅速高涨了起来，同学们兴奋地和我一起歌颂着我们创造的“国家”，还自发地又唱了一遍。我们的歌声甚至吸引了隔壁的历史老师，他饶有兴趣地来到门口欣赏我们的歌唱。

Presentation 结束的时候，我们组的同学手拉着手鞠躬致谢，全班掌声雷动。那时我由衷地开心，不仅因为我的能力得到了锻炼，更重要的是我能够给其他同学带来愉悦，哪怕微小，也是真实而且快乐的。

因为课程不多，于是课外我参与学校的亚洲俱乐部，常去两个教堂小组，暑假的时候还做了几份义工。剩余的时间，我往往泡在图书馆里。美国的公共图书馆系统非常发达。自从我对照着一个小册子找到了我家附近的一个图书馆之后，几乎天天都会去那里淘书，并且从未失望过。

刚到美国的我英语还不熟练，基本上借的都是些漫画。在这里看到第一本日漫《水果篮子》时的激动是我不会忘记的，然后是《乱马》、《蜜桃少女》和《NANA》。把这里的漫画翻得差不多了之后，我才知道泛波士顿地区的公共图书馆都是联网的，在网上点一下 Request（要求）就可以调来 Wellesley 城市图书馆的漫画，从波士顿到 Wellesley 坐火车得三个多小时呢！我从此沉浸在 Request 各种东西的成就感和拿到动画漫画的欣喜感之中。每天回家时把书包里十几本刚借的书倒出来，看着动画背后 $39.99 的价码时，心里的感觉唯有用“爽”字来形容。

漫画看得多了，阅读有点长进，就逐渐借了些小说。虽然我看懂漫画没有任何问题，虽然老师留的课内阅读我看得很快，但读课外小说对我来说还是有很高难度。通篇的生词和长达四五行的句子常缠绕在脑子里，让我不得安生。后来，我终于想到找文学老师推荐作品，而老师总是很轻易地从班里的小图书馆里抽出恰好能让我看下去的小说，让我不得不叹服老师的眼光。

我也开始看一些 Non Fiction（非虚构类）。因为课内的 Desktop Publishing 课（一门计算机课），我对电脑有了很大兴趣，于是开始往家里搬各种教 Photoshop、VB、JAVA 的书。在课堂上，我学会了用 HTML，自己做出了一个网站，有点沾沾自喜。但从借来的书中，我却一个程序也没学会，对电脑的信心受到了打击。我还借了一些 SAT（美国高考）的书，终于也没看多少。聊以自嘲的是，运送这些又大又厚的书，倒是锻炼了身体。经过如上挫折，我发现专业书籍还是借摄影的最好：即使专业词汇完全不懂，也有好看的图可以欣赏，实在是老少皆宜居家必备。

漫长而寂寞的暑假，图书馆成了我最好的去处。常常在早上起床之后，就拎着笔记本电脑去这个可以提供无线上网的图书馆。把自己陷在柔软的皮质沙发里，我仿佛进入了一个自我的空间。上网，逛 Times 和 CNN，累了拿本大块头的史学经典，看不到三页一定就能睡着。窗外刺眼的阳光照进这里，也柔和许多，在木质的柜子上泛着漂亮的暗黄色的光。远处的小孩子仍旧趴在地上认真研究花花绿绿的书，管理图书的阿姨轻声地讲着电话。那一瞬间，整个世界都是安静的，我多么希望时间就这样停滞下来……

开始申请，去往美国

有了哈佛读书的经历，再对比国内准备高考的繁重课程，申美对我来说似乎成了一件顺理成章的事情。

高中出国，以前还很少有，现在则已经成为潮流。在我还懵懂无知的高一，年级里已经有牛人站在模联讲台上，声称要去耶鲁读国际关系。法语班里的同学期末考试完了，忽然得知自己一个月以后就要去法国，手续她妈都给办好了。对我来说，一切似乎都发生在不经意间。考了 TOEFL 考 SAT，写完推荐盖完章，改完 Essay 寄出去，再过几个面试，就不显山不露水地到了 4 月。

路过很多风景没有仔细看，回想起来，还有很亲切的油画用阳光印染在记忆里。6 月去香港考 SAT 时所住的 Wesley 宾馆对面是麦当劳，为在繁盛的夏日里被多少考生竭力以疏离压下的一点紧张表情打下熟悉的坐标；再过半年去考 SAT Ⅱ，对于时光的小感叹湮没在最熟悉的场景里，只除了这次对面坐着喝咖啡的同学变成了女生，可她们甚至一样在看打下来的一页准考证，上面是 college board 曲线丰满的叶子图标。

高三的 12 月，似乎到处都是喧嚣：Why Essay 怎么写啊怎么写？怎，么，写！潜过很多次 CUUS，上了更多次官网，试过讲故事，也写过纯学术，还激烈地争辩过 Why Essay 究竟能不能写校园写城市。有人说真实，有人讲很假很俗套。

在这样星星点点的故事之间填充上连绵的时光，洒上一点快乐一点迷惘一点苦恼一点悲伤，就最符合那个标题：出国这回事。

高一时年级流行一句话：今天你背红宝了吗？然后是，某某班的某某同学已经背过八遍了……那时，无论食堂、操场，还是物理化学实验室，我们一律拿着几页 GRE 单词或者 Barron 的小卡片，后者像扑克牌一样可以随时被抽几张出来考背的同学，既学术又娱乐。那时，我对一切单词都眼熟，一个 denominate 能给出七八种意思，什么篡位啦贬低啦使羞愧啦……然后习惯性地打开单词书，然后忧郁。

寒假 TOEFL 班，暑假 SAT 班，在庞大的教室里不出意料地发现熟悉的身影，其中还有几个同班同学。听了戴云教主的 finish egg，记住了陆毅老师的“上头有人”，背过了李楠楠老师一串一串葡萄样的规则，最后发现到底出国还是自己的事，更甚于学习或者高考。

放下数学小练习就拿起 TOEFL，绿皮紫皮蓝皮的夜晚冷暖自知，一本一本书做过去，坐到拥挤喧闹的 TOEFL 考场上时，仍然紧张。在话筒试音的时候，我张了张口还是无视了老师的反复叮嘱，没有练习口语题目，而是矜持地念了屏幕上的话筒调试指南，机器还没调整好就再念第二遍。这样的情绪撑过了有关板块学说和中国瓷器的阅读，也撑过了霸王花的经典加试听力，也撑过十分钟的短暂休息，还延续到了对着机器自言自语的尴尬口语。但到写作部分的时候，绷了三个小时的神经终于不得不缓点劲儿，于是，我对着一个很有些非主流的题目没心没肺地狂敲了 699 个字，在倒计时一分钟的时候回去改了前两个句子的三个语法错误之后，就不得不让后面的句子都听天由命去了。

成绩出来并不差，但既然决定了出国，我还是抱着刚开始做一件事时通常的尽善尽美态度，报了第二次和第三次，最后对变态的 ETS 官网上红字的机器人刷屏提示都产生了亲切感，更不用说区区小事例如口语试音了。没错，我第二次就已经可以非常理直气壮地在一片安静的教室里扯自己的家乡；到第三次，我向后靠在舒服的黑色皮椅上，一边心不在焉地试着音，一边没人品地暗笑旁边的男生。他此时正以原汁原味的东北口音一遍一遍地大声朗读：Please describe the city you were born in Please describe the city you were born in，像我当初一样。这时，我想起曾经为了要不要带巧克力和能不能要多余的草稿纸紧张，也还问过不少人，就很有些释然，知道那段路已经走过。

那是初试锋芒。第一次为出国上考场，没有老师的指导同学的陪伴，没有官方的一模二模三模，没有实践过千百遍的复习计划，只是自己复习自己报名自己考试。也是第一次啃着铅笔头对着作文纸发愣，建第一百零一个电影院或者工厂，在环保、发展经济、提高生活水平等俗而又俗的分论点的重复中画下一道深刻的痕迹。还有第一次和同学坐在楼梯的台阶上，一起刷口语的八大类五小项十个例题，然后互相嘲笑对方编出来的假而又假的事例。那是自己的努力，取得的不只是成绩。

高二，考试更加繁多。11 月 SAT Ⅰ，12 月 SAT Ⅱ，5 月 AP，填补其中空白的是 11 月 4 月期中考试，1 月 6 月期末考试，再加上各式各样的 EC，日子过得很忙碌。抛弃了红宝书，我更多时候是拎本 Barron 或者 Princeten review 在校园里到处转悠。看得不多，抱怨得不少。而喜欢的还是文科，从文学到政治，从经济到历史。

最早的，是在厚重的 Barron《美国历史》上用不同颜色不同粗细的信号笔画重点，然后在书页旁边的空白上写点毫无意义的小总结，比如，按顺序默写美国的所有总统，追求的就是那种似乎掌握了点什么的成就感。临考前，一本书早已被画得乱七八糟五彩斑斓，而令人沮丧的是似乎还有很多永远都背不下来的知识点。比如，美国早期几十个印第安部落的分布，每个名字都长得形不同而神极似，每每这时，我就会很有阿 Q 精神地哀叹，历史好没意义啊——然而，阿 Q 总是不可取的，所以 SAT Ⅱ 第一题不幸碰到这个问题，我也只好自认倒霉。

看美国历史的另外一个有趣之处，是自娱自乐地比较不同品牌的参考书。比如，Barron 的作者是个可爱的美国愤青（此外还是个喜欢问某年美国对外税率的细节控），而 Princeton review 的作者写教辅就更专业一点，虽然篇幅短小不够细致，但观点把持得比较中立，不仅写政治，也提两笔文化，又不像 Kaplan 把书做得莫名其妙的很无聊。但是事实证明，这些书里的练习题都有失之毫厘，谬以千里之感，所以开始做 Barron 错一半也不必担心，而且错啊错啊就习惯了，不会受打击了。但是 AP 就不同了，无论是 Barron

还是 Princeton review 的辅导书里，都让人无语地存在着大量真题，而且是会在考场上遇到的真题。可见美国人都挺懒的，一年一次的考试内容还高度重复，这要换到高考里，该多美好。

之后必须歌颂的是 AP 宏观经济和微观经济考试。此考试不仅仅是一场考试，更是开眼看世界的一扇窗户！严重了……总之，不喜欢高中政治学科里的经济的人也完全不要介意，因为它们虽然都叫经济，但根本不是一个东西，就像海和飞鸟，参议院和众议院，Herbet Hoover 和 Franklin D.Roosevelt……学了这个学科之后，你就会了解经济为什么和数学有关，就会懂得图表是怎样神奇地解释了美国 20 年代萧条，70 年代滞涨，然后在历史课上老师讲到这些的时候暗怀欣喜。当然，你也许还会因此对当下的金融危机提出自己的看法，从此开宗立派，拯救中国经济于水火之中，然后在领诺贝尔奖的时候发表演讲：这一切始于我高中那一场命中注定的 AP 经济考试……

虽然现在回想起这些经历都感觉很温馨，但当初在王府学校的考试其实一点都不欢乐。因为对城市热岛效应没有充分认识，我穿着短袖就去了北五环以外的郊区，还早到了两个小时。凌晨六点，前来送考的我妈和我在一片荒凉的土地上抱在一起瑟瑟发抖……开始考试之后就好了很多，第一科美国政治的题目像是给我的身体注入了清泉一般的力量，让我一瞬间小宇宙爆发，无视一切负面效果爆发出 300% 的潜能……不过，由于美国政治一共只三个人报名，其他两人都没来，于是监考老师在漫长的下午一直百无聊赖地盯着我看，似乎在试验是否眼神足够专注就能把人烧出一个洞来。

高三，不知不觉中正式迎来传说中的 Essay 阶段。为这一篇小文，恨不得把经过的所有时间一点点解剖，再拿每一个碎片仔细端详，费尽心机把自吹自擂化到任何不相干的细节里，再糊上些白粉让它了无痕迹。对每一个话题反复斟酌，批评与自我批评，说写父母太俗，写EC太苍白，写中国不靠谱，修过不知多少遍的文章送过去据说还能被神般的AO一眼看出其事其人其性格其潜力是否与学校那永远缥缈着的性格相符。有时这火眼金睛半信半疑，因为这高温再高压脱水又缩合之后的文章无论如何也不见当初的感动。

可是文章真正要求的不是短短五百字的扭曲回忆，而是斟酌是徘徊是永无止境地做到自己的最好，是千转百折之后的凤凰涅槃。每一篇Why，Short answer和Personal statement都似乎要从身体里榨出汁水来，点下commonapp提交表格的最后一个确认键以后，不由得空虚而恍然若失，因为锤炼做成了习惯动作，已经不习惯完结。

申请，收获的不止几篇几百字的苍白文字，而是光明正大地思考人生。作为成长了的人来慎之又慎地审视记忆，回想不曾在意的父母的恩德，或者回味已经遗忘的种种伤害。能在还远未到来不及的时候得到这么一个半强迫的挖掘自我的机会，大概也是难得的吧，虽然有时懊悔也常常尴尬。但往事总像一个熟悉的角落，不必改动，更不需纪念品，就能让在不同年龄时回归的自己觅得几分温暖，再留下新的气息。

可是自我与标准总有遥远的距离，坚持自己和妥协也是永恒的命题。更加郁闷的是，即使愿意彻底妥协，也不得门路，只好在关于每一所学校的谣言里捕风捉影，然后在彻底的臆想症爆发之前回归自我。如此重复。可是这些都是作为“过来人”的扭曲总结，而当时也不过是心虚地在数学课上拿出打了Essay的A4纸，在上面画下一道又一道的修改痕迹。

在这样茫然的路程上，仍然知道此刻的状态定格在奋斗。不想勉强从翘掉中饭拎着零食夹着几张Essay去自习室的中午抽象出什么精神，因为那时坚持的只是到了这个地方，就应该这样，我们继续而已。

“继续”在申请之后的漫长等待中是更严肃的主题。听过很多口号，中文的“一颗红心，两手准备”，英文的“hope for the best，expect the worst”，但仍然心神不宁，像憋了一口气扎进铺天盖地的卷子里，只站立已竭尽全力，遑论前进。这时就格外钦佩一些同学，有的当断则断早已不来上学，有的云淡风轻每天做卷子的表情和逛公园一模一样。赵本山小品里的“同样是人，差距咋就这么大呢”并没有什么励志的效果，所以学习的更多是毛主席的理论：战略上藐视敌人。就算藐视不了，也要装着藐视，装啊装啊就好像真不记得有出国这回事了。

当然不是这么容易的。一月底邮局通知说不好意思一半材料寄丢，过年时各种各样的学校面试又来电话轰炸。必须重新温习官网，再从同学那里广觅 viewbook，然后理直气壮地上各种新闻论坛“收集面试素材”，最后试图从被说了十几年几十年的常见面试问题里挖掘出点新意。但在高考黑云压城的阴影下，仍然能够准备得甘之如饴甚至带着点跃跃欲试，不是因为回归高考短短两个月后重温出国种种的恍如隔世感，更是能再做点什么，也许能再挽回点什么的轻松——而且虽然都说 ×× 校的面试是非选择性的，但谁知道呢。

况且，无论我表现得怎样，面试官从来不让人失望。有做银行首代的职业女性，穿 Prada 风衣拿 Gucci 手包，从冷飕飕的国贸里走过来的时候，一瞬间的气场已经神奇地兼具了精明干练和雍容典雅。有耶鲁校园系精英，与其对话三分钟犹如跑一场八百米，只是被挑战的不是体力而是价值观，一个半小时下来俨然就精神力枯竭。不得不提的仍是哈佛面试，一男一女的面试官组合低调而直率。许多对话至今还记得很清楚。比如，Hong 问：你毕业以后想做什么？我说：我想做一个新闻杂志 BLABLABLA……Hong 说：你会进监狱的！她又问：你父母是做什么的？我说：我爸是做文学的……她说：哦，那帮人我从来都搞不懂。而性格这么可爱的人，是八十年代自己从国内考到哈佛的，从本科一直读到博士念经济系拿全奖。

被哈佛录取的那个早晨大概终生难忘。点开 mail 之后的心情太难描述，更加直接的印象是，那天中午我就翘课了，和爸爸从四中走到图书大厦，一路阳光灿烂得难以想象，和我的心情一样。

旅行、动漫、游戏、书籍：丰富生活

哈佛是目标也是阶段性终点，不过隔着十几年的辛苦往回看，记忆中生动的地方并不是学习和考试，而是旅游、过年、动漫、小说、游戏这些说起来很亲切的东西。

天儿好的时候，我拽上毫不相干的两个朋友就出去旅游。男生执著地打手机游戏，把贪吃蛇和俄罗斯方块玩得花样百出目不暇接。好友方跟我聊天，话题从学术的“史地政究竟哪科最难”一路转向初中同学的八卦。司机叔叔超然世外地放大车里的音乐，周杰伦的《牛仔很忙》响彻空旷的高速公路。我们在一个陌生的城市里住了两三天，白天扫大街，晚上怯生生地进牌子很有质感的酒吧。在金色银色古铜色的装饰里三番五次差点撞上镜子以后，我们很不容易找到了门。里面出乎意料地安静，有人喝酒有人打牌，声音都有意放低了。灯光打得很华丽，莫名地让人想做作业，于是我掏出暑假过了一大半还一笔没动的政治作业来写选择题，对面的女生仔细研究菜单上的冰淇淋。各自不说话，很安适。

最后一天，逛城市中心的新华书店。几天自然风光熏陶下来，我们的精神仿佛都得到了升华，在青春小说专柜前徘徊良久，还是捧了看名字就很深刻的书去付钱。男生买的是《古罗马帝国的起源和覆灭》，方是《十六种人格》，我买的稍微通俗一点，梭罗的《瓦尔登湖》。不消说，搁家里一年也只看过第一页。

在麦当劳又一次惊叹了某男生的食量后，我们回到了机场，陪我们玩了几天的司机叔叔也来送行。临上飞机，他又去机场的小超市给我们买了几瓶饮料，叮嘱了些小事，还是几天下来我们已经十分熟悉的那种宽厚而豪爽的语气。挥手告别的时候，出乎意料地难过。

坐在候机大厅里一直想，不得不错过的那许多人。甚至那些暂时还在身边的，也只是停留的时间的长短而已。《佛经》说：人在爱欲中，独来独往，独生独死，苦乐自当，无有代者。所以一直走的，到底只有自己。但是我们仍然会去做些聊胜于无的补救，比如高考完了一场接一场的聚会，又或者过年时和家人的团圆。

每年回家过年，也是一种特殊的旅行，但这里的亲情滋味是无可替代的。妈妈老家在东北，爸爸老家在安徽。回东北的话有牌打，有鞭炮放，有手包饺子吃。姥爷作为象棋高手仍然乐意天天陪我下，即使我的水平只到知道马走日象走田而已。姥姥和二姨三姨小姨加我妈就坐在靠南的房间的床上聊天，阳光特别好，她们就听姥姥讲原来隔壁她表姐又发生了什么事儿。论八卦，我见过的人没一个能比得上姥姥，她不但素材全，更新快，而且讲故事的能力一等一。即使故事的各个角色和你半点关系都没有，她也能讲得娓娓道来引人入胜，语气分寸拿捏得丝丝入扣。她的四个女儿从小听到大，都比较习惯了，不跟我似的总对姥姥这能力发出赞叹，所以她们的主要的工作还是嗑瓜子。手里剥着，嘴上嚼着，时不时再去抓把瓜子，动作和打毛线高手一样娴熟而有韵律。这几人一起，五块钱的瓜子那也就是半小时的事儿，还不忘了听唠嗑。该骂的跟着骂两句，该夸的就附和下，一个下午就这么过去了。

晚饭之前，姥姥和姥爷习惯性地会拌两句嘴，内容高度重复，集中在姥爷舍不得开煤气，忘了做买了两个月的鸡结果鸡坏了，要不就是端完菜还没拿筷子。这时姥姥讲故事的水准就会延伸到数落姥爷上，往前追溯个二十年那是一般情况，前提还得姥爷一句话没说。当然大多数时候姥爷都一句话不说，传说这功力是几十年修炼出来的。别人也不会没事跟着瞎掺和，曾经二姨不过脑子地附和了两句，姥姥马上就掉转话锋了，说，你怎么能这么说，他再怎么着也是你爸！换句话就是姥爷只能她骂，别人甭想——他们都这么着过了一辈子了。

晚饭过后节目一般是打牌，看时间打红十或者升级。如果姥爷和三姨同时上场，这牌就打不过半个小时了，保准吵起来。一起打了多少年了，他们一样对打牌的每一个小规则有不同诠释，并且根据自己的优劣势随时改变立场。比如，升级回五带不带抠呀，大小王同压过不过J啊什么的。这时候姥姥我妈二姨小姨就还跟床上坐着，边嗑瓜子边象征性地劝两句，表情都跟看戏似的。

过年自然格外有几分不同，主要就是规矩多了。三十儿不能扫地不能摸窗台，初一不能动水，初三之前不能洗澡，一套一套的。不过规矩也就那么回事，我记着的还是放鞭炮。二踢脚之类的都归姥爷放，我们就听个响。能在天上弄出图案的烟花是我妈那几个姐妹负责，她们比起姥爷很不熟练，经常手忙脚乱。我和几个表妹放的是拿在手里往外喷烟花的细柱子，比谁火花蹿得远，声儿大。本来还可以文艺地感叹下我比烟花寂寞什么的，但当时太忙活，都想不起来了。

在东北小城市里过年的时候，常觉得生命清澈得能一眼看到结尾。所有人都每天按时按点做着自己的事儿，好像自打生下来他们就一直这么做着。但无论姥姥姥爷还是我妈和她的三个妹妹，其实都经历过很多成败。比如，小姨高考三年，二姨早恋被姥爷打断腿，三姨结婚以后受虐待，可以想见当时有多大的波澜，但风波过去了，生活还依旧。那些故事好好地隐藏在他们的面容底下，而他们静默着，不动声色。

也许这正是生活和多数小说的差别。小说里，矛盾的解决总会带来一劳永逸的结局，比如，王子和灰姑娘永远在一起，或者相爱的人的死。而生活是一个更为详细的剧本，会给那些幸福结局添上油盐酱醋和鸡毛蒜皮，也会让曾经惊天动地的大事不知不觉中微不足道起来，最后再也无人提起。

电影《孔雀》出来的时候，我认识的一个阿姨说：我活得已经够烦的了，为什么还要去看别人的闹心事？可能也是因为这个理由，我一直很喜欢动漫画里那些宏大的世界观。其中的主角都可以拯救世界，忧国忧民，还同时有可爱温馨的小恋情。烦恼在这样的背景下都格外有原因也有意义，不像我的那些无谓情绪。

我喜欢动漫，但是个十成十的伪漫迷。动漫画杂志每期不落，大热的人物周边也买了不少，稍微有点名气的作品都能讲清楚大略情节，但真正追完的动画漫画基本没有，甚至勉强看完第一集的动画都还得是《Lucky Star》这样火到一定份儿上的。

真正认真去看动漫的只有在美国那段闲极无聊的时间。那时每天三点一放学，我就坐 83 路汽车去社区里的小图书馆。只一层的平房，面积也就一户人家那么大，所以很温馨，即使所有人都不声不响地看书，也并不是那种肃穆的学术气氛，更不用提经常会在地毯上边打滚边嘟囔些不知道什么的小孩子们。

小图书馆的动漫收藏有美国系也有日本系。出于对经典的向往，我几次打开了《蝙蝠侠》想看下去，最后还是没能接受得了那毫无美感的人物形象和让人想起大红门服装批发市场的色彩填图。日本漫画就不一样了，即使是高屋奈月这样据说画画水平非常一般的人，作品也一样赏心悦目。

因为这些图书馆都联着网，小图书馆里的库存看完了，我还可以从开车都得三个小时距离的另一个小镇里调来别的动漫。其中印象最深的仍然是《水果篮子》，只不过这次是动画。也许当时我很需要被治愈，这部治愈系作品每次都能准确地找到我心里最柔软的地方，然后狠狠地一戳。都不必说阿夹和由希接小透回家时，他们在夕阳下牵着手的剪影了，就是片头曲那一个接一个暗色背影的剪切，在温柔的歌声里格外有几分寂寞的色调，都曾几次让对那些虚构人物早已产生感情的我泪流满面。

但是时移境迁，回到国内以后，我似乎就失去了看动漫的心境。但我仍然会去关注动漫资讯，就像中国难得入围的那届世界杯中跟风追足球一样。那时，我因为觉得“阿根廷”这三个字比什么巴西英国都好听得多，就抽风一样到处吆喝自己是阿根廷迷。

所以经常的，会刻意往自己身上贴标签。常见的比如“动漫迷”和“90后”。这样划下一道痕迹，像竖起一座壁垒，把和自己相同与不同的人鲜明地分开。在一些论坛上，就会常见一些腐女在不相关的帖子里写些所谓的接头暗号，再以激动的小白语气往上堆砌些名词，比如腹黑攻女王受。也因此有另外的同人女批评说：好像当腐女能拿钱还是怎么着。但其实，她们享受的也许就是在偌大的世界里找到了些相似的人的感觉，这时她们就知道，自己不是一个人。

当然，有时这些往自己身上招呼的标签是形容词，比如，安妮宝贝的孤独、韩寒的愤世嫉俗。很多人把这样一些词汇活成了自己的人生姿态。这样做经常并不是因为我认清了自己，反而是因为不了解，对自己也没有什么信心，所以必须主动向事先挑好的那些自以为的褒义词靠拢。我们所处的这个时代，心理测试泛滥在facebook上，还能支撑几个每月出版的杂志的运营。星座血型生肖论更是每个年轻人都能说出一二。这正是因为我们还不认得自己，所以必须借助谁都知道没谱的几个问题所能给出的粗暴答案来澄清。心理测试的结果能够简单地被我们评价为“准”或者“不准”，当然也是因为我们对自己已经有了初始的认识。但是，我们仍然经常疑惑《武林外传》里的那个问题：我是谁？谁又是我？

还有很多类似的命题，想一想就要头晕目眩。比如，时间是什么？宇宙的边界在哪里？边界的外面又是什么？又或者那个无数哲学家试图解答过又没能彻底解答得了的疑问：为什么活着。在这样庞大的背景下，一些微小的事情看起来甚至有些可笑，比如在很多人前演讲会紧张。但我们还都是俗人，所以无可奈何。

既然解释了做伪漫迷的必要性，那么就必须也说一说这个充分性。原因很简单，相比电视或电影，我对文字有更大的新感。做不到在自己家的电视跟前蹲两三个小时，把一个电影看完，但是可以在书店站一天。不必要眼睛一直盯着一处，而是可以到处翻翻，喜欢的书就多看会儿，看到没意思了就换一本，站累了还可以出去买瓶水，回来继续看。

蹭书的时候，往往无法全心全意沉浸到小说的世界里，所以我经常翻的还是一些散文。欣赏的除了字里行间透出的那一种气度之外，还有其中的经典句子。它们像闪电一样能点亮天空，也能劈进阅读者的心脏。它们便捷地联系了两个毫不相关的人，其中一方甚至不知道，只是因为他们心底的一点认同。至于真理似乎总是在被文笔好的人像面团一样拿在手里随意揉捏，真理似的句子也往往自相矛盾，但这从来不妨碍读者忽然觉得离一切真相又近了些。

但也有时，看文章会不甚舒适，像是在偷窥别人的日记，严重一点的就是自己的小阴暗似乎也被暴露在日光底下。比如落落的散文，写心里的自卑感，到位得让人心慌。当然，作者们一般还是小心翼翼地控制着尺度分寸，只把那些自认为还见得了人的东西写出来在大家面前遛遛。但是，文字写出来，作者就已经失去了控制，也管不到读者从中读出了什么。所以我前几天看一本京味语言的散文集，尽管其文字风趣流畅，但我还是不小心在作者数落银行数落车站数落朋友的夸张语言中嗅到了刻薄。这也是没有办法的。

这段时间，忽然有点迷赛车游戏。控制非常简单，只需要↑，←，→，SHIFT 四个键，刹车都不必要。而几分钟的赛事之后，就会有清楚的结果，输了还是赢了，在所有人里排到第几。失败的原因也很简单，一般是撞墙太多，或者路线不够简洁，就那几样。相比之下，生活就远没有这么让人轻松，在学生时代，我们还需要经营学习、人际、家庭等，就不说更加麻烦的年龄段。而且，在又一次遇到人生不如意事十之八九的时候，我们还经常不知道原因，是实力不够呢还是没把握好机遇，或者是因为传说中的命运？更让人郁闷的是，到人生结束，我们也不一定知道自己到底输了还是赢了。

有时对自己为什么喜欢玩网络游戏很困惑。其实无论是赛车，劲舞团，或者通常的打怪升级类，本质都很枯燥单调，像拉锯一样重复性地做那几个动作，还没有学习时获取知识的快感。但中国仍然有很多学生沉迷网络游戏，甚至会逃课出来去网吧玩。很难想象如果有一天，学校考试是考游戏里的等级，或者 PK 时的输赢，那些沉迷游戏的同学还会不会这么喜欢他们迷恋着的东西。或者我以为，那时的优等生也还会是现在这一批人吧，因为玩游戏玩得好，除了花钱之外，要的就是坚韧不拔的毅力了。和考试一样。

在游戏里，人本性里的强者崇拜贯彻得非常彻底，比别人高个十级的人说话都会拿着个调。而玩得不好的人，心里羡慕那些高手却不愿意说出来的，就会讲：这不过是游戏。的确不过是游戏——有明确的操控着的人，改一段数据就可以让任何人成为成功的玩家。但是人生其实也没有什么分别，只不过我们不知道那个高高在上的事物是什么而已。是佛，上帝，还是真主阿拉？

因为从小家里并没有宗教渊源，所以我对宗教抱着对任何事物一样的求证态度。这样去看，那些天堂、地狱和审判日，就过分像人在苦痛中臆想出来的东西了。况且常乐无乐，常苦无苦，做一辈子善事就为了上天堂，又有什么意义？现在有些人很喜欢说：中国需要宗教，因为社会道德太混乱了。但这样说的人总是无神论者，因为这样看待宗教并不是相信的态度，而是理性地认为它对自己有好处，本质上和那些见佛就拜的人似乎无甚区别。鲁迅说：过了四十而信神，是多么大的诱惑。所以我还要等时间来淬炼我的信仰。

思考只是偶尔的，我的生活在没心没肺中度过得比较多。比如，有天晚上吃饭，我爸妈和我继续像往常一样谈天说地，纵论古今。我爸讲："北大不录何川洋是违法的，这种论调必须有一个基本前提——"我妈趁机把几片莴笋夹到我爸碗里。"那就是——我怎么又在吃莴笋？"瞪我妈，"不是说我不吃了吗？"我妈以一贯的态度敷衍了事："好好好，你继续讲。"我爸说："这你让我怎么讲啊……"然后跟我说，"看看吧，你妈她就这样，你说话的时候不是给你夹菜就是打岔！"我和我妈哈哈哈哈地没心没肺地笑。

吃完晚饭出去散步，今儿的行程是去奥特莱斯遛达，给我看鞋。我看中了好多双红色的，据他们俩说都特难看。我很认真很学术地跟他们讲："我这两天研究《易经》，有一个理论说，人在某一个时段身上衣服偏向的着色，是身体潜意识里为了自己的五行达到平衡，比如我现在应该是五行缺火。"我爸妈一点都不给我面子地狂笑。过了会儿，我又看中了一双红色的凉鞋，我妈说："怎么着？你又缺火了？"我说："那理论就是这样的……"他们俩还是哈哈哈哈地没心没肺地笑。

日子这样就过得特别快，似乎是完全不知不觉地就只剩一个月就要走了。想到过不久就不能和他们一起吃饭一起逛街一起在家里待着，我心里就很不好受。昨天快睡觉的时候，跟一个同学发短信这样说，她出乎我意料地没有附和，而是说："年轻的时候，出去闯一闯啊。"

是的，似乎现在是时候出去闯一闯了。可是我们依旧在一起，无论是我隔着浩瀚的太平洋思念你们的时候，还是以后必定会回来的那一天。回忆只是不经常的，因为还要看前方。相信前面，糟糕的事情会通通变好，美好的东西一样都不会走掉。即使遭遇失败，也能不灰心。有足够美好的回忆，也因此有足够强大的信心，还有你们，和我一直在一起。

王辉耀：
知名教育家，中国与全球化研究中心主任，欧美同学会副会长

人们一直在争论，中学生留学的利弊，在我看来，赵一苇的经历是很好的说明：留学改变人生，游学开拓视野，早一些出去了解外面的世界是非常有好处的。

—— 王辉耀

留学改变人生

赵一苇同学的文章是令人感动的，她的好学、聪颖、成熟、全面发展都让人印象深刻。在被哈佛成功录取后，赵一苇满怀深情地回忆了自己的童年、在美国中学一年的留学生活、申请哈佛的详细历程，这些都可以让后来的孩子和家长借鉴。赵一苇从幼年开始的个人培养经历，是成功的范例。父母给了她宽松的环境，自己又爱好阅读各种书籍，以至于她有了令人惊讶的广博知识面，并有充足的时间安排自己的兴趣爱好，全面发展。

而给我们的最大启示，也是赵一苇与众不同那个的地方在于：在初中毕业后没有选择国内重点高中继续就读，而是抓住机会去哈佛附近的中学进行一年的"游学"。正如她自己所说，哈佛一年，收获远远不止于外语，而是其人生的一个转折点。我相信赵一苇之所以能在全世界众多候选人中被哈佛承认和选择，这一年的美国中学生活至关重要。入学时外国老师并没有因为她英语不够流利而另眼相看，善意的鼓励让来自中国的小留学生倍感自信；不同种族的同学共同学习，国际化的视野和见解也由此形成；文中提到分小组建立自己“国家”的 Project，在锻炼团队精神、整合与创新、增强表达能力的过程中，学习了音乐、美术、政经史种种知识；下午三点就放学的美国中学给予学生更多发展兴趣的空间，课程外比之国内“填鸭式”教育更多了自由选择的时间。赵一苇在课后运用美国发达的公共图书馆系统，大量阅读各种书籍，看 CNN，提高了英语，了解了美国文化，增长了知识。最重要的是，美国图书馆安静且舒适的阅读环境，激发了少年对知识的无限渴望，而很多宝贵的知识往往是从自我阅读中汲取的。

所以，赵一苇回国后申请到美国读哈佛大学顺理成章。流利的英语、深度了解过美国的教育体系、感知过美国文化、拥有国际化视野、美国中学经历，这些因素无疑给哈佛的入学审核老师留下了美好印象。可见短短一年的游学，对一个孩子的影响多么巨大。

我个人很早便深知小孩游学的好处，所以很早便带着我的儿女游学世界，也积极倡导这一观念。我还在不久前出版了《我带安琪安东游学世界》一书，专门介绍游学教育对学生成长的诸多好处。

随着全球化的发展，国内出国留学学生的平均年龄在不断降低。人们一直在争论，中学生留学的利弊，在我看来，赵一苇的经历是很好的说明：留学改变人生，游学开拓视野，早一些出去了解外面的世界是非常有好处的。

刘家彬

我的一路孤勇

点评：周 容

她来自并不拔尖的中学

她的整体条件也不出众

但她说自己从来就没有怕过，孤勇，是她最大的优势

正是凭借这份孤勇

她从山城狂奔到首都，开始生活在别处的日子

也正是凭借这份孤勇

她一路闯关以优异的成绩考取布林茅尔学院

她叫刘家彬

她说她的成功不可复制，别人也无需复制

活出真实的自我最精彩

写这篇文章，想告诉所有有梦想的孩子，不要觉得自己普通，觉得自己的起点低。诚然，能够有丰富多彩的课外生活是一种精彩，能够独自背包与名山大川恋爱也是一种精彩，考试永远彪悍也是一种精彩，但如果这些你都没有，那么一个强大的内心，便已经足够精彩。

——刘家彬

我的一路孤勇

在2009的这个暑假，我的高中生活彻底结束，所有喧嚣热烈的过往也就此归于沉寂。看到MSN上一片小绿人儿和校内永远80+的在线人数，我才相信我是真的闲下来了。但这只是一个短暂的歇脚，酷热过后，我又将迎来新的旅程。

在短短三个小时内，我接连拿到了赴美的签证和高考的成绩。美国申请的这条路给予了我Bryn Mawr College的全奖录取，而我一直以来接受的传统应试教育则为我赢来了高考中的优异分数和即将到来的清华大学录取通知书。我只是一个再普通不过的孩子，一路跌跌撞撞地走来，不是没有困难。一路狂奔，一路孤勇，终于血淋淋地杀出重围。只是我从来就没有怕过，因为孤勇，是我最大的优点。

我觉得我是那种极度没有噱头的人，我在一个并不算拔尖的中学里度过了很普通的六年时光，在人群中默默地行走，偶尔抬头看看灰色的天空，然后继续低下头埋首在我应该做的事情当中。平淡，是我生活的主题，但正是这种波澜不惊的平淡，塑造了现在的我，让我能在纷繁嘈杂的空间里感觉到自己的存在。而热烈，是我内心的主题，如果不是这股热烈的力量让我狂热地向往刺激和挑战，也许我的生命就将这样平淡下去。所幸没有。而我的前十八年时光，就在这份平淡，这份热烈，和一如既往的孤勇里，安静地绽开了。

写这篇文章，也是想告诉所有有梦想的孩子，不要觉得自己普通，觉得自己的起点低。诚然，能够有丰富多彩的课外生活是一种精彩，能够独自背包与名山大川恋爱也是一种精彩，考试永远彪悍也是一种精彩，但如果这些你都没有，那么一个强大的内心，便已经足够精彩。

没遇到爱，遇到了梦想

有位 TOEFL 老师说，新东方是全北京最大的婚介所。

我觉得这话说得不对，因为这句话对我不成立。我在新东方没遇到爱，但我在新东方遇到了自己的梦想，并且借助它的力量完成了这个梦想。

初二第一次上新东方，学新概念第三册。当时的老师在课上会搞一些难度很低的 quiz，答对了可以拿奖品，是他自己刻的 CD。我记得我当时成功地回答了一个，“What do you break whenever you talk”，答案是“silence”。当时坐在一大堆大学生、研究生，甚至是工作的人中间，小小的心灵受到了无穷的鼓励。在新东方，也许因为学英语的速度比较快，而且自己也肯努力，所以在班上一直算年龄比较小而学得又比较好的。越是有挑战，我就越觉得刺激，也许这在无形当中，推动了我的进步。

后来又陆陆续续上了语法班，新概念第四册，词汇八千等一系列课程。在这当中，新概念第四册的课程是改变我对英语学习看法的转折点。在我初三上新概念第四册之前，我一直以为英语的学习就到此为止了。那个时候我掌握了所有的句型，已经知道了很多的词汇，英语作为一门工具，可能真的不用再怎么学了。但新概念第四册的文章是那么的美，科技说明文的简洁生动，议论文的犀利华美，还有散文的流畅，给我开启了一片新的天地。

有时候我们觉得学一样东西辛苦，也许只是因为我们被封闭在一个角落里不能走出去。当出现一扇通往外界的门的时候，我一意孤行地推开了它，这未尝不是一种勇敢。我依旧记得在那年的学校新年会演结束之后我擦掉主持时所化的妆，在表演的衣服外面套上一件羽绒服，就奔到了上课的地方。这次课程，为我照亮了一片天地。

之后不久我的留学之路就开始了。现在我都完全忘记当初为什么报名上TOEFL 班了，也许只是因为实在不知道该上什么课，但已经习惯了假期消磨在新东方，或者也可能是由于之前几个老师对留学美国的强烈推荐。总之，在高一的寒假，我来到了 TOEFL 强化班上。

四百人的教室，我坐在紧靠后墙壁的位置。空气里有热咖啡冒出来的香气，有旁边座位的大学女生吃水果的甜甜的味道，还有一种聚集的人太多导致的呼吸的浑浊气息。自那以后，每一次触碰“梦想”这个字眼，我的嗅觉就会回想起这个味道，并且在脑海中久久挥散不去。拥挤的教室里混合着庞大的味道、复杂而冲鼻的激情，很像芥末和辣椒混合在一起，你能够感受到那种火热，却分不清到底是什么。

一直以来，我在新东方都是被这样的气氛深深打动。应试教育戴着它丑恶的面具——考试，企图将我们从追逐梦想的途中吓退，但是新东方却让我们无视面具和面具之下的残忍。只要往前走，就永远有收获。

英语底子本来不错的我在 TOEFL 上面并没有遇到太多的挑战。相反，班上许多大学生、研究生甚至是在职人员的存在，让我感到了挑战的快乐。我永远记得当时的口语课上我接住传递的话筒回答完一道口语题后，口语老师说，让我们给这个小妹妹鼓鼓掌吧。

真正让我觉得困难的，正是我不再当“小妹妹”的时候——进入了SAT班。相信每一个经过美国本科申请的人都会被SAT阅读的难度、红宝书的厚度所征服。奇怪的是，我感到在这里梦想的味道被冲得很淡，夹杂了许多别的味道。也许在TOEFL班上，更多想要出国读研或者读博的学生是希望依靠自己的努力拿到奖学金然后留学的，但在SAT班上，似乎相当一部分的孩子的目标只是能够到美国读本科而已。而这个目标，从某种程度上来讲并不难。我认识的很多人，其中不乏之后的挚友，在这堂课上都扮演了混事的角色，更有很多很多的人，在和我们并肩战斗过一段时间之后，退出了申请美国的战场。我不知道是飞去香港考试的三小时航班阻住了他们追逐梦想的脚步，还是红宝书足以拍死人的体积让人望而却步。而最痛苦的事情，莫过于在开始的时候有许多人一起奋斗，而越是往后，人就越少，彼此之间也越陌生。就好像同是冲锋陷阵的战友，却在枪林弹雨中一个接一个地倒下，导致自己不得不重新与别的部队结盟，而刚刚熟识的人，也会因为各种各样的原因倒戈。

这种感觉，不是不绝望。

我是从高一的4月份开始接触SAT考试的，也差不多在这个时候参加了TOEFL的考试。在准备SAT的这段日子里，我开始的时候基本上保证一天背两个list的单词。这对我来说并不困难，因为有之前的新概念第三册、第四册和词汇八千还有TOEFL作为基础，背单词的方法也掌握得比较好。但这样确实是太慢了，不过好在我有大把的时间。第二遍的时候基本就是一天八到十个list这样复习。我把红宝书的所有单词都抄在A4纸上，一张抄三十个，正面抄英文反面抄中文，然后贴满了卧室的墙，于是我经常站在屋子里背墙上的单词，一站就是大半天。

每当我再次听到微风拂过纸页，窸窸窣窣的翻书的声音，我就会想起那段时间。有时候疲惫得倒在床上，在半梦半醒之间听到窗外吹进来的风漫不经心地掀着墙上的单词。是真的微微发酸的辛苦，从那段我根本不愿意回首的岁月里慢慢地浮上来，沉下去，再浮上来。

我很喜欢仰望天空。从第二教学区不甚好开的窗户里看出去的天空，从北潞园校区破旧的隔栅中看出去的天空，从甘家口校区走出大楼阴影之后的天空。2008 年 6 月香港黑色警报暴雨的阴霾天空，之后雨过天晴我一人攀登香港中文大学校区的天空，维多利亚港焰火盛放的天空。天空那么美，又那么远，很像我们无法触及的梦想。我孤零零地站在这片天空下面，和大家一样感慨它的遥远，却在心里暗暗定下自己要作的努力。

在新东方的漫长求学路上，我永远都是敢于接住话筒的那一个。多年的学生干部经历和众多的舞台经验给了我一种一发不可收拾的勇气，这让我想到在新东方精神里看过无数次的陈阳，也是这样有孤勇气质的女孩子。然而我又不允许自己轻易丢丑出糗，所以只好暗暗地下着工夫。我反复地练习口语的模板，是为了在 TOEFL 口语课上接住传来传去的话筒以回答老师的提问；我查找每次课堂上新学的单词的英文意思并一一背好，是为了下节课提问的时候一个都不错；就算是教单词老师课间和同学无意识的闲聊，我也为自己做好了准备：只要讲过，只要提过要求，我就不会出错。我不是完美主义者，也许只是单纯地想看看我这种勇敢能够带我走多远。只要我能走一步，我就会让话筒停留在我的手里，即使是 SAT 填空课上著名的唱歌环节，我都不会惧怕。

每一次的第一节课之前我都最紧张。我会在出家门前的大镜子前面深呼吸一口，然后提醒自己新的挑战即将开始。也许对于许多优秀的同学来说，根本不用取得什么新鲜的成绩，就能够获得一贯的认可。但在新东方不停地报班让我有一个巨大的收获，就是在每进入一个新的环节之时，都必须将自己的优秀表现得淋漓尽致。也许有人会说，这样太不低调了，最近流行低调，你 out 了。但在这些短短的课时中间，怎样才能最大程度地调动自己的积极性？怎样才能获得老师最大程度的注意，从而获得老师最大程度的帮助？优秀，是唯一的答案。在新东方的接近二十个班级上，每次都保证自己的实力在课堂上得到最大的发挥，有时候自己想想，都会觉得辛苦，但如果不是这样的辛苦，我又不会在这漫长的时光中得到这么多的帮助。

而新东方的同学也非常有意思。在我的高考理综班上，高三第一次期中考试过后，前后左右坐的同学的分数不超过 550，和我的分数悬殊巨大。在这样的感觉中，是很容易产生骄傲的感觉的。而在申请出国的 Workshop 班上，每个人都是那样的牛，牛得让我眼花缭乱。因此在这里，极其容易自卑。但我最终学会了抽离。在课堂上眼里就只有老师，或者只和水平相当的同学有互动。这样，才能保证获取知识的最大化。

在新东方结识的朋友，则是我中学生活中最大的一笔意外财富。背红宝书的时候我们会互相鼓励，做申请的时候会互相帮忙，平时也经常在一起聚聚，一起玩儿。他们是我的意外惊喜，陪我走过了一段并不轻松的日子，我想我会和当中的许多人成为一生的朋友。这是我之前没有想到的。这些人当中有一起申请或一起高考的同龄人，也有年长一些的大学生、研究生，甚至有大学教师和新东方老师，他们的多元化帮助，对一个人的成长是非常有益的。

自由的氛围成就了我

毫无疑问，在中学的六年时光中，对我影响最大的，是我的学校和我的班级。首师大附中的创新班，这里的每一个同学和每一个老师，教会我爱，教会我成长，保护我，照顾我，鼓励我。在我最混沌的时光里，我能够深刻地感受到我正逐渐变成一个巨大的黑洞，在自己混乱的同时拼命地把外面一切吸到里面去，而他们，是拼命拽着我不放手的那些人。我真心地感谢这个班级的每一个成员，也为自己身处这样一个集体感到由衷的骄傲。

2003年，“非典”爆发的日子里，我们游走在疫区的大街，参加一场又一场的考试。考取了几所重点的我，最终因为离家近而选择了首师大附中。六年一贯的学制，意味着我们不用中考，从初三就可以开始学习部分高一的课程。学校通过奥数、英语的考试从五千多人的报名考生中遴选出九十人，正是这九十人，点亮了我璀璨的中学生活。

学校的初中一个年级只有两个班，而且我们学校有很长一段时间没有初中部，我们是重新招收的第三届，一切都在摸索当中。学习的学制，进度的快慢，都处在试验的阶段。我们学校的高中对学生的培养是非常自由的，但如何对待初中生，确实让学校有些为难。幸运的是，我们是在一种半自由的试验环境下长大的，而这满足了老师和我们无穷的想象力和折腾力。

初中对我影响最大的，大概是博识课了。周三的下午三节课，学校会组织我们集体乘车出去到北京的各处博物馆、遗址等游览参观，然后给我们布置写作论文的任务。老师对论文基本不会作出评价，只有在我们有学术上的疑问的时候，才会得到相关科目老师的解答。于是我们就非常轻松了，每次出去博识就像春游一样开心。但正是这种“春游”，给我们开启了一个其他学校的学生无缘见到的世界。

我永远记得当时去辽金城垣遗址时的情景。那是一个隐藏在居民小区中的博物馆，车开了很久才曲曲折折地到达。博物馆外观上看来非常普通，体积也不大，九十个人甚至要分批进入才行。但那阴暗的甬道，散发着历史气息的城墙，在那样的寂静当中带我穿过几个百年，到达另外的时空。当时的心情有点像朝圣，夹杂着崇敬和感动。

我一直担任副班长的职务。初二那年，我参加了学校年终文艺会演，这个演出是由学生会和老师组织的，因为我们学校是以高中为主体，所以初中生参与得很少。到了初三，我觉得应该让初中的同学也能够享受这个过程，于是，在学业逐渐紧张的情况下，我做出一个决定：搞一个初中的文艺会演。我和另外一个同学一起，为这件事情付出了我们全部的努力：在冬天的冷风中去看校内和校外的场地，说服老师和领导支持我们的设想、帮助我们组织，然后召集初中的同学出节目。那一个半月过得异常充实，充实得许多个中午都没有吃上饭。之前完全没有策划这样的大型活动的经验，这次却既要主持，又要表演，还要组织活动、审节目，手忙脚乱，异常辛苦。这个过程当中又要去协调同学的感受，保证节目没上的同学也能够感觉比较好受，对我来说，是不小的挑战。最终，活动获得了成功。

初中部那时候还没有学生会，整个年级的学习工作、纪律检查、活动组织都是我们几个人在做，也是一种摸索和试验。这是一种非常好的模式，没有让我们去遵从既定的游戏规则，也没有太多的老师和前辈去审阅我们或者按照他们的方式指导我们，我们拥有完完全全的自由。在后来的日子里，我经历了无数的规则和所谓的指导，其中有一些不好的部分，常常令我回想起这个忙碌不堪的初三，想起冬季的呼呼冷风和那时候心里躁动的激情。

年轻时候的自由，过去了就再也没有了。

高一，我进入了学生会，担任学习部的部长。这个部从名字上看就非常无聊，实质上就更无聊了。每天的工作，无非就是照顾好学校的自习室，保证自习的秩序。整整一年的时间，我的午饭就是在食堂排队盛饭 + 吃饭，一共五分钟。这一年里常常胃疼，也许就是这个原因吧。本来可以把自习室分配给干事看管，但我恪守了自己的职责，不让自习室有丝毫的混乱，以至于后来有高三毕业的学长学姐来学校看老师，都会顺便回来看看我，谢谢我给他们高三的自习带来了安宁。

这样的辛苦最终带来了回报。也许是因为我一年的辛苦都落在大家眼里，也许是因为我精彩的演讲，在次年的学生会竞选当中我获得了最高票数。进入了学生会的领导层，我感觉自己身上多了一份责任，怎样进行工作的传接，筛选合适的接班人，挑选得力的干事，都需要仔细思考。这时候的我已经在做以前的我所不喜欢的事情，但是，人总是要在成长中付出应有的代价，而做自己不想做的事情，则是其中最简单也最残酷的一种。

我在卡拉 OK 大赛的镁光灯里穿着高跟鞋闪耀过，也在后台拿着对讲机焦灼地组织着现场；我在振兴杯赛场上为班级的胜利呐喊、为荣耀而战斗，也在同一个战场冷静地裁决、积极地调停。正是在这一段经历中，我体会了幕前的光鲜和无奈，也尝尽了幕后的辛苦和冷眼。但我还是永远感谢这一段时光，留给了我无数幸福的回忆，让我在每次回忆起的时候，都感觉到微微发酸的甜。

相信很多同学都参加过模拟联合国的活动。和许多这个活动里的大牛人不同，我参加这个活动的最大收获就是，发现自己真的不适合外交工作。我的梦想大概和机械、工程或者医学这类东西有关，简单直白，手术刀下去，没等皮肤绽开文学的美艳的血腥花朵就直接病除的那种，或者像是螺丝拧好点点机油直接转动起来达到目的，纯粹而直接。但模联不是那么回事，确切地说，是联合国不符合我的梦想。我觉得世界就应该哪里有战争就去平息，有人们遭受苦难就去解救，而不应该把这些非常简单非常不用思考的事情当作外交的手腕或者什么经济利益的筹码。这不符合我简单直率的价值观，却给我上了非常深刻的一课，那就是遵守规则，无论规则是多么复杂或者不可理喻。

我非常确切地相信不是我一个人对模联活动有这样的感想，但是我从来没有看到谁写出这样的评论。每个人都说在模联得到了锻炼收获了友情增长了见识感觉很爽，但我一直认为要锻炼应该去健身房，要收获友情应该去上交友网站，要增长见识应该多读书，至于想感觉很爽，则是各人有各人自己的招数。我想说的是，每个人都有适合自己的活动，也许有的人适合模联，有的人适合领袖峰会，有的人适合做义工，有的人适合学生会，有的人适合运动队，普天下那么多的活动，绝对不会有任何一个人全部适合。以前我曾经非常崇拜一个被某著名大学全奖录取的人，因为她几乎是无所不能，但现在想起来，那真的是非常人的活法。所以如果别人在一些活动上取得了什么成果，而你没有，也绝对不要否定自己，更不要盲目地去追求参加相同的活动。人和人不同，这就像是吃饭的口味，有人不吃辣，有人不爱吃太咸的，有人不爱吃甜，有人吃炸酱面不放黄豆。最简单的，也许只是看看书，人生就可以足够丰富。

高二的时候我接下了诺贝尔奖获得者来我校演讲的翻译任务。那次活动来了许多科学家，进入北京的大学和中学里办讲座。一般即使是在大学里，这种活动都是由老师和工作人员组织，但我们学校却在很大程度上依赖学生干部，而我更是有幸成为校长的随行翻译，一直陪同接待科学家。当时的我，没有任何的翻译经验，虽然对自己的英语水平比较自信，但对临场的表现一点把握也没有。不过我还是努力争取到这个挑战自己的机会，勇敢了一把。事实证明担心是多余的，经过了长时间的准备和练习，最后取得了比较好的效果。有了这次的经历，学校的领导、英语组的老师也都给予了我很大的信任，之后学校再有大的和英语翻译有关的活动基本都少不了我，更是为校长随行翻译多次。毕业典礼的时候，校长将校长寄语交到我手上，还为此夸奖了我。我很骄傲，不光是为自己的努力和自己的成功，更是为我的学校。学校比我还要勇敢，我只是敢接过这个任务，学校却是敢交给我。正是这种自由的氛围成就了我。

最后，来说说观光团。

“观光”是我们高三的时候发明的词汇。高三的时候我在（1）班，也就是直升班中的A班。这个班是之前初中招进来九十人之后经过年年的筛选，只出不进，最后留下来的学生。这个班后来是北京市优秀班集体，集合了篮球比赛校冠军、足球校冠军、新年接力冠军和所有考试的平均分冠军。

然而这辉煌的背后，隐藏的是无数不为人知的辛苦。

高三的岁月里，我们比以前缺少了很多的娱乐活动，但我们班的整体气氛还是非常活跃，所以会挑一些并不是太费时间，又很娱乐的事情去做。比如，看到有趣的事情就全班上去围着看，呈“观光”之势，史称“观光团”。

每一年的运动会我都会参加4×400接力比赛。从上一个奔跑的人手里接过接力棒，不要掉棒，不要摔倒，最好能在一圈之内超过前面的对手，最差也不要落得太远。这有点像这几年集体生活的掠影，奋力地为这个集体争得所有的荣耀。在别人说它不好的时候会暗暗地难过，在说它好的时候会非常的高兴。

这种感觉，很像一家人。

之所以花这么多的笔墨去说这些细细碎碎的事情，完全是因为这个班级很大程度上成就了现在的我。如果没有它，我这几年不会过得这么精彩，也无法走过那些艰难的时光。真的快乐和真的惆怅，在这些日子里面都不会褪色。

对很多申请出国的同学来说，有很大的一个遗憾，是他们在高二或者高三的时候离开了自己的班级。诚然，在家安心复习也许会给你的标准化考试一个不错的成绩，趁机游历山水也会给你今后的生活带来更多的谈资，但在学校的生活是唯一的，一生只有这样短暂的时光，是每天穿着印有学校名字的宽松外套静坐在开足冷气的教室里，听着老师粉笔的吱吱声音在课桌上安然入睡的。之后再也不会有。我很庆幸自己做出了我现在也认为是正确的决定，留在这间教室里一直待到高考结束。最后，我是我们班唯一连高考都在这间教室考的人。

是它给了我一种归属感，让我在每一次遇到苦难的时候，都能不可思议地勇敢起来。

从山城狂奔到首都

我生在重庆，但是长在北京。一座城市的人有一座城市的性格，重庆的直率火辣和北京的落落大方，其实不乏共同点。

长江和嘉陵江滚滚流过重庆，而这座城市又依山而建，有一种自在的美。不过这座城市最为著名的还是它红遍全国的水煮鱼、火锅之类的川菜，对此我也无比上瘾。然而这座山城最终赋予我的还是勇敢和直率的性格。

我回到老家，经常在大街上看到摆摊卖酸辣粉或其他小吃的妇女，身材矮小壮硕，面无表情经营着生意，面前放着盛食物的大桶，和一些黄豆、香菜之类的配菜。待东西卖完，再用扁担之类的东西挑起所有的家当，将卖东西时坐的板凳顶在头上，步伐坚定地离去。这幅画面在我脑海中萦绕至今。她们的生活应该是非常艰辛的，但她们以不可思议的坚强去迎接自己的命运。在家乡人的眼里，吃低保过活应该是非常丢人的事情吧。川人都有勤劳的双手，还有普遍不错的厨艺，她们总能掌握那种恰到好处的麻辣味道。在北京的工地上，或者是家政服务人员中，都不乏川人的身影。这些劳动都属于底层工作，但是靠双手养活自己，其实是值得骄傲的事情。

我应该还是继承了四川人那种不服输的性格。重庆有渣滓洞和白公馆，是当时白色恐怖下的类似集中营的地方，小萝卜头、江姐，把牢底坐穿那些故事就发生在那里。我去参观过，当时幼小的心灵对这些事物还是有着无限的恐惧，但我坚定地认为如果我生在那个年代，也必定会这么做。这两处遗址修在山上，好像美丽山梁上的两道伤疤，以它们独特的方式鼓励我们要勇敢。这几座建筑在地震当中好像有所毁损，但从这里走出来的人，绝对不会遗落这种精神。

而北京这座城市，我无须多言，对它的溢美之词无论是百度一下还是google一下都会是很强很伟大。据说我小时候刚刚到北京，还不会说普通话，操着川音邀请小朋友和我玩耍，小朋友虽然不能听懂，但也并不排外。长大之后听到这段故事我其实相当惊讶，在那样幼小的年龄对新事物应该还是有一定恐惧的，现在的孩子都被教导不要和陌生人说话，可是当时的我竟然拿着玩具就冲出去邀请不认识的人和我玩，而小朋友也欣然应允，真是不大不小的奇迹。

我生长在部队大院，这对我的人生路线有着不可磨灭的影响。院子里的小朋友的父母都互相认识，所以我们小时候的具体任务就是满院疯跑，跑丢了，路上的大人都是认识我们的，直接把我们拎到父母那儿去。也不用担心小磕小碰，因为院子本身是医院，家长也大多是医生。我们非常自由，彼此充满无尽的信任。回忆起来，很容易让我想起《看上去很美》中方枪枪的童年。

大人说我小时候骑着四个轮子的自行车（就是两个正常轮子，旁边有两个辅助的小轮子的那种）从医院门口走救护车的斜坡上冲下来，结果车翻人伤，被路上熟识的大人看到，送到急诊室去诊治。听了这个之后还是很佩服自己原来从小就有那种一意孤行的孤勇，而且还有玩极限运动的潜质。现在长大了，害怕的东西反而多了起来，比较抵触那种很危险的、自己控制不了的活动，但那种向往危险的激情从来没有退却过。

北京爷们儿和北京丫头都有一种又痞又大气的性格。这种事情我本来甚少关注，但后来做申请的途中遇到很多来自杭州、苏州、南京、广州、上海这些地方的人，突然觉得真是地域不同自有不同的性格。北京人总的来说和东北还有天津的人比较像，直爽，直率，在调侃生活的同时逗逗自己和别人，生活里总有那么一点小小的快乐。

我初中那一阵写文章特别文青儿，基本属于读完几个段落之后就会猛然浮现琼瑶阿姨笔下的那种长裙长发淑女，似乎有无限内涵，其实那会儿我是一个货真价实的假小子。那一阵带着班里的同学把班刊办得有声有色，所以给我那时候的文字风格留下了一些凭证，现在看起来有一点小小的可爱的矫情。后来有一阵他们都说我看起来越来越女人了，但文风却越来越爷们儿了。也许对于我来说，这也是成长的一种。说话的方式在这座城市慢慢被浸淫成好像天然麻布一样的质感，贴着这个城市的标签儿。

其实我挺为这个城市感到骄傲的。高一的时候我参加了京港澳三地学生的夏令营，和港澳来的同学一起联欢。当时马上就和由我们接待的一群澳门人熟识了，在一起玩得不亦乐乎，也和香港人一起去游览北大清华，那里书香阵阵，是我一直非常向往的地方。那个时候发现这座城市原来有这么多的美。它就像一个母亲，很少炫耀，但有一种深藏不露的温柔。

奥运的时候我也加入了城市志愿者的行列。说实话这个服务组织得不是特别成功，不过能为北京奥运尽绵薄之力，我也非常满足。看开幕式的时候激动的心情无以言表，之后每次夺金我也跟着激动激动，自己只觉得一切都挺好挺好，北京正在向国际化大都市迈进。

当然北京也有它的问题。有次坐车经过中央电视台火灾后的配楼，一面焦黑，一面还维持着本来的光鲜样子，有点像寄居在这城市里游走的人们。有时候很难想象这城市的地下室到底居住着多少人，他们当中应该有当年的周迅当年的陈坤吧，也肯定有一辈子的农民工、保洁员。

问题和美丽兼有，其实这正是一种美。

走出金源走进大悦城，走出南锣鼓巷走进 798 艺术区，我不知道下一站还有什么在等待着我。不过我都敢走过去并且不畏惧停留。

这座城市也给予了我们许多的机会。想打工的话机会很多，美国的许多大学都在北京有面试。它是很丰富的城市，演出和讲座也都时时刻刻在进行着。喜欢国家大剧院的戏剧厅，喜欢梅兰芳大剧院，喜欢保利剧院，喜欢中山音乐堂，甚至喜欢北大的百年讲堂。我永远不会嫌生活无聊，只是怕自己没有时间去体会自己这样爱的城市。

重庆，北京，这两座城市给予我性格，即使我离开你们，也会带着你们的影子，继续前行。

一千个人有一千种鱼香肉丝

据我妈说从小我就特别不挑食，什么都吃，特别好养。不过也没想到我后来对美食居然有了这么大的兴趣，导致也不能保持对女孩子来说很重要的好身材，这一点我还是觉得非常遗憾的。

不过好的东西总是要让人用别的东西来交换，通常越是想要的，用来交换的东西就会越珍贵。这是我用好身材交换好吃的得出来的心得。

川人嗜辣，我自然也不例外。沸腾的老汤锅咕嘟咕嘟冒着红色的泡泡，水煮鱼里的辣椒上下浮动，怎么想怎么是翻云覆雨的香艳画面。不过川菜之中我还是至爱鱼香肉丝。

是的，最最简单的、家家都可以做的鱼香肉丝。总记得《射雕英雄传》里对黄蓉做饭的描写，为了讨洪七公欢心，她拿出了自己最擅长的几道菜，竟然不是任何珍馐食材，只是普通的白菜等，洪七公却一下就知道是好东西。看的时候最讨厌吃白菜，不明白这有什么好吃的，现在却突然悟到简单为美的哲理，并且这个概念一直难以动摇。

一千个人能做出一千种鱼香肉丝。以前医院食堂做得非常好吃，笋丝鲜嫩，木耳破成长长的小条儿，有剁椒的清香；金山城的味道很辣，但食材明显选择得一般；还有家里做的鱼香肉丝，永远有一股火锅鱼底料的清香，丝丝入扣，在舌尖缠绵不去。

最家常的菜最生活，所以有时候我竟觉得它也是生活的真谛。越简单的东西，每个人的理解就越不同。一道极度复杂的数学题可能只有一种解答的方法，但如果问一个非常简单的问题——“什么是爱”，那肯定就有五花八门的无数答案了。我觉得只有鱼香肉丝这种菜才能做出最精彩，就像我的生活，有一种静水流深的平静和不简单。

我们需要的只是一点想象力而已

我从小就不是那种看书很多的孩子，据说幼儿园放学之后很多小朋友在家看英语教学光盘，而我却属于那种疯玩的类型。严格来说，一路上我都属于比较好动的孩子，所以看书这种事情在小时候基本与我绝缘。

首先有印象的很爱的书是《机器猫》，就是现在改名之后的《哆啦 A 梦》。当时觉得那书很奇怪，怎么和其他书的翻书方式是反着的，于是尝试着买了第一本，后来就一发不可收拾了。

后来想起来其实我何尝不像野比。心底里有小小的自卑，却总是对美好的事物抱有深刻的幻想。大胖和强夫都比他厉害，但是只有野比这个小家伙能打动我们的心，是因为我对有些事情已经完全丧失了幻想的能力。我们觉得回到侏罗纪不可能，考试不复习就不能拿高分，更不能让别人看不到我们，并且最好让自己身上穿的衣服变成当季流行单品。我们都被人间烟火熏得面目全非了，恐龙早就灭绝，考试之前必定熬夜，我们还要信仰唯物主义，信仰流行时尚。

有时候会觉得生活太累，我们需要的只是一点想象力而已。

再大一点的时候看金庸的武侠。这些书很奇妙，基本启蒙了许多人的爱情观人生观荣辱观。比如，约了十六年后再相见，那你从悬崖上跳下去也不能死，否则就失约了；再比如，A 喜欢 B，B 喜欢 C，C 喜欢 D，D 喜欢 C，结果 C 和 D 就多灾多难隐忍一生，然后 A 就开创武当 B 就弄出个峨眉之类的诡异情节。

不过金庸还是非常好看，他的书教会了我三个字：真性情。杨过是真性情，一点都不屑于虚与委蛇；黄蓉是真性情，放下聪明剔透和超高 IQ 去迁就自己爱的人；萧峰是真性情，国仇家恨搅得不清不楚却还是记得替别人着想；就连韦小宝也是值得称道的真性情，毕竟有哪个男人不希望自己妻妾成群呢，只不过现在大家都争当伪君子了。

我热爱金庸，到后来大家辩论高中教材应不应该用金庸换掉鲁迅的时候，毫不犹豫地——认为这两个都不能换，还是把那些“教你怎样写作文”换掉吧。

再之后又读三毛，估计是三毛成就了我性格里面向往自由啊远方啊这一类的特质，虽然这只是很小的一部分。我非常喜欢她叙事的姿态。描写那些悲哀的事情，比如，小时候的退学，后来的失恋，再后来的生活艰辛，再再后来的失去荷西，她都是用那种缓缓的语气，好像坐在你对面端着一杯热茶慢慢吹着，丝毫不着急。她的生命是充满色彩的感觉，加纳利、西班牙、台湾，都是丰富的地方，不像有些大城市，表情过于生硬。

后来我在文章里一再向往她的姿态，但始终是因为内心想得太多或者自觉不够幸福，而多了一点着急的意味。我就老像在旅游一样，喝杯汽水，然后就拍拍屁股走人了。不过年轻的时候是要多读一些和自己性格相反的作者的书，这样才能接触更多的世界。

偶尔会看一点余秋雨。我一般不太在乎这个作者有什么新闻之类，不过这人最近新闻很不少。但我还是建议大家不要太紧跟舆论的潮流，因为舆论背后必定有人控制着其走向，而偏听会影响我们吸百家之长补自己之短。个人认为他的游记写得还算深入浅出，无论是走古老路线的《千年一叹》，还是比较现代的《文化苦旅》，都是自己亲身感受，顺带出一点典故啊思考，非常有助于大家安排自己的旅行，以免走马观花，浪费大好的行程。另外他的文章因为总有一点那种比较容易看出来的深意，所以在高考阅读及模拟练习当中经常出现，而且和他文风相似的也容易出现，所以常看看是很有好处的。毕竟他也是多年的学者，给我们中学生讲一些知识还是足够让我们受用一阵的。

有一阵放床头必看的是安妮宝贝的书。我性格里比较颓唐黑暗的部分都来自这位我非常喜爱的作家。她对美的看法非常的独特，对生活的经营也自有一番味道。有时候我觉得我和她骨子里有共通的东西，都是那种不管不顾的孤勇，但是我隐藏得比较深，所以外表仍然是绩优三好学生的模样罢了。她也是很直率的人，并且有那种对小幸福的深刻渴望。一路看过来，从《告别薇安》到《蔷薇岛屿》到《莲花》再到《素年锦时》，我跟她一起从无畏的勇敢的混沌的小姑娘成长为成熟的安静的学会自我保护的冷暖自知的孩子，有一种莫名的完满的感觉。真的非常喜欢她的文字和她的故事，总是像温暖的水，下面带着激情万丈的暗流。

郭敬明长得比较诡异，但是如果想写好高考作文，还是建议看一看他的书。他的情节是很简单的，甚至是无味的，但是他近乎华丽的语言却给了这些一个比较好的修饰。他几乎很少用中文 GRE 那种诡异的词，但是却有一种骨子里的绮丽。比如《悲伤逆流成河》里描写没有介质所以不能够传递声音的那段，以我多年应试的经验看，如果高考作文的时候整这么一招，绝对能让老师折服然后大笔挥个 58 之类的高分。

目前常读的是匪我思存的书。她的文字一般，故事也一般，最后还一般都是悲惨结局，但她的故事总是让人回味无穷。情节没有峰回路转，总是很顺着你的心意，让你越读越觉得嗯韩剧啊言情啊本来就应该是这样狗血的剧情嘛，但是最后合上书的那一刹那你的眼泪就掉下来，之后再去吃三元梅园，再去看金茂，都有一种恍如隔世的感觉。

我一直对戏剧比较偏爱，自然就很喜欢读剧本。安妮宝贝说当一个人喜欢听戏的时候她就真的是老了。《牡丹亭》《桃花扇》，应该属于那个时代的小言情，却又有一种跟现在不同的风物。而《雷雨》《茶馆》这类的书则又给我们介绍了不同时代不同题材的狗血。

写到这里，大家应该发现我的书单其实非常的简单而普通，甚至烂俗，烂俗到看小言情看武侠看老掉牙的漫画书。其实我也看一点罗素啊卢梭啊尼采，但是他们对我的生活不能够造成影响，顶多影响一下我尚未成熟的价值观或者未成型的思考问题的方式。看不懂的书当然要读，看得懂的书也不能放弃。永远不要把自己摆在太高的位置上，无论你做了什么惊世骇俗的事情，在这些永恒不变的铅字面前你都还嫩着呢。作家们走过更多的人生，所以他们有更多的故事可以讲。如果你把自己摆在太高的位置上，觉得只有萧伯纳能跟自己对话而林清玄跟张小娴一样恶俗的话，那恐怕什么书都没办法拯救你了。

能对一个人造成影响的东西通常是很贴近生活的，估计不会有谁因为看了《神曲》然后和现任男友分手，也不会因为看了《梦的解析》而从此不跟爸爸说话。读书还好，还可以控制，但有的时候你根本不知道在被什么影响，可是直接就被潜移默化这件事给干掉了。所以我们要好好看书，然后谨慎生活。

是孤勇，不是孤僻

我在初二的时候写日志就曾经说过，我最骄傲的，就是有我的这些朋友。当时为什么会说出这句话呢？是因为那天的下午要进行政治会考，我们当时的考试是开卷的，可以带教材，但我丢了一本初二的教材，正苦恼不已，而我的两位朋友中的其中一位有那本书，但是锁在地下的储物柜里，而且自己并没有带钥匙，于是她就带着另一位到地下室去然后两人合力把柜子生生拽开，为我取出了那本书。柜毁书出，留下站在原地感动不已的我。

之后让我感动的事情也越来越多。或许只是常人之间的小小帮助或者贴心的关心，但是在我，是格外珍视的。可能还是由于性格里的那份孤，所以觉得每一分获得都是那样的幸福。

在我学生会竞选的时候，会有低年级的同学挨着班为我拉票；我作为老生代表在新生的开学典礼上发言，后来和那群比我小三届的孩子也结下了深厚的友谊。至于比我大的同学朋友，他们在生活和学校工作当中也都乐于充当我的导师，给我帮助和鼓励。

我身边的同学和我一起走过六年的时光，他们是永远知道你想要什么的人。还是那句话，如果你是那些整个高中时代有一半的时间甚至更多是在家里啃红宝书然后待申请之后日日腐败、游山玩水的话，那相应地你也会失去很多非常珍贵的东西。默契这种东西需要时间来沉淀，信任也同样。

我一直记得一个画面，是有一次我和几个同学一起去看电影，看完之后在深夜的麦当劳一起吃东西。暖黄色的灯光和窗外下着的小雨，送完女生回家的男生身上溅着深深浅浅的泥点，脸上也溅着颜色鲜亮的笑容。那是我记忆里最美好的画面之一，让我每次感觉寒冷的时候都紧握住这个回忆不愿意放开。

有时候我们也会伤了彼此的心。因为年轻的时候太倔犟太不懂事，又或者觉得青春非得是莽撞激烈充满伤痛。我到现在还非常后悔曾经因为组织学校的活动而和最亲爱的同学吵嘴。

他们是我至今最宝贵的财富。还有一些在准备国外考试、申请的时候认识的朋友，因为有着一起吃苦的幸福，和共同的回忆、相投的性格，所以我们愿意把彼此留在回忆里。每个假期他们都会从天南海北来到北京，然后我们共续前缘。也许以后到了美国，我们也会有再相见的机会。

高兴是最重要的人生哲学

我从小学习钢琴，琴课的时候小拇指总是折指，被老师用长长的绿色中华铅笔敲打，很痛，但不觉得有什么，只是希望自己会练好。那时候最讨厌巴赫，总觉得左手右手完全没有配合，很难练很烦。也不喜欢车尔尼，因为他写的多是练习曲，枯燥乏味，考验手指。

中学开始学黑管，开端是机缘巧合，而继续下去则完全是因为那位老师。那位老师有着苍白的肤色和修长的手指，常常在课间的时候站在外面默默地抽烟，然后看着我们安静地微笑。他一直是非常平静的人，但是他的音乐里面却有着激越的豪情。这一点对我的影响，非常的大。

后来有一次，我和同学出去买水喝，回来的时候在楼道里听见黑管吹奏的《爱就一个字》。我和同学走到教室门口，竟然都不敢往里再进。我知道用古典乐器去演奏现代的流行乐未免有一点卖弄技巧，但他的黑管发出来的声音，极度深情，浓烈得在空气里无法化开，逼得我们根本不敢往里再踏进一步。只有真的美好的声音，才能到达这样的境界吧。

乐器就是这些。除了平时会听一些古典音乐或者外国歌曲之外，我听的主要是中文歌。原因有很多，一方面是我非常喜欢听歌词的内容，另外一方面就是听中国歌才能为我在 KTV 当麦霸打下牢固的基础。我麦霸到什么程度呢？我在 SAT 课上都唱歌了……

最喜欢听的应该是苏打绿吧，虽然青峰的声音让很多人觉得太过阴柔，但是苏打绿无疑是疗伤系的代表，那种清淡的小小蜂蜜，抹在受伤的心上让人感觉舒适。歌词也都是非常流畅的路线，不会像某些号称大牌的词人一样把平时见到的很诡异的词语抄在一个本上，然后费尽心思找时机把它们拿出来显摆。

另外也非常喜欢五月天。记得有一次看一个歌曲类的节目里面有个评委说，台湾的歌手都有一种清澈，如他们的歌词、声线和眼神。也许五月天的歌和我的声线比较符合，所以在 KTV 点的最多的是他们的歌。《温柔》的刻骨铭心，《恋爱 ING》的欢快畅通，《孙悟空》的热烈搞笑，我不知道哪一首歌可以唱到心里，但是总有那么一些歌词让我深深地震动，比如，《孙悟空》里的那句“如果要让我活，请给我快乐苦痛，我从不怕爱错，就怕没爱过”，每次唱的时候，都会深刻地提醒自己，要努力地、热烈地生活。

最近还非常喜欢棉花糖、张悬。当然周杰伦、陶喆、王力宏我也非常喜欢。最受不了的就是王力宏当年 SAT 考的是满分然后进了 Williams College，我之前一直以为他就是纯偶像派的那种，不过他最近好听的歌越来越多，也越来越深沉了。从歌手的声音里我们一定可以听出来他们背后的那些过往，他们的生活注定和我们不一样。有人说，为了融入美国社会要多听美国的歌，但我依然觉得歌这种东西要靠心去感受，你可以听到旋律，听到节奏，但你不能用自己的经历去真正理解他们的想法。所以在同一片土地上用同一种语言听，才是真正美好的。在歌词上我不很推崇方文山，而陈奕迅的一些歌词的确值得玩味，有一种有质感的沧桑，让人非常着迷。

所以应该能够看出我听歌的口味也非常的普通了。其实只要适合自己，听的时候高兴就行。我觉得高兴是最重要的人生哲学。

演好自己的偶像剧

“啊？好学生也看电视剧？”这是一些同学的家长的疑惑。诚然，比尔·盖茨对青年人的训导之一就是不要沉迷于电视剧，因为那是别人的生活，不是你的。但我真的很喜欢观赏别人的生活，因为有的时候我的确没有勇气去过，所以，让他们替我轰轰烈烈地活过，也好。

很小的时候喜欢追着看《还珠格格》，估计我学会唱的第一首流行歌曲就是那个电视剧的片头曲《当》，现在在KTV还经常唱。小燕子很搞笑，紫薇很温柔，五阿哥很阳光，尔康很贴心。那都是他们年轻时候的模样。五阿哥对小燕子曾经是那么纵容爱护，体贴得无微不至，可最后还是受制于世俗、礼教等一系列的强权而不得不另娶别人。当时只觉得，怎么可以这样？怎么可以这样呢？！只以为那是别人的生活，如果换作我，是万万不会这样的。但后来才知道成人世界的诸般无奈，都已经超越了我们的想象。

也看《上海滩》，冰天雪地里，冯程程的笑容像一朵茸茸的蒲公英，且说且笑，依偎在许文强身边，而许文强只是淡淡地聆听，微笑不语。那种静默的疼爱，在空气里丝丝入扣。可是恩怨情仇总是逃不过命运的捉弄，最后程程竟然嫁给谁也瞧不上的丁力。最后许文强死的时候，竟然还是非常惦记远在法国的程程。我看的时候没有哭，只觉得微微的心酸，原来人世中的感情皆如此脆弱，不能够逾越生活的考验。

最喜欢看的是《斗鱼》，从钢琴的清纯声音里流出来的混沌的青春，有一种肮脏而清甜的美好。经常在家弹钢琴版的《lydia》，总会想起自己的青春，好像过得太平淡太无味了。但是也好，因为我还没有漂亮清纯到能被黑社会老大看上，也没有混沌到非去砍人、被强奸之类，或者拿把手枪指着来砸场子的人。所以我只有在我的练习册里抬起头，怀想那样的生活。如果不过这样的生活，其实我们还有很多种生活可以过，我总是想，这样，真的值得吗？无数次想起在《斗鱼》的最后，单子说的那一段话，在我每一个迷茫困惑的时候，那句话都会慢慢地浮现出来："天空依旧蔚蓝，在发生那么多令人伤心、令人感慨的事情之后，天空还是如同我们当年无忧无虑，不经意抬头望时，那般清澈的蓝。而曾经发生过的事，深深地刻画在我们心中，成为无可磨灭的痕迹。这许许多多的泪水、欢笑，换得大家在生命中的成长。只不过，我们付出的代价，实在比别人来得多、来得痛。回首前尘，我们总笑笑地问自己，值得吗？"但我又总是想，既然我们已经前行到这里，就说明心里有坚定的向往。那就往前走，不要回头。

也看过一些所谓的港台偶像剧，剧情比较狗血比较白痴的那种。但是这种剧又告诉我们，不管是男生女生，必须要好看。这里纠正一个观念，就是，总有人觉得自己可以去当一个书呆子，或者说只要努力学习、参加必要的活动，就能够成功，但是估计现在的社会不太需要这种人，必须又要好看，又要 NB，才能最后胜出。这些电视剧另外强调的就是，只要勇敢，就一定能幸福。

一般看电视的时候，遇到那些舞台布景、人物服装都不好看的片子，我就会直接跳过，所以别的人在审视你的时候也是这样的。没有人在相同的条件下会选择不好看的人或事物，这是一条重要的真理。所以我这章的题目是演好自己的偶像剧。

我们内心要足够强大

饼是我的外号，同学都这么叫我。“饼国偶像”是我 MSN Space 上的一个栏目，从初中开始，就写下我崇拜的人。

我知道好多人喜欢央视的芮成钢，好多人崇拜金融大鳄、政坛泰斗，其实我也挺崇拜他们的。不过我要写我崇拜他们就实在对不起我“非牛人”的身份，所以我准备写一点普通人，和我一样普通的孩子。

“信春哥上本科”这事儿我不知道是真的还是假的，但李宇春，或者说是“超级女生”、“快乐男声”这类选秀节目出来的歌手我本人非常认可。选秀有它烂俗和不好的部分，但它真正成就了许多人的梦想。我尊敬每一个敢于追逐梦想的人，哪怕是芙蓉姐姐，哪怕是曾轶可，我佩服她们的孤勇。有的人从小就含着金钥匙出生，或者有显赫的大学背景，哈佛耶鲁之类的在那儿摆着，根本不给人孤勇的空间。也许她们只是勇，但不是孤。只有从这些极端草根却不放弃自己的梦想的孩子身上，才能真正感受到坚持的力量。

有时候我会觉得自己和她们很像。上 SAT 的好多好多同学，最后都没有参加考试，或者考试了之后最终放弃了留学，又或者是本来想要奖学金最后却放弃。跟选秀不是也一样，有多少人能顶着舆论坚持到最后，又有多少人能最终看淡这些风云，把握住最终的自己呢？从这一点上来看，我非常佩服李宇春，她能够从那一年走到现在都保持很红的状态。前一阵闹得很凶的贴吧事件实际并不是她自己的问题，而是一些幕后推手太极端的做法。对于她的成长，我一直非常尊敬。

另外一个喜欢的歌手是苏醒，他在比赛时的一句话，经常回荡在我的耳边，尤其是在等成绩出来或者等待什么结果的时候：“做好自己那份，然后笑看命运安排。”人生有多少的事情是你能控制的呢？你能控制别人喜不喜欢你吗？能控制自己考试的时候不失常吗？能控制自己家庭的经济实力吗？

能控制命运的安排吗？不能，完全不能。但是这并不代表我们做什么事情都是徒劳，只不过我们能够控制的只是极小一部分，我们只能把自己能做的事情做到最好。这样，以后才不会后悔吧。

其实好多人都相当崇拜自己，但我没有那么自恋，所以只是崇拜一些能够在他们身上看到一部分我自己影子的人。他们性格里都有小小的倔犟和叛逆，但是表面都有平淡和温和的样子，热爱生活，并且努力让自己过得更好，并且对未来有庞大的信心，不会因为某个人的离去或某个物品的失去而不能自持。我们要内心足够强大，知道如何面对风雨；就算不知道，也从来不会感到恐惧。

申请和高考的双行线

这可能是我高中生活里最刺激的一部分了。高考完之后和老师吃饭，和我考分差不多的同学都说，其实这一年过得并不辛苦。其实很多人都是如此，无论是单独参加高考的，还是单独申请的。也许他们会遇到一些迷茫和挫折，或者也有辛苦忙乱不能承受的时候，但我接受的挑战却是双重的。我坚信许多申请的同学都有实力被清华北大录取（实际上，他们中的许多人都有清华北大或者复旦浙大之类学校的保送资格），而许多考清华北大的同学也有足够的实力去冲击国外的名校。但也许是命运的捉弄，或者是自己性格里的在任何背景下都不服输的精神，又或者是因为学校老师对我们的关注太多期望太大，总之，在种种这般之下，我走上了高考和申请的双线不归路。

前面说过，我只是一个普通的孩子，智力普通，体力也普通，因此从高一寒假学 TOEFL 开始，就遭遇了全部的挑战。那时候 TOEFL 的考位还比较难抢，我好不容易抢到了就在我家对面的大学考点的考位，结果那次考试居然和我高中学生会唯一的一次出差的机会冲突了，我还是选择了考 TOEFL。

其实我现在特别希望当时的 TOEFL 成绩没有上 105 分，这样也许我就会认定自己没有这样的天赋，于是放弃出国的想法。但是命运在这时候一定会跟人开玩笑的，因为命运它就是吃这碗饭的。我第一次考 TOEFL106 分，口语 20 分。这个分数后来做申请之前跟一个老师提起，老师听说高一考 TOEFL 就 106 分，吓一跳；再听说口语只有 20 分，又吓一跳。后来这个成绩直接过期了。

TOEFL 过后是准备 SAT，大家都一样的辛苦，在此不愿赘述。现在想起来，最害怕的应该是那种过山车一样的坠落感觉。在准备 SAT 考试的阶段还要兼顾学校的功课，基本是顾不过来的。我记得那一阵我的政治考试永远是 40 多分，历史也从一度不错的成绩直接跌到不及格。各主科的成绩也都处于摇摇欲坠的状况，毕竟在大家都努力的情况下，我一放手，就逆水行舟不进则退了。原本非常靠前的成绩忽忽悠悠地往下掉，根本没有办法，好像手里抓着流沙，握得越紧它流走得就越快。那是一种不能控制自己的感觉。

从前我对自己的信任来自于控制感。自信嘛，不是盲目地相信自己是强人，而是相信通过自己的努力，自己能变成想变成的样子。但当时我完全不可以，学校还在上新课，而自己的状态几乎是一塌糊涂，因为晚上熬夜背单词和做题所以白天睡过了新课，根本不知道以后能不能补得回来。内心深陷在巨大的恐惧之中，连孤勇都失去了应有的色彩。

好像我的好多场大考都遭逢大灾大难。我小升初的时候北京还闹“非典”，大马路上人都戴着口罩，许多中学的考试都取消了；高考的时候 H1N1 来袭，直接放倒一堆人；2008 年 6 月在香港考 SAT Ⅱ，有的在山上的考点根本上不去，几十年一遇的黑色警报暴雨，让很多考场推迟到下午才考试。我们考场是上午考的，中间电灯被雷电劈得闪了好几次。2009 年 6 月在北京参加高考的第二天，瓢泼大雨，堵车堵到死，我同学和同学的父亲被堵在立交桥上，只得弃车狂奔下桥，拦住过往的警车，终于到达考点。也许上天就是想给我们异于常人的艰难。

高三的申请，也是费尽了脑筋。在这期间我加入了新东方的 Workshop 班，在周容老师的指导下，与其他一群怀揣着远大梦想和强悍过往的孩子共同为了出国的梦想而奋斗。可以说，在这个班上，我认识了这辈子见过最多的“牛人”。一开始的时候，我觉得我的高中生活极度不多彩，所以极度自卑。但是后来呢，我就习惯了。有时候能从他们身上学习一些东西，我觉得真的是很棒的经历。

考 SAT 的时候听人说 SAT 成绩能对最后的申请起到决定性作用，写 Essay 的时候听人说能不能被录取就全看 Essay，写补充材料的时候听人说是否被录取就看你的补充材料写得对不对学校的胃口，最后申请的时候听人说最重要的是家里能出多少钱。我觉得，这些全部都重要，但又不知道哪个最重要。所以我们只能做自己能够控制的那部分，剩下的，就交给命运去安排吧。

其实考试不是那么难，红宝书坚持背也是能背下来的，Essay 不会想得你头发白了都想不出来，所有的事情，都不是想象中的那么难，但也真的是辛苦。

我的结果可谓是一波三折，但是无论如何，我最终选择了 Bryn Mawr College，这所学校和文理学院当中的 Haverford College 还有 Swarthmore College 是联盟校，还可以在宾大选课，环境优美气氛融洽，学校小而精致。我对学校的选择，也恰巧符合我对自己一贯的要求：有低调的质感，也有华丽的美感，在平淡中孕育着强大。

其实我小的时候非常向往清华，至于为什么不是北大，可能是因为那时候觉得北大的名字比较俗，而清华在舌尖流转的读音，听起来则清澈透美，所以最后仍然是义无反顾地选择了清华。很多同学其实直接保送了清华，我没有，但我要依靠自己的努力，给自己一个交代，给所有人一个圆满的结局。当拿到签证的那天我看到了自己的高考成绩，默默地告诉自己，这两年，我没有白白辛苦。

也许有人说这样没必要，也许有人理解不了。可能，这也是我孤勇的一部分吧。

写到这里，列位看官们也应当彻底了解了我的平淡和不平淡。同学们和我一样拥有自己的班级和学校，去上过新东方，有自己的朋友，吃过鱼香肉丝，看过一些普普通通的书，参加过比较大众的活动，不过你的学校可能跟我不是一个，班级也不是，在新东方遇到不同的老师和不同的同学，有与我朋友迥异的友人，也吃过味道不同的鱼香肉丝，所以我们的生活有相似的部分，但又保持着各自的独立特色。

这样很好。我们不必去复制谁的成功，也不用去艳羡谁的快乐和幸福。因为每一个人都有不一样的宿命和环境。而正像蝴蝶效应一样，微小的变化会将我们带到未知的终点。就是一年以前，我都根本不相信自己有这样的勇气把带奖学金的申请和中国的高考一起做下去，还能够取得一个让自己不后悔的成绩。我知道有很多人已经设想好自己的未来，但它真的非常有可能改变。也许只是因为一些小小的事件，或者身边微不足道的人。追逐梦想不必轰轰烈烈，不是惊世骇俗才能了不起。真正了不起的人是懂得直面自己内心的人。

在此，感谢一路上包容我孤勇的人，尊重我孤勇的人。感谢我自己，一直坚持着勇敢着。我的旅程远远没有结束，我的一路孤勇，会带我越走越远。

周容：
新东方资深留学咨询专家，北京新东方学校北美留学项目优秀教师
曾帮助过数以千计的孩子走向自己心目中的理想学校，人称“哈佛妈妈”

经历中国的高考，对学生来说是一种磨砺，也是他们人生的一笔财富。经历美国的高考、美国大学的申请，对学生来说是一种成长、一种蜕变。

——周容

留学高考同精彩

高考＋留学，两者同时进行，同样精彩。在刘家彬看来，这算是一种特例，她把自己的这种做法说成是“孤勇”，因为大多数人都没有这样做，一般人只选择其中的一种，而且即使只选择一种，也没有多少人能够做到她这个程度。

其实，像刘家彬一样“脚踏两只船”的同学也有不少。不偏废高中的正常学习是优秀学生的聪明选择，越来越多的优秀学生都是“两手一起抓”。早作规划，早作准备，最后是可以取得双丰收的。本书中的另一个作者陈励子，就是和刘家彬一样，也参加了高考，而且差点成为北京市文科状元。陈励子因为在文综考试中误填了答题卡，最终失去“状元”称号，除了文综成绩，她其他三科成绩都比状元要高。

高考与留学是否可以并行？是否有必要并行？这是大家共同关心的问题。大家都担心抓两边会出现两边都落空。其实无论是高考还是留学，都需要学生认真完成高中学业，具备坚实的知识基础。中国学生申请美国大学所需要准备的考试主要是 TOEFL 和 SAT，究其内容无外乎英文和中学的基础知识，与高考准备并不冲突，学生完全可以并行准备。虽然申请美国大学并不需要学生的高考成绩，但是学生通过并行准备可以收获更多，两方相得益彰。刘家彬、陈励子等同学的两边成功已经向我们证实：高考与留学可以并行准备，可以双丰收，两边都精彩。

经历中国的高考，对学生来说是一种磨砺，也是他们人生的一笔财富。他们正处于生命蓬勃发展的时期，再累，也累不垮他们；再苦，也苦不坏他们。经历高考，看到周围的同学在如何为一个目标奋力拼搏、看到老师如何兢兢业业为他们奉献、看到望子成龙的家长如何为他们含辛茹苦、焦急陪伴、看到全社会如何为高考生让行……他们就会更加明白什么叫竞争，什么叫拼搏，什么叫做事，什么叫关爱。无论做什么，都应该考虑到别人，都应该全力以赴，做到自己的最好，否则机会就会从身边溜走，留给自己的只会是无限的后悔。

经历美国的高考、美国大学的申请，对学生来说是一种成长、一种蜕变，是对人生的一次回顾、反思与展望。十八岁的年龄是告别年少、走向成人的时刻，是人生的一个新起点即将开始的时刻。过去的十八年自己积累了多少精彩、学会了多少知识、自己的未来应该是在何方？这是同学们需要静静思考的事情，美国大学的申请就是这样一个迫使大家系统思考的过程。经过这样的历练，刘家彬，还有更多“再普通不过的孩子”，他们不再畏惧困难，他们让我们相信：他们正在走向希望、走向辉煌。

刘禹琦

执著于梦

点评：陈向东

他是令人瞩目的化学小天才

曾两获北京市高中学生化学竞赛一等奖

还问鼎全国高中学生化学竞赛一等奖

他的优秀让美国五所名校纷纷抛出橄榄枝

这个秋天，他将入读斯坦福大学

现在，这个名叫刘禹琦的大男孩

将要讲述他的梦给你听——

很多人问我，成功最重要的是什么。如果一定要找出一个答案，那一定是自信。当我的自信被击垮时，失败无可避免地接踵而至，而当我充满信心，踌躇满志准备好扬帆起航时，则常常披荆斩棘，风雨无阻。

—— 刘禹琦

执著于梦

夕阳已褪尽它的最后一抹余晖，海浪依旧不停拍击着金黄的岸。我一个人静静站在海边，堪称奇异的一年又一年如同胶片般在脑海中一幕幕涌现。一个从小做惯了老师眼中的乖小孩、好学生的男孩，原本最应当沿着那条再平凡不过的路参加完中考走进全北京最好的高中，而后继续努力学习，参加高考并走进一所中国最为顶尖的大学。可正是这个男孩，在命运的坦途上，强行为自己找出了一道岔口，偏离了既定的成长轨迹，走上了一条完全不同的路。向前细细回想，从初入中学时的茫然，到与化学结缘的甜蜜，再到顶住学校巨大的压力毅然决定出国时的坚决，申请过程中的种种忐忑，最后成功被录取，拿到录取通知的喜悦尚未褪尽，就发现面前还有更长的路要去面对，要去一点点继续奋斗，于是背上书包，独自一人来到这片宁静的海边……

这一路上，伴我走过的，有着难以名状的喜悦，却也同时有着许多无助、苦涩与辛酸。

梦开始的地方

我还记得，十五年前的一个夜晚，一个满脸稚气的小男孩在厨房拉着母亲的衣角，带着满脸的期待跟她讲着白天在收音机中听到的一点点残缺不全的片段：美国的哈佛大学出了多少位美国总统，耶鲁大学、斯坦福大学出了多少诺贝尔奖得主……那幼小的心灵，可能连大学是什么都并不清楚。但也许正是从那时起，这颗心中出现了一份期待，一份模糊、遥远却又清晰可见的期待，一份童年纯洁而真挚的梦。但那时的他，又哪里知道，他的梦是那样遥不可及……除此之外，他的生活与其他孩子没有什么不同：一个上蹿下跳到处乱闯的小孩，一朵父母的手心中百般呵护的花朵。

虽然仍不清楚究竟什么叫做大学，大学究竟做些什么，但那个孩子心底，也渐渐积累起那些耳熟能详的名词：常青藤，世界排名，世界名校。但他知道，那儿是只属于世界上少数最优秀的人的地方，对大多数人来讲，只可能是脑海中一闪而过的遥不可及的梦想。那时的他还太过于幼小以至于不知怎样努力去争取，不知自己是否有能力争取，甚至不知自己该不该争取，为何而争取，因此只能把这梦作为潜意识深深压在心底。但这毕竟是梦，十几年前早已悄悄发芽的梦。

足迹

那个男孩，就是我。

遥不可及的梦，注定只会一闪而现，而后一闪而过。我无可避免却地走上了一条普普通通平平淡淡的路，像一只蛹，静静地用纯白色的茧包裹着自己。结果可能是一只普通的笨蛾，但也可能迎来破茧而出那一刻的绚丽。

凭借着对数学的爱好和这方面的天分，我考入了中关村第一小学，一个以数学竞赛著称，诞生了无数 IMO（国际数学奥林匹克竞赛）金牌的学校。在这里，我开始了作为一个专心学术的好学生的生活。每天清晨，我迎着绚丽的朝阳，晶莹的晨露踏进学校，与可爱的同学们讨论着一个个有趣的数学问题的答案：从手指，数数，七桥问题，到各种特殊的自然数。放学回家后，我可以依然沉浸在算数和代数的世界中，继续与各种各样新颖而有趣的数学问题做伴，一边在外面和小伙伴们玩耍，一边想出一个个难题的答案。周末，奔忙于各个数学竞赛课之间，听老师们讲述对数学的不同看法与见解，并将它们融入我自己的思维，解决更加复杂的问题。那时，生活单调乏味，却又多姿多彩，似乎只被游戏和数学充满，我却乐在其中，并乐此不疲。尤其值得一提的是无数同学都经历过而且印象极其深刻的数学竞赛。从小学五年级起，我参加了包括大名鼎鼎的“迎春杯”，“清华同方杯”，“北大资源杯”的十余次大小数学竞赛。还记得我第一次数学竞赛时，那个从没在一次数学考试中丢过一分以上的男孩最后一整道大题甚至没有一点思路，以至于哭红着双眼走出设立在人大附中校园中的考场。从那以后，我暗暗下定决心，要努力学习数学竞赛，考上这个曾给我第一次“惨痛教训”的“失败”的地方。最后，我成功了，部分凭借着“迎春杯”一等奖的光环，成功地被人大附中提前录取。但即便如此，我清楚地意识到，数学的趣味只是我单调生活的寄托，是童年孩童的玩具。我可以玩上几天，几个月甚至几年，用它取得无数的奖项和荣誉，却无法真正爱上这样一门学科。就是在这样的状态下，我可以说是“浑浑噩噩”地度过了小学的六年。

客观地讲，这六年间，我的年龄翻了一倍之多，但心依然与六年前那个孩童没什么分别。眼界并不足够宽阔，接触到的领域太少，涉足太浅的我并没有表现出任何与同龄人的差别，或者可以说是并没有机会表现出任何与同龄人的差别。那时的我，就像在固定轨道上滚动的小球，沿着几乎为所有人划定好的路线缓慢地前行。

数学竞赛和英语，英语和数学竞赛。直到现在，这两大件仍然是小学升初中的必要敲门砖，也是我小学六年唯一可以做的一点“事业”。当生活平淡而缺乏变化时，人通常容易忘记自己的梦想，选择随波逐流……就是在这样的生活中，我虽然不时有机会比小时候了解到更多的世界名牌大学的信息，却在平淡的轨迹中将原本就藏于心底的遥远的梦想压得更深，压到心的底层……

迷茫

与大多数同学一样，在我的生命中，也出现过很长一段时间的迷茫。我个人认为，当一个人没有明确的目标或怀疑自己的目标时，就会变得迷茫。我正是这样。进入初中，身处人大附中第一实验班，周围净是数学水平超高而又愿意为这门科学奉献一生的同学，我深深感觉到，数学并不属于我，我也并不属于数学，数学不是，也不应该是我的全部。因此，从初二起，我果断地放弃了继续准备数学竞赛。可没有了数学，我又该何去何从？我需要的是我真正热爱的领域，但当时的我却没有渠道了解更多其他的资讯。

现在想来，美国的大学，无论是哈佛、耶鲁，还是MIT、斯坦福，它们与中国大学最大的区别在于其灵活性与开放性。美国的大学给学生充分的机会去感受和体验不同的领域、不同的学科、不同的方向，并在其中选择最适合自己的一门学科逐步深入。而中国的学校，从小学起，学生就很少拥有这样的机会。当然，对于判断能力尚未成熟的年轻学生，过早地提供自由选择方向的机会并不一定是件好事，但这或许是当时的我所需要的。

邂逅

如果说，这十八年间，有一个比接到斯坦福大学的录取通知更为重要的时刻，那一定是我第一次拿起化学课本的那一刻。那一刻，我终于找到了心中期待已久的如火光碰撞般的感觉，找到了那汹涌澎湃、令我愿意为之奉献的事物。如果没有那时的化学，就不会有现在的我，不会有我高一时出国读大学的决定，更不会有现在手中的录取信。

化学研究的是宇宙间客观存在的万事万物组成与结构的变化。这门学科的神奇之处就在于，它可以用实验室中的瓶瓶罐罐，草稿纸上的各种方程，了解、运用，乃至创造宇宙中存在或从未存在过的物质，并让它们造福人类。化学看得见，摸得着，可以抽象成一条条规律存入脑海，存入课本，也可以从瓶瓶罐罐中感受，再还原到不同的瓶瓶罐罐中，享受那清晰可见的美丽和奇妙。化学是追求真理的科学，但迄今为止大多数的化学规律却还仅仅停留在主观描述的阶段，很少具有普适性而又在被不停地推倒、重建。化学既是科学，又是美学，还是哲学。化学鼓励人探索、总结，但又有无限之美供人欣赏和思考。这是化学这门学科的独特魅力所在，可能也是化学与其他学科最大的不同之处。

说到我开始喜欢上化学，还有一个小故事。我还没上初三时，就已经提前预习了一小部分的化学知识，但当时我最不明白的是为什么二氧化碳（CO_2）分子是非极性分子（对称结构），而我们同样熟悉的水（H_2O）分子却是极性分子（非对称结构，分子一极带正电一极带负电）。来到初三，我们的第一节化学课后，我就找到了化学老师，希望可以找到这个我百思不得其解的问题的答案。当时教我们化学的张老师给我讲了一些简单的电子排布原理，还告诉我一个叫做 VSEPR 的理论可以很好地回答我的问题，建议我去看一些这方面的课外书。于是，我就四处寻找老师说的理论，但翻遍初高中课本也没能找到。最终，在一个同学收藏的《无机化学》一书中，我看到目录中静静地躺着“价层电子对互斥理论（VSEPR 理论）”的字样，兴奋得差点把同学的书皮扯掉。我拿出看金庸武侠小说的精神，一个晚上就看完了大学无机化学分子结构方面最重要的理论。

正是凭借着这份对化学的喜爱，从三年前的春天开始，学校的实验室就成了我的第二个家。每天把酸式滴定管、碱式滴定管、四氟乙烯滴定管擦来擦去摆成一排做滴定；每天拎着称量瓶和小烧杯游走于天平室和实验室之间做着精确到0.0001克的称量，计算；每次实验中开心地把辛辛苦苦得到的晶体放上抽滤器耐心地抽滤产物，最后捧着一小包纯度99%以上的橙的、绿的、紫的、红的、蓝的、灰的，或是透明的晶体高兴得手舞足蹈；每次忍着氨水和有机胺化合物刺鼻的气味蒸馏分离溶液，而后进一步做着有机合成实验。春天，穿着白色大褂似的实验服飞驰在教学楼与实验楼之间；夏天，选一个有风的傍晚边给实验室通风边搅拌着制备晶种的硫酸铜饱和溶液；秋天，看着滴定管中的溶液与窗外的落叶以相同的间隔飘落；冬天，裹着臃肿的实验服蜷在椅背上借加热溶液的酒精灯火焰的一点点热度取暖。三载寒暑，三个春秋冬夏，我甚至数不清在学校的实验室弄砸过老师多少根试管，多少个烧杯……直到现在，我还清楚地记得上百个有机制备、无机制备、滴定分析，和晶体的实验步骤和注意事项，比如，制备硫酸铜晶体时晶体形状一定要完美，饱和溶液冷却时一定要做到自然冷却，以及取得最终的成品晶体时镊子和药匙互相配合的小技巧。

与对化学实验的热情相应的是我对理论化学研究的兴趣。自高一起，我从元素化学入手，逐渐了解到无机化学的各种理论，物理化学的多种体系，有机化学庞杂的反应机理。化学的奇妙与博大精深，从理论与实验两个方面像一幅巨大的画卷在我面前一点点延伸、铺开，深如根系，广若天空。

带着对化学的好奇与热爱，我开始参加学校和北京市的化学竞赛培训，学校的几位化学老师始终如引路的灯塔，坚定地站在我的身前，引导着我、支持着我，而北京市的几位著名化学教授，也如黑暗中的烛光，点亮着我对化学这门科学新的理解。那时，我最快乐的时光便是拿一张写满问题的纸，四处奔走找到不同的老师和专家解答我的问题，并在一次次质疑和讨论中深化我对化学的理解。

选择

原本，以我化学学科的实力，凭借每年一度的全国高中学生化学竞赛拿到一等奖，从而拿到20分的高考加分，甚至获得北京大学、清华大学等国内著名大学的保送生资格都非常可能，再加之我一贯优异的全科成绩，按照国内学生的一般发展路线，考上一所国内的著名大学更是不在话下。但连我自己也不知道，为何在那时，我脑中突然浮起了另一个选择。

高一即将结束时，我还沉浸在化学的美丽之中，每天穿梭在教室和化学实验室之间，父亲的一位好朋友找到了我，他告诉我他刚刚把他的女儿送到英国牛津大学，还向我介绍了国外大学的诸般好处，并问我有没有兴趣在高中毕业之后到那里继续学业。但一方面，当时的我正全身心投于化学之中；另一方面，我的英语水平当时并不足够冲击牛津大学这样的国外著名大学；更重要的是，除了儿时的模糊印象，我对国外大学，即便是国外那几所最著名的大学也缺乏足够的了解。就这样，我仍然没有考虑高中毕业后直接前往国外，而是一边继续着学校的学业，认真地学习着高考的相关知识，一边继续钻研着化学，做着各种古怪而有趣的化学实验。

但不久之后，暑假时，真正的转机出现在我的面前。一位在哥伦比亚大学留学的学长从美国归来，当听说我考虑去英国留学时，自然而然地问我为什么不考虑一下美国。他说，美国的哈佛、耶鲁、斯坦福、普林斯顿和哥伦比亚这些世界名校无论从声誉还是学术水平方面甚至要超过牛津和剑桥这两所英国的最著名的学校；何况，那时选择赴美留学的中国学生也要远多于选择赴英留学的。虽然还未曾仔细考虑过出国读大学本科的问题，但学长的话，却触动了我心中深藏了多年的儿时梦想，那个有朝一日可以以学生的身份站在世界最顶尖名校的梦想。那一刻，我终于开始认真考虑出国留学，在国外继续自己的路，实现自己最初的梦想。

那个暑假，我了解了国外大学与中国大学的各种不同，了解到在包括化学及其各个分支在内的自然科学方面，国外大学在世界上的绝对领先甚至统治地位：一位新东方的老师曾说过，“北大有世界上最好的中文系”。这当然是一句笑话，却让我清醒地意识到选择国内大学或国外大学，需要根据兴趣、自身性格等多方面因素谨慎做出选择。为此，我特意登录了哈佛大学、普林斯顿大学、斯坦福大学、MIT 学院四所国外大学化学系的网站，并找到北京大学化学系的两位曾教过我化学竞赛课程的教授，细致了解了在国内大学和国外大学学习化学的种种差异。我发现，国内大学的基础课程远多于国外，但缺乏自由度；国外大学允许学科的自由组合，比如，化学和生物的组合可以成生物化学专业，而国内大学还没有开放这样的机会；国外大学的设备远比国内大学先进，资料也比国内大学丰富；最重要的是，国外大学，尤其是那几所名校，向他们的本科学生提供了丰富的助研和独立研究机会，这些都是国内大学所不具备的优势。

除此之外，我还了解了出国读大学尤其是赴美国读大学所需要的各项准备，我更了解了三年之后我希望自己可以属于那里的愿望。作为一名立志学习科学的学生，寻找更好的教育机会、更好的教学条件和教学资源几乎是一种必然，因此我认真总结了在国内大学和国外大学攻读化学专业各自的优势和劣势，并真正开始考虑出国读大学本科的可能性。

了解到我的想法之后，第一个站出来支持我的是我的父母，他们认为无论中外，我都应该尽自己所能接受我所能够接受的最好教育，因此只要我可以凭借自己的能力考入美国的一所世界名校，他们一定会全力支持我完成学业。不仅如此，我的父母还帮我四处寻找有过留学经验的学长和留学方面的专家，并为我进行相关的咨询。就这样，短短十余天内，我对出国留学，对美国大学的认识由近乎为零变到了已经能够应付各类简单的留学问题的程度。

经过整整一天的认真考虑和仔细比较之后，我终于决定从此之后以考入一所世界名校为第一目标，我要前往哈佛、斯坦福这样的世界名校继续我的学业，继续我的梦想。

随后，中国化学会，北京大学的几位知名教授在了解了我的想法之后也对我表示支持和鼓励。更重要的是，我在学校的化学老师和同学们、朋友们也都对我的想法表示支持，大家都希望，如果有机会，我能在一个更大的舞台上继续发展，继续进步。就在这样的支持与鼓励之下，我终于坚定了申请美国大学的决心，准备好为自己的选择、为实现自己最初的梦想开始漫长的奋斗、拼搏。

追求

面前本是一条阳光大道、光明坦途时，我却选择走上了另外一条全新的、不同的路，一条漫长的、充满苦涩与艰辛的路。在学校，我继续努力学习着全科知识，和同学们一起准备国内考试；在校外，我抓紧各种机会强化我的化学学术水平，每周继续拿出超过八小时的时间在化学实验室中做实验和研究。除此之外，我还要挤出仅剩的一点时间从零开始准备美国大学的申请。于是，从来没有花费过太多精力学习英语的我，开始拿起单词书一个词一个词地背诵，拿起《中国日报》和一本词典，一篇文章一篇文章地细读；

从未独立办事的我，开始孤身一人往来于北京各地联系“战友”，咨询多位相关方面的专家；从未起早贪黑过的我，开始每天学习英语到12点之后，在床上躺五个小时再起来抓紧上学前的一点点时间继续学习；几乎从未在校外补习的我，也开始参加一个接一个的新东方培训班，最后和新东方报名处的每一个工作人员几乎都混了个脸熟。从高中语法、高中阅读、新概念第四册，到TOEFL初级班、TOEFL强化班、SAT初级班、SAT精品班，以至到最后我常跟别人戏言，新东方的班，除了泡泡少儿英语和GRE，已经被我上了个遍。我个人呢，也从最开始那个只知道上课认真听讲做笔记，课后认真听老师的话完成作业的乖乖学生变成了带着目标和自己的思想去上课，努力从老师的一言一行一点一滴中拼命去汲取、去同化的“英语学习的上路者”。我开始用一个笔记本和不同颜色的笔来记录不同老师课程的内容中对我最有参考价值的部分，我开始从各位老师的学习方法中总结、精炼，综合归纳出一套适合我自己的学习方法并在实践中不断加以完善，我开始拿着一本英英大词典自己去一个一个地延伸老师课上讲过的知识点……更重要的是，我从那个总是躲在教室最后一排一句话都不敢说的小娃娃，变成了总喜欢跟老师、同学们尽可能多地交流学习经验，学习方法，以至于每次课都能结交无数新朋友的“人来疯”……

这段时间，在现在看来也是我人生中最为难忘的一段经历，有着为目标为理想奋斗拼搏的豪情万丈，同时也有着与周围同学走着不同的路的孤单与无助，更有着之前想都不敢想的辛苦。拆红宝书背GRE，上学放学路上强化TOEFL听力，通宵赶完一周的作业然后清早再去模考SAT，乃至上中下午在化学竞赛的课堂上和新东方的英语课堂打着车转来转去，这段时间，可谓艰辛而苦涩，充实而快乐。看似在为一个清晰而明确的目标奋斗着，实际上目标却有多个；看似在同时为高考、化学和出国费心费力，实际上最终的梦想仍旧只有一个。

坎坷

高二上半学期，我第一次踏进 TOEFL 的考场。带着追逐梦想的那一份执著和第一次参加出国考试的不安、紧张与忐忑，我走进了北京外国语大学那个计算机林立的考场。也许是新鲜，也许是紧张，我顺利地做完了阅读、听力、口语和综合写作部分之后，大脑竟开始一片空白。面对一个考前刚刚准备过的简单作文题目，我在长达十分钟的时间内竟然没能写下一个字，最终也只能以一篇 300 字左右的文章草草收笔。可想而知，这次的 TOEFL 成绩出奇的差，差一点连三位数的分数都没有考到。看到成绩的那一刻，我的喉咙就像被什么哽住了一般，目光呆滞地凝视了电脑屏幕良久。虽然父母一直在安慰我，我也总在借口说这一次 TOEFL 的失利只是意外，但 100 分的 TOEFL，一次注定了不足以申请任何一所美国名校的 TOEFL，却始终像我心中的一片阴影，久久萦绕，挥之不去。我也只能在心中一遍又一遍地默念“我要重考……必须重考……”

如果说 TOEFL 的失利给我的留学申请之路笼罩上了一片阴影，那么 SAT 的惨败就差点让我彻底绝望。大多数准备出国留学的同学，英语基础都相当好，尤其是一些外语天才或是很早就坚定了去美国的梦想于是开始力拼英语的同学，他们很让人仰视，但我的英语基础只能用一般来形容。除去新东方的连续提高和靠每天起早贪黑积累起的单词量，英语水平实在乏善可陈。于是，我仅怀着艰难积聚起的一点点信心来到了 10 月的香港，然后带着被摧毁殆尽的信心悻悻而归。

如果说 TOEFL 的 100 分还有发挥欠佳的借口可言，那么 SAT 在完全正常发挥的情况之下仅仅考到 1990 分真的令我险些崩溃。我需要帮助，但我甚至不知道该向谁寻求帮助。我即便努力回想也无法想起之后那一个月的时间我是以怎样的状态浑浑噩噩度过的，我只知道被我重复次数最多的两句话便是“重考 TOEFL”和“重考 SAT”。在这样的事实面前，我不知道该怎样继续追寻我的梦想，我不知道我是否还有能力向着梦想进发，我甚至不知道我是否应该继续追寻我的梦想……

可就连父母和最要好的朋友也无法将我从深渊中拉出的时刻，我却遇到了堪称我一生最大的幸运。

良师益友

将近一年的时间，我一个人孤单而无助地走过，但正在此时，我遇到了申请路上最为重要的指路明灯——新东方的周容老师，新东方本科留学方面最著名的专家。

一个仅仅是课内成绩优异的，抛开全国高中化学竞赛一等奖就什么也不是的普通高中生，一个在两门出国考试中接连失利的考生，在新东方找到了一片属于自己的新的土壤。周容老师在留学申请文书写作课上，不但给了我最为及时最为权威的留学申请指导与文书写作方面的帮助，更给了我重新追寻梦想的宝贵信心。当周老师对我说“暑假的时候来我们新东方 Workshop 吧！”的时候，一种受宠若惊之感霎时涌上我的心头。我知道，新东方暑期留学申请 Workshop 不但是新东方所有课程的学生中最为优秀的集体之一，也是会聚了全中国准备留学申请的最为优秀的高中生，所以我心中不禁怀疑：我只是个喜欢化学的普通高中生，我到底有没有资格进入那里，那个优秀得甚至带着一些神秘色彩的集体，那个诞生了众多哈佛耶鲁才子才女的集体？但周老师告诉我，她丝毫不认为我比那些“天才”的学长学姐差，我身上，也有着值得发掘的闪光之处和足以让我在申请之路上取得成功的品质。

在周老师的鼓励之下，我再次报名TOEFL和SAT，立志考出更高的分数，同时准备好踏入心中无比神圣的新东方Workshop。

有一个同学说过，和睿智的人一起，自己也会变得睿智起来。Workshop中就充满着这样的人。这里，每个人都有着熠熠生辉的背景和令外人羡慕甚至嫉妒的天才大脑：这里有曾游历世界各地甚至北极的少年作家；这里有曾从学校模拟联合国一路晋级最终前往哈佛大学模拟联合国的青年领袖；这里有曾在西雅图观看奥巴马现场竞选演说的演讲高手；这里有初二就担任校学生会主席高二就担任奥运火炬手的可爱学妹；这里有钢琴天才，有世界名模……最重要的是，这里有我自准备留学开始就从未找到过的强烈归属感。我是这里的一员，2008年新东方留学申请Workshop的一员！

还记得第一节课上每个人别出心裁的自我介绍和之后更加有创意的PS想法：堆雪人、弹钢琴、交换、旅行、刺绣中的感悟、吃虫子的快乐……也记得，我要写的不是这里受伤，就是那里受伤，致使有同学甚至质疑我是健康人还是残疾人；也记得，在我讲完自己插花的故事时，全班同学的大笑声；也记得，看到我骑着车在杭州西湖湖畔的照片时，大家异口同声地指认这一定是清华的荷塘……我还记得周老师讲到一份强大的"百页版超级简历"最后戏剧性地被包凡一老师勒令缩至一页；我还记得大家不约而同地在简历首页做出创意十足的"首字拼"；我还记得看到大家的简历中罗列的奖项和活动时，台下众人尤其是我惊羡的目光。台上的周老师，更是不停发挥着点石成金的作用，一份一份点评，修改着我们稚嫩的申请文件：一位同学写到去日本交换的经历，文章中一位日本女孩十分耀眼，周老师建议她把文章修改成主要以自身经历为中心，一遍修改后，文中最为耀眼的女孩变成了她自己；另一位同学写自己写作生涯中的丝丝感悟，最开始时洋洋洒洒数千字绝美的文章却不免让人抓不住要点，周老师建议她将内容集中精炼，最终汇成了一篇令全班同学啧啧称奇的绝佳PS……每节课后，我们甚至都能明显地感觉到自己的文件提升整整一个层次，甚至更多。同学们在课上不停地擦出思想的火花，与全班同学分享着自己奇妙的创意与经历；课后，大家互相交换修改着简历、PS和文章，在提供力所能及帮助的同时，互相学习、欣赏。在老师和大家的共同帮助下，我也终于做出了各种申请文件的第一版、修改版、第二版……直到第九版、第十版，直至最终版。与此同时，我们还不时分享着心仪的学校的信息、网站的使用、表格的填写、文件的补充、专业的设置、ED/EA的要求……

两个多月的时间，我们一同挑选学校，一同修改文章，一同共享创意，一同互相鼓励，一同倾听周老师的教诲，一同感受包凡一老师的高见，一同体验着志同道合的好朋友共同向着自己的梦想努力奋斗的美好。一个暑假，我收获的绝不仅是一篇篇久经修改后的精美申请文章和填制好的申请表格，我还收获了自己整条申请之路上最重要的师恩与友情。

满载着重新积累起的希望与Workshop同学们的互相鼓励，我再次踏进了TOEFL考场。虽然英语水平无法迅速提高，但充足的准备和良好的心态还是让我有了远比第一次更好的发挥。8月24日，当我带着109分的TOEFL成绩来到Workshop，同学们几乎没有间断过的祝贺让我心中涌起比家还要温暖的感觉。泪水在我眼眶中打转，差点就夺眶而出……109分，我知道，这个成绩对于申请美国名校来说并不高，但对我这个曾败在这一考场的学生来说，已经足够令我鼓足信心准备起航。

一个月后，我再一次来到了香港，这个同样曾经令我伤心甚至绝望的地方。但这次，一切都不同了。我已不是一年前那个带着TOEFL失利的阴影初入香港的懵懂孩子，而是早已做好充足准备信心满满的Workshop学生。与其说Workshop带给我的是能力的提高，还不如说它带给我的是由灰心丧气到信心满满的巨大转折。不一样的心态，自然带来不一样的结果。这次SAT，我整整比第一次多考出了260分，尤其是作文部分拿到了我在此之前几乎不敢想象的750分。但我知道，与一年前相比，我的英语水平根本不可能有这样的提升，是Workshop的周容老师和同学们的帮助，让我一点点向最终的成绩迈着坚实的脚步。

终点还是起点

顺利完成各项考试之后，我继续游走于各所大学的网站寻找信息，选择理想的提前申请与常规申请的目标学校。在征求过学校和新东方的老师、同学，以及父母的意见之后，我终于将我的第一个目标确定在以恐怖的申请文章著称的芝加哥大学。我遇到的第一个障碍就是那些连题目本身都几乎读不懂的作文题目：有一题来自莎翁的作品，一题阐释宇宙最大与最小的两极，一题题目本身就是“I can live this question”，即“我能处理这个问题”……我与同学和老师讨论良久才想到以我的志愿活动为主题并开始敲下文章的第一个字。之后，我按照自己对芝加哥大学学术氛围浓厚的理解制作了我自己的“学术”版两页简历，即将与化学相关的成绩、研究等放在第一页醒目的位置，其他地方安插各项社会和学校活动。

10月底，当我自己亲手将准备好的一份份文件满怀希望地装入快递信封，打好一个完整的申请包并将它寄出然后在网上不时查看着申请的最新动向时，我再一次深深体会到了自己做申请的快乐。

递出申请包之后，我紧接着预约了芝加哥大学的校友面试。之后一个星期三的下午，我一个人到了团结湖的星巴克。一位芝加哥大学的学姐让我度过了一个相当轻松而又欢快的下午，我们从学术谈到生活，从中国谈到世界，甚至谈到了美国奥巴马总统在芝加哥大学边上的家和那里发生的各种趣闻逸事，以及芝加哥大学旁边不同口味的西餐店和中餐馆。临走时，学姐还满脸微笑地留下一句——“你是我见过的最优秀的学生之一，今秋芝加哥见！”

这一次，我真的认为我的圆梦之路已到了终点。之后，我再次将近乎所有精力投入我所热爱的化学之中：有机化学、无机化学、分析化学、物理化学……我甚至准备了英文原版的化学教材，准备好到美国之后的化学学习。

但也许，自从我偏离了在国内稳步前进的航道，选择了这样的路开始，路上就注定布满着坎坷与荆棘。12 月 15 日，当我从学校的实验室回到家，静静躺在邮箱中等着我的，不是录取，甚至连延迟都不是，我收到了申请以来的第一封拒信。我呆立在屏幕前，瞪大眼睛，不敢相信这会是我本以为的终点……但经历了新东方 Workshop 的洗礼，我早已不是那个稍遇挫折便眼角泛红的稚嫩男孩。我知道，此时我该做的是尽最大努力抛开提前申请的阴影，做好常规申请，等待真正属于我的录取信。

12 月 15 日，距离大部分顶尖名校 1 月 1 日的申请时间已仅余下两周时间。我没日没夜地拼命写好各所大学所需的文章。我还清楚地记得，MIT 的四篇长文章（其中还需要先描述一下自己的发明），哥伦比亚大学的两部分烦琐表格和与其他学校全然不同的申请系统，斯坦福大学的三篇长文章加上十个短问题，耶鲁大学的以“你的三个优点”、“三个缺点”、“最喜欢的电影及其理由”为代表的无数“短问题集”，都曾令我差点想要放弃申请这几所大学。但我咬住牙，撑过了这最后的十五天，在 12 月 30 日递出了全部申请包，从提前申请的泥潭中，再一次踌躇满志地站起。

之后，便是更漫长的等待。与前些日忙得不可开交相反，新年之后，我每日盯着空空如也的邮箱，竟几乎无事可做。也许，申请美国大学的这一路上，这几个月的等待是最轻松的时光，但同时，也是最辛苦的。我不知道，前方等待着我的，究竟会是什么：是五谷丰登的满把录取通知，精彩刺激的一枝独秀，还是无数次把我从梦中惊醒惊出一身冷汗的“全拒得”……我能做的，只有把自己完全扔进社会活动与学术的海洋之中，聊减等待的痛苦。

寒风刺骨的早春二月，死一般静寂的等待中漾起甜蜜的波澜。自哈佛大学开始，数所我所联系的学校接连通知我参加他们的面试，而我也从这赶场般的次次面试中，收获了又一丝安心，一丝希望。

终于，在一个戏剧般的日子——4 月 1 日，我收到了第一封录取通知，一个来自于华盛顿大学圣路易斯分校 (Washington University in St.Louis) 的 UPS 快递包。看着手中印着大写“CONGRATULATIONS”的录取信，我紧攥的右拳肆意地朝天挥舞。我知道，这一次，真的即将到达终点，我努力的终点，我梦想的终点。

此后，一封封录取通知如雪片般飘落。密西根大学 (University of Michigan)，加利福尼亚大学伯克利分校 (University of California—Berkeley)，弗吉尼亚大学 (University of Virginia) 不但录取了我，还追加给了我与常春藤名校合办的 Eli 精英学生项目，甚至还有两所文理学院也给了我梦寐以求的录取信。最后，斯坦福大学也寄来了他们的录取包。看着那巨大的纯白色的 Fed 快递包裹，我的喉头，再一次如同被哽住了一般……

我知道，如果没有这长达数年的申请过程——从开始了解，坚定信心，到正式准备，从失利中走出，在 Workshop 中成长，我还会只是那个普通得不能再普通的男孩，通过高考进入一所国内大学学习化学。但此刻，我已成为一个不同的我，站在一个全新的起点上，再次准备出发，向着下一个梦想奋斗。

很多人问我，此次成功最重要的是什么。如果一定要找出一个答案，那一定是自信。当我的自信被击垮时，失败无可避免地接踵而至，而当我充满信心，踌躇满志准备好扬帆起航时，则常常披荆斩棘，风雨无阻。

最后的思考

几个星期前，我曾听同学讲过这样一个故事：他的爷爷大半辈子都在欧洲做一个国际大法官。那是二十世纪四五十年代，中国国内局势还不稳定，当时全国也没有几个国际上的大法官。自然而然地，同学的爷爷，成为了全村甚至全县的骄傲。但村里人在与他仅有的几次联系中，却听出，如此杰出的大法官，好像并不像他们想象的那样开心。七十年代，已经快到退休年龄的他回到中国，回到熟悉的村子，村里人以最高规格的排场到村口迎接他。但他却看着村口一家人编藤鞋看得出了神，三天后，他作出了一个令所有人震惊的决定：辞掉大法官的职位，在家以编藤鞋为生。就在所有人都认为他疯了的时候，大家却看到，他的脸上露出了久违的笑容，就像一个天真的孩子般灿烂的笑容，做了几十年杰出的国际法官也从未有过的开心的笑容。

一个优秀的人才，可以做好很多事。爱因斯坦也许可以成为全世界最伟大的音乐家，鲁迅也许可以成为中国历史上最伟大的医师，但音乐家和医师，却并不是爱因斯坦和鲁迅心中最希望从事的事业。我或许也是一样，从小学的数学，到中学的化学，我明显地感觉到我自己对不同学科完全不同的热情，但毕竟我接触过的领域还太少太少。现在，我有机会进入世界上最全面、最顶尖的大学继续我的学业，我更应该尽全力去拥抱，去探索，拥抱不同的领域，探索不同的学科，尽快找到生命中真正属于我的那一条路，让我能像那位编藤鞋的大法官一样带着灿烂的笑容度过整个生命。这条路，也许将继续刻上化学的印记，也许不会。但无论怎样，我清楚地知道，为了成为一个更优秀的学生，一个更优秀的人，我还有很长的路要走。在不远的未来，我将为这新的目标再次鼓起勇气去奋斗，去努力。

夕阳已褪尽它的最后一抹余晖，海浪依旧不停拍击着金黄的岸。一个人站在微风吹拂下的海边，注视着远方暮色沉沉之下依然暗潮涌动的海。忽然，一股大浪冲过我的脚边，险些令我一个踉跄跌倒在海中。但在那之前，我视线之内，并没有挟着劲风呼啸而过的浪——那些浪，反而在一次次巨响之后拍击远方的沙滩，根本无法打到我脚边……

厚积薄发，也许我从前没能做到，但为了在向我心中那一片圣地进发时能够像海浪般拍击到更远处的岸，我会全力以赴。

陈向东：
中国人民大学经济学博士，美国哈佛商学院校友，全国教育服务标准化技术委员会委员
中国人民大学特聘导师，北京师范大学客座教授，现任新东方教育科技集团高级副总裁

志存高远、不畏艰辛、早作准备、广结益友——从刘禹琦的经历中总结出的经验，相信能帮助年轻的朋友们在前进途中少一些弯路、多一些康庄坦途。

——陈向东

他的成功可以复制

刘禹琦的经历听上去更像一个故事，这个故事的结局还要靠他的后续努力来书写。但是，就他目前的经历而言，我们可以找到几点值得所有年轻朋友借鉴的地方：

1、志存高远：与大多数同龄人相比，刘禹琦确立志要早很多，所以也更早地接触到了成功。人在一生中会碰到无数的机会，也会有无数次选择方向的时刻，如果没有提早确定自己的目标和方向，就很容易迷失在茫茫人海中，徒然懊悔自己没有选择一条明确的道路。

2、不畏艰辛：刘禹琦放弃了同龄人眼中安逸的保送机会，选择了更加辛苦的出国道路。TOEFL 和 SAT 考试即使对于国内最优秀的高中生也是一种艰难挑战，刘禹琦的不畏艰辛最终使他实现了自己的梦想。其实我们经常也会距离梦想非常近，欠缺的只是努力和坚持，大多数人选择了退缩和安逸，于是也就永远地停止在了离梦想一步之遥的地方。

3、早做准备：机会总是给有准备的人。刘禹琦从高一就开始做出国的各项准备，所以才能在同龄人中脱颖而出。在接受到丰富信息并果断抉择之后，最重要的就是尽快迈出第一步。不少人常在机会光临自己时发现还没有做好充足的准备，只能感慨时机不对，而实际上是自己没有真正重视。生活在于点滴而不在一时，人最陌生的其实就是我们自认为最熟悉的事物。

4、广结益友：刘禹琦人生轨迹的改变与他广泛结交良师益友不无关系。归国的学姐、学校里的师长、新东方 Workshop 班的同学……正是这种广泛的接触，让刘禹琦通过更多的角度来学习、认识这个社会，树立了自己的奋斗方向。多结交朋友，就能得到更全更完整的社会动向，从而在关键时刻做出正确抉择。

我们可以改用托尔斯泰的一句名言来总结："成功的人都是相似的，失败的人却各有不同的原因。"从刘禹琦的经历中总结出的经验，相信能帮助年轻的朋友们在前进途中少一些弯路、多一些康庄坦途。

周雪瑶

跌跌撞撞的幸运儿

点评：薛　涌

她在美术上的天赋征服了美院的老师，老师专门为她独创了一套教育法
她独自学画多年不为功利，首次参加美术考试就拿到最高级特长生资格
家人的去世让她重新思考人生，她要做回真实的自己
她高考失利，备受煎熬却决不气馁，再次走上战场直击美国高校
她叫周雪瑶，她说自己是跌跌撞撞的幸运儿
这个夏天，她即将前往 RICE 大学念她喜欢的建筑学
为理想再次启程，意气风发

我经历了太多校园时代不可能经历的事情，想到了太多曾经无暇去思考的问题。体会到了身上的责任：于家人，于身边人，于自己的责任。我开始宽容：宽容错误，宽容差异，宽容矛盾。我学会了发自内心地感激：感激人，感激事，感激从小到大我所经历过的遇到过的一切。我还会感到恐惧，还会感到彷徨，但这些不再会阻碍我追求我的梦想。

—— 周雪瑶

跌跌撞撞的幸运儿

第一次直面惨淡的人生

回溯到记忆的开始，我已是阿婆家的常住户。阿婆家的房子很大，却经常被客人塞得满满当当的：有阿公阿婆的老战友，有楼上楼下的邻居（好多是不堪忍受我弄出来的巨大声响来提意见的），还有诸多远的近的亲戚。其中，我最为期待的客人莫过于我的表姐表哥。自从老哥在我上小学二年级的时候从南方考到了北京并成功领导了三个弟弟妹妹，周末就开始变得无比激动人心：浩浩荡荡的出游；说不完的笑话打不完的嘴架；背着阿婆打电脑游戏，被发现以后被一起叫过去谈话……

如果说老哥是兄弟姐妹中当之无愧的领导者，小哥则是我绝对的榜样。比老哥小四岁的小哥也还是大我许多。当我还在小学面对凌乱的作业被老师发回重写的时候，小哥已经是北京绝对重点中学里实验班的学生了。

为了追随小哥的脚步，我成功地说服老妈把我转学到了中关村一小。很意外地，原本全班二十几个双百分都没我份的成绩竟然在转学后第一个期末变成了全班第二。根据当时学校的惯例，我被保送进了数学班。对当时懵懂的我来说，数学班只是个有很多有意思的人有意思的事顺便可以在同学中赢取崇拜的地方。因此对于奥林匹克数学的学习，也就只是有一搭没一搭像游戏一样进行着。

十岁生日那天，老哥和小哥第一次给我买了生日贺卡（当时买贺卡庆祝生日这件事在我们家被视为极大的奢侈行为），以庆祝我终于告别了没心没肺的个位数年代。半年后，我随着父母离开了阿婆家，再半年后，小学升初中的战役打响了。

拜所谓的“中小学生减负”运动所赐，电脑排位这项万恶的制度被引入了小学升初中的录取当中。所有学生，无论好学生差学生，未来的命运都寄托在区教委那台小小的计算机随机生成的分配表上。那段时间，我真是听到了太多好学生被派到三流学校而浑浑噩噩度日，而差生中彩票得以进入好初中的恐怖故事。当实力与努力无法决定自己未来命运的时候，人会陷入极度的无助；而处于这种无助状态下的人，哪怕看到一丝的可能，也会拼尽全力赢回本该属于自己的一切。

后来我才知道，这华山一条路正是奥林匹克数学竞赛。

在我六年级那一年，区里对初中招生的限制有所放松，允许人大附中、北大附中等几所在前些年被限制招生的优秀初中招收总计五百人以上的数学竞赛特长生。海淀区是个教育大区，这个区优秀学生的数量远远大于这些学校开放的名额，竞争便显得无比激烈。作为海淀区鼎鼎大名的中关村一小，也在我们六年级开始后不久开展了专门为小学升初中奥数比赛作准备的数学班。这个数学班有着其他课外活动所不可比的特权：上课时间与学校正规课程重叠，如有特殊需求，数学班上的学生亦可以随时翘掉常规课程；聘请当时海淀区奥数界最为权威的老师来给大家上课；这个班上的学生有参与海淀区其他各重点数学班及初中实验班录取的优先权。而这个数学班的学生是以五年级时数学班的学生为基础，经过层层的考试、筛选选拔而来。要想上好学校，第一关便是通过校内的选拔。

直到这个时候，我才意识到奥林匹克数学的重要。环顾四周，我身边有太多的竞争者从小学二年级开始就牺牲周末以换取在奥林匹克数学方面的造诣。从第一次考试开始，我便意识到了与周围人之间巨大的差距。我认真地做笔记、疯狂地做题、奋力地挣扎，可短短一个月的时间根本不够让我赶上与他人之间数以年计的差距。在残忍的结果公布的那一天，我怀着无比绝望的心情坐在教室里，等待末日的审判。

最后的结果响起，老师大声地念着每一个被淘汰者的名字。一个人走了，两个人走了，很多人走了。当我睁开眼睛的时候，发现自己居然奇迹般地还坐在座位上，任课老师已经拿着粉笔在黑板上写写画画。“他们一定是搞错了。”我这样想着。下课后，我满心侥幸地离开了教室，迎面碰上了我们新来的班主任兼数学老师，林老师。“雪瑶，我要找你谈谈，你的成绩本来不足以让你留在数学班里，”林老师开门见山地说，“是我让他们把你留下的。就我这几个月的观察，你是一个很有潜力的学生。上了数学班以后，一定要好好学，知道了吗？”我点点头，不敢置信。

林老师在中关村一小是有着相当地位的。学校在数学竞赛中取得最好成绩的同学，全部是林老师的门生。能够入得她的眼的学生，那绝对都是一等一的优秀。我到现在都百思不得其解林老师是如何从当时在班上并不十分突出的我的身上找到闪光点的，而我所能做的就是怀着万分感激的心情继续努力。

而林老师为我做的还远远不止这些。由于我起步较晚，信息也不是十分灵通，于是错过了报名参加“迎春杯”比赛辅导班的机会。林老师便利用自己在圈内的关系，帮我临时加入已经开始的课程当中。尽管有林老师费心的帮助，我的成绩还是没有很大的提高。望着一摞摞卷子上依然不会的一道道数学题，我心里真是焦急万分。此时，林老师对我的信任成为了我前进的最大动力。我玩命地做题，努力地消化新知识，一点一点像蜗牛爬墙一样挣扎着向上爬，为自己的梦想，也为林老师对我的期待。

回忆起那段时间的生活，我总是会不由得对当年尚幼小的自己肃然起敬。当时，我每天早上 6 点起床上学，除了上一天的学校的课，平均每天要上两个数学班。每天中午只给自己 10 分钟的吃饭时间，其余的时间都用来做题和上课。通常晚上要到 6 点才能回家，用微波炉把老妈做好的套餐热一下，吃 10 分钟，然后便做题一直到 11 点半睡觉，周而复始。这是我至今“懒散”的生活当中最为刻苦的一段时光。纵使后来痛苦如高考与申请的准备，都不曾达到如此的强度。

数学班虽然课业繁重，却是我当时每天最为开心的时光。目睹自己一天天的进步，信心也在逐渐地建立。同时，我在数学班上也认识了很多非常优秀的同学，我母亲也与一些同学的家长建立了良好的关系。这些同学和家长为信息闭塞的我们提供了原来根本想象不到的机会。自此，我面前的道路变得宽阔起来。

机会多了，成功被录取的概率就提高了，可是失败的次数也水涨船高。虽说我的进步突飞猛进日新月异，但是我所要追赶的差距还是太大了。只能接受一次次口服心服技不如人，一次次令人沮丧的失败。在那个雪花纷飞的冬天，我和我妈在雪片般纷飞的考卷当中，接受了一次又一次从希望到失望的洗礼。

终于，在一个大雪的冬夜，路边的小饭馆里，我和我妈在又一次的失败面前对视无声。

“你还想继续吗？”老妈心疼地问我。

“嗯。”我回答。

在后来很多的考试作文里，我对这段细节进行了大肆渲染。在那些故事当中我口若悬河，对着面呈崇拜状的老妈作出了如诸葛孔明《出师表》般气势磅礴感人泪下的演说。其实现在我还是能够基于这个故事写出一大篇为什么坚持，以及坚持与成功之间必然联系的论文，但那些都是马后炮。其实当时我的想法很简单：我要是放弃了，那些苦不就都白受了？我不甘心。

我不懈的坚持终于让本来暗淡无光的未来出现了曙光。我的成绩逐渐从班上的垫底挤入了第二梯队的末流，又从第二梯队的尾巴混入了第二梯队的前列。试卷上对勾逐渐取代了错叉，我也可以越来越多地回答老师上课时提出的问题。在某个初中很重要的一次考试当中，据说我考到了前二十的好成绩。而我在北大附中的考试也考出了不错的成绩，得到了面试的机会。

就像所有的故事一样，在结局到来之前，主角是不会轻易获得成功的。前二十的成绩并没有让我获得最后的录取，该校对三好学生的执念将我生生地拦在高墙之外。而我期待已久的“华罗庚金杯”的考试，也以考砸而告终。由于“华罗庚金杯”的考试与北大附中的面试时间重叠，我进入北大附中的可能也在还没开始之前就宣布了死刑。在“华罗庚金杯”考试结束的第二天，我躺在床上，动都不想动。

也许是天意吧，一个同学的家长的一通电话让我老妈一把拖下了尚在床上自怨自艾的我。原来北大附中的面试分为两天，为照顾这批去考“华罗庚金杯”的学生，北大附中允许错过面试的学生在第二天继续参加面试。

那是我这辈子第一次进入北大附中的校园。所有面试的学生都在当时看起来无比巨大的篮球场里排队等待分组与分配领导员。我这组的领导员是当时高一穿绿校服的一位模样十分清秀的姐姐。之后的面试进行得无比顺利，特别是一道有关不良少年的讨论题。我鬼使神差地看过一本叫做《寻找回来的世界》的书，专门讲少年劳教所的问题。而我后来才知道，这本书在我还没有出生的时候曾被改编成电视剧而家喻户晓。我的这点墨水给面试老师留下了颇为深刻的印象，即使当时我全然记不起那本书的情节。当我迎着附中老师的微笑离开的时候，我想这就是我命中注定的那所学校了。

2001 年 5 月 8 号，我爸在回家路上接到了一通电话。进家门的时候他几乎是跳着的："你被北大附中录取啦！"

我哭了。很激动，很委屈，很开心！

回学校拿录取通知书那天我并不在北京，是我妈去取的。据老妈的回忆，那一天，林老师的脸上满是笑容。

后来在初三的时候，猛然想起要回小学看老师。运用游击战的战术绕过保安找到了林老师以后，她依旧满脸笑容。我跟她汇报了两年来的成果，也说了我对考北大附中实验（1）班的担心。她对我说："你考不上谁考得上？你就是读清华北大的料！好好学习，中考以后来看我啊！"

后来我没有悬念地考上了北大附中高中，稍微有点悬念地考上了实验（1）班。可我还是食言了，我并没有回去看林老师，因为什么我已经记不起具体的原因。高二的那个教师节我飞奔回小学，撞上了当年辅导我无数个中午的数学老师，寒暄了几句以后他告诉我，林老师退休了。

当我离开中关村一小的那个花里胡哨的铁艺大门的时候，我知道那曾经硝烟纷飞的一切，结束了。

银杏叶下跳跃的幸福时光

刚从六年级的血雨腥风里搏杀出来，周围的一切都显得那样的平和、安详。我背着崭新的书包，穿着最漂亮的衣服，摇摇晃晃地走进了北大附中。

走上南楼壮观的楼梯，来到二层，见到了崭新的班级，宣告梦幻般的三年初中的开始。

北大附中在当今这个功利主义横行的社会可谓是个异类。秉承北大的办学理念，北大附中充分尊重每一名同学的个性与决定，承认人与人之间天生的差距，支持在学习过程中所发生的自然淘汰现象。我们老师曾经讲过一个北大附中著名的羊群理论：北大附中的老师会领着头羊向前走，后面的羊群需要紧紧跟住头羊才不会走丢，至于后面徘徊走失的羊群，我们的老师是无暇顾及的。这种教育方法对天生上进有纪律性的学生而言是十分有效的，而对广大学习主动性不强的同学来说，无疑是灾难性的。在北大附中的六年，我看到了太多天赋异禀的学生由于自制力不足而被淘汰。也许附中这样的教育方法对社会而言是负责任的，因为这种方法保证了其输出人才在弱肉强食物竞天择的自然状态下依然能够有良好的表现，但是当今每家只有一个孩子，有的几个家庭承受得了被淘汰的命运呢？也罢！

附中虽然对学业方面不作苛求，但是绝对向学生保证最优秀的教师资源。由于我们是“中小学减负运动”以来第一批初中学生，几乎当年最好的一批老师全部集中到了我们一个年级两个实验班加一个文艺特长班总共一百四十人这里。朱小音、刘建业、杨俊英、王铭，这一个又一个在北大附中历史上赫赫有名的传奇教师每天准时出现在我们的讲台上，在一帮不知天高地厚吵吵闹闹的小孩子面前，讲授着其他学校学生一辈子也听不到的精彩课程。很遗憾的，这些老师年事已高，随着我们初中毕业，也纷纷离开了。

附中放羊式的教育也给了我们很大的空间投身于课外活动。初二的时候，我在与朋友商量以后，决定办一个小型的班级刊物《四味书屋》。我们从同班同学那里收集到一定的稿件，再整理出一些平时或者上课时产生的笑话，再在word文档里进行简陋粗糙的排版，然后拿到门外的小文具店复印、装订，最后在初中各班发售，所赚取的利润当做稿费和销售人员的工资发放。这是不是北大附中历史上第一份班级刊物我已经不得而知，但当时这份仅有半张 A4 纸大小总共只有 12 页的微型刊物在学校里应该或多或少地引起了轰动，要不然我们的学生处主任程老师也不会在六年后和我一起填写美国大学申请表格的时候聊起当年的这份小刊物。当时她脸上满是感到有趣的神情：“那是我第一次看到那么漂亮的小刊物！”唉！在宠溺自己学生的事情上，有时候老师和家长真差不多。

附中总是给人感觉那样的不拘小节。照我们学长的话说，“北大附中学生不像学生，老师不像老师”。在校园里，总是能够看到老师和学生一起坐在一张桌子上聊天或者老师和同学一起在操场上踢足球的景象。我们遇到麻烦的时候，无论大事小事，总是不吝惜体力，首先冲到老师的办公室谋求帮助，然后被和蔼却又有点哭笑不得的老师打发出去。对于附中的这种文化，我们初三时的班主任盛老师有着很简练的评价：“要大气。”

每每回忆起初中那段无忧无虑的日子，我总是想起初二运动会的那个下午。当时阳光暖暖地洒满红色的操场，我们的同学横七竖八地躺在地上，老师坐在我们这群不像样子的小家伙中央，有一搭没一搭地聊着天。我想，正是附中这种自由得甚至有点散漫的文化给了我足够的空间去完成自我的认知，也是附中这种宽容到近乎无所谓的态度解除了我在后来作决定时的思想包袱。

可是，高中的我却不再有如此的幸运。高中时，我们的班主任并不是一个纯正的北大附中人。如果说北大附中多是自由派人士，那么我们的这位班主任则是毫无疑问的集权派。由于性格上、理念上的差异，高中时期我有大量的时间浪费在了与班主任的无谓对抗上面。在高二时爆发的与班主任之间的冲突，直到后来毕业以后返校，还被当年并没有教过我们班的老师提起，可见其激烈的程度。那段时间，愤怒蒙蔽了我的双眼，让我看不到外面更为广阔的天地。现在回头看看那些被挥霍掉的时光，无论是我的心智还是能力发展都陷入了危险的停滞，在本应飞速成长的年纪，我却像那被蒙着眼睛套在磨上的驴，走不出那块小天地。

高考之后，我无颜面对当年的老师，更没有胆量重返昔日给我带来无数美好还有无数痛苦回忆的校园。每天晚上，曾经的过往都会在我的梦里出现。一开始梦里我总是在那条漆黑寒冷的走廊里奔跑，空洞的楼道中回响着高中班主任歇斯底里的声音。渐渐地，这样的梦越来越少，取而代之的是在明媚的阳光下，同桌同学的笑脸，朋友的笑脸，老师的笑脸。忘记了有多少次，我在这样的梦里痛哭流涕，醒来时发现满枕头所浸的泪水。我终于明白北大附中在我生命里的烙印有多深。我不忍将它排除在回忆之外，因此我必须学会宽容曾经那些所有的不愉快，宽容曾经带给我痛苦的人。毕竟，附中里有更多的爱我的人，而我也深深地爱着附中的老师与同学。

准备申请材料的时候，我回去看望了曾经教过我的老师们。尽管当年我的高考失利，尽管我没能顺利地进入大学，他们却还像当年那样对我的前途充满着信心，即使当时的我对于未来还处于茫然的状态。我边填写表格，边与老师聊着当年的故事。我很惊讶地发现，虽然老师桃李遍天下，她却还能记住我们每个人成长当中的哪怕是很微小的细节。我不禁自豪：我的成长是由这样一群善良、智慧、有责任感的人所关注着的。

离开学校的时候，我撞上了我初三时的班主任，盛老师。她有事走得很急，寒暄两句以后便匆匆地离开了。在我还在恍神的时候，她突然远远地回过身来，向我伸出了大拇指，大声地对我说："无论以后发生什么事，都不要害怕。咱永远都是这个！记住没？"

我忍住眼眶里的温度，点了点头。

记得朋友说过，北大附中人对于银杏有一种执念。纵然以后在别处看到更茂密更灿烂的银杏，也总是找不到附中银杏身上的那种美感。我想，美的不只是秋天金灿灿的银杏，而是银杏树下的人之间那无法形容的情感吧。

傻小孩迎头撞上艺术

由于六年级时过于紧张的学业，我中断了当时已经坚持了八年的钢琴训练。老妈眼见我初中一年在家里过于悠哉，便想找点什么事让我做做。正好我初中时的美术老师强烈建议我学美术，于是在初一结束的暑假，我参加了一个美术学习班。

虽然我一直认为自己画画还不错，可第一次上规范美术课的成果却是相当惨不忍睹。第二次上课画的东西有了一点点进步，但也是相当的不堪入目。出人意料的是，这位老师从这个极度糟糕的开始看出了我绘画的天赋，并很快将我转手给她的先生张老师单独辅导。

当时张老师三十多岁，毕业于中央美院油画系，出身美术世家。无论是对艺术的理解还是绘画的技巧，那都是有着相当的水准。但是我们这对师生的配合并不是从一开始就一帆风顺。

根据张老师先前的理论，学校里的好学生通常都是美术班里最为令人头痛的学生。他们好钻牛角尖，自以为是，常常在画画的学生甚至老师面前摆出一副高傲的姿态。而且擅长左脑逻辑的学生通常都有着很令人无奈的右脑功能。当张老师听说我来自北大附中实验班的时候，他的脑海里便勾勒出来一个刺头的模样。可是没办法，拜托他教我的是自己的老婆，张老师也只好硬着头皮教下去。

确实，刚开始学画的我离张老师印象中的“好学生”相去不远。我们经常为某个细节上的比例吵上半天，再为这条明暗交接线是不是比另外一条颜色深争执不休。而且常对于张老师某些绘画神圣化的言论嗤之以鼻（“绘画怎么可能让人性格产生改变？太扯了吧！”）。虽然我入门时画的是最为简单的石膏几何体，但是几个月下来，我的进步十分有限。加上我并不密集的课程和松散的练习，张老师曾对我学画有着极为精准的评价：老年大学。

半年以后，我终于摆脱了单调得令人发指的几何形体，转而开始了素描景物的学习。其实张老师从一开始对我能否画好静物是存在很大的疑虑的。因为静物除却形体上不规则带来的难度，每个物体的质感、色彩，甚至性格描绘都十分难以把握。很多几何体画得很熟练的美术学生在向静物绘画过渡的时候都出现了很大的问题。而像我这样连几何体都画得马马虎虎的，要不是成天吵着闹着不肯画几何体了，我想张老师说什么都不会同意我画静物的。

可是学习静物绘画却成了我整个美术学习的转折点。静物绘画虽然难度大，但这些难题却给了我充分的空间去展示自己良好的空间理解能力、与生俱来的审美感觉，以及出类拔萃的模仿能力。张老师曾在纸上画一个土豆做示范，并让我按照他的方法来画另一个位置上的土豆。而我画完的结果让张老师愣住了：他甚至看不出到底哪个土豆是自己画的！

当然，我画得好的不仅仅有土豆，还有黄瓜、西红柿、洋葱、杯子、水壶、砂锅，等等。尽管有两个月的课程由于“非典”肆虐而中断，我在素描方面的突飞猛进让张老师下了决心：在初三开始的时候，开始了石膏头像的课程。

如果说静物的难点在于鲜活地表现出生活中的物品，石膏头像则对造型的要求更为严格。经常会出现失之毫厘，谬之千里的情况：小小的一点误差可能导致一个男人像个女人，抬头的姿势变成低头，英勇的神情变成恐惧。对一个学习美术的初中生来说，石膏像可算是素描方面最难的课题了。

初三时，课业变得紧张起来，我本就不多的课外练习美术的时间被挤占一空，只剩下了每个礼拜上课的那两个半小时。就算是这样，我也在不知不觉中，又轻而易举地闯过了这看似最为艰难的一关。我按部就班，稳扎稳打，从切面像、眼鼻像，到小型石膏头像、中型头像，每一幅画都比前一幅画有显著的提高。在中考前我们最后一次素描课上，张老师感叹：你以后要是不画画真的是太可惜了。

日子过得很快，等我考完北大附中高中的分班考试，张老师就带着我像之前说好的那样，开始了色彩的课程。由于我学习绘画的目的与众人不同，并不是为了应对任何考试，张老师也出于对我学习能力的信任，打算在我身上做一个教育方法的实验，即放弃美术学习所常用的水粉色彩，而是直接学习艺术领域最为神圣的油画色彩；同时以临摹大师的杰作代替常用的机械的写生作为学习绘画的最终模式，而且我有足够的自主空间来挑选自己所想要临摹的画作。

应该说张老师的这一实验在我身上起到了深远的影响。由于在临摹大师作品当中会遇到很多关于艺术理解的探讨，因此这段对油画色彩的学习不同于早期素描的学习，极大地拓宽了我在艺术领域的视野，让我真正意义上走进了艺术的世界。张老师自己虽然是古典油画忠实的信徒，但他开放的态度给予了我充分的自由去发掘属于我的艺术理论与艺术思想。而且他深厚的艺术知识与深刻的思考也对我当时尚在起步阶段混沌不堪的思想起到了十分重要的辅导作用。

高一到高二两年时间，我真正完成的画作并不是很多，只完成了两幅临摹作业：一幅是莫奈的《威尼斯大运河》，另一幅是梵·高的《铜花瓶里的帝国皇冠（花）》。莫奈是我从小就十分喜爱的印象派大师，他的绘画有着浪漫的色彩，跳跃的光感，愉悦的情节，对于当时少女情怀泛滥的我来说，简直是再合适不过。可无论我怎样努力，我就是画不出莫奈眼中那个朦胧的世界。我明艳的用色，结实的笔触，生生把威尼斯清晨薄雾旖旎画成了闪耀金色阳光狂欢般的黄昏。虽然这幅画不能算是十分成功，可它却让我发现了心中长期潜伏的对绚烂色彩的偏爱。原来看起来瘆人嘈杂的凡·高也变得美丽动人。在跟张老师商讨协调后，我开始了《铜花瓶里的帝国皇冠（花）》的临摹。

《铜花瓶里的帝国皇冠（花）》不仅是我艺术欣赏方面的里程碑，更是彻底颠覆我当时既有价值体系的一幅画作。我从来没有想到张老师一开始关于绘画会改变人性格的预言会真切地发生在自己身上。也许因为艺术并不是一个可以被逻辑完全解释的世界，我从来没有成功地将我改变的原因令人信服地归纳总结。我只知道，我仿佛天生就知道他每一次选色时的感觉，每一处用笔的心态，那种酣畅淋漓的痛快激活了我内心深处的某种共鸣，打开了通向自我内心的大门。通过这扇门，我感受到了自己内心的激情，对于生命的热爱，以及对于梦想的渴望。我对我所希冀的、所拥有的与所欠缺的、所排斥的有着从未感受过的坦然。我终于知道了自己是什么样的一个人并且热爱我自己本来的样子。

随着这幅画的完工，高三到来了。是否要坚持美术课也成为了难以给出答案的命题。在与家人商讨后我们决定还要继续美术课程，不过我们这次的目的是为了考取特长生。

传说评级高的特长生能够获得很高的加分，但其实加分不是我决定考特长生的真正原因。这么多年来，我一直是在家里自己一个人学画，除了老师一个人的表扬，我并不知道自己绘画的水平在同龄人当中到底是怎样的位置。高三特长生的考试给了我一次客观评定的机会，而这种特殊的经历也能够在历史性的高三备考中添上不寻常的一笔。

特长生考试是我所有经历过的考试当中，最漫长、最煎熬、最痛苦的考试。特长生考试分为三个部分：石膏头像，水粉静物，人物速写。其中头像需三小时，静物需三小时，人物速写两张各需十五分钟。加上之前之后的准备，从早上 8 点进考场到晚上 6 点出考场，考生要是没有充沛的体力，根本无法完成考试，更不用说保证绘画的质量。

特长生考试的时候，我几乎是蹦跳着进了考场。第一次在公共画室作画的新鲜感让我每一个细胞都兴奋起来。到了考场上我才明白为什么张老师会说我画画很有章法。在我看来天经地义的绘画步骤在考场上几乎没有人使用。我耸耸肩，依然故我。这次在考场上与同龄人同场竞技的现实经历非但没有打击到我，反而极大地提高了我的自信。从考场出来之后，我给老师打电话："我觉得没准能拿到一级（最高级）。"

最后结果竟然真的是这样。

之后我又参加了清华文化艺术冬令营及中央美院的考试。由于各种各样的原因，我并没有发挥出自己应有的水平。中央美院的考试结束后，高考备考也到了白热化的程度，我历时四年半的美术启蒙也就正式地画上了句号。虽然备考美术类考试占用了我大量的时间，但时至今日，我依旧不认为这些美术类的考试影响到了我最后的高考结果。不仅如此，我还要感谢参加过的这些看似多余的考试，正是这些形形色色的经历使我的人生丰富多彩，与众不同。

虽然这些年我经历了翻天覆地的变化，但在画笔面前，我与当年十二岁的那个傻小孩并没有本质上的不同。一次又一次我面对着貌似不可征服的难关，一次又一次我在不知不觉中将局限性甩在了身后。我为我自己的天赋感激上苍，更为我遇上张老师而备感幸运。记得那次我们又聊起好学生差学生的话题，他不禁哈哈大笑："还是好学生好啊！你是我教过的最好的学生！"

这句话，我将永远铭记在心。

出国——命运给我的答案

2002年5月的一个周末，我正在阿婆家和老哥热火朝天地讨论着法国会几比零赢掉塞内加尔，电话突然响了。阿婆接完电话，神色慌张。家里原本懒散的大人们一个个都紧张起来，气氛凝重。我不知道出了什么事，也没有人理会我的问题。三天以后，妈妈告诉我，小哥跳楼了。

我一下就懵了，泪水不住地往外流。我想大声地质问为什么？为什么是这样？为什么优秀善良的小哥会选择结束自己的生命！我想去谴责谁，可我又能去谴责谁？我想要答案，可谁又能给我答案？与小哥一起的那些美好的童年回忆飞速地在我的眼前闪过，猛烈的情感在我的胸腔里没有头绪地乱撞，让我喘不过气来。而当最初的悲恸与愤怒慢慢平息，一种阴森寒冷的恐惧却在我的身体里弥漫开来。

小哥曾是我无可争辩的榜样。他这一路走来，最好的小学，最好的中学，最好的大学，简直就像无数人生规划励志书上所给出的最好的公式。他善良、朴实、幽默、谦虚，也正如中国传统美德所提倡的那样。由于血缘的关系，我们身上有太多的相似之处。正因为如此，我才选择走了一条与他一样的道路。可是，小哥的事情给这条路指出了深渊般的未来。一定有什么出错了，而我要把这个原因找出来。否则在前方等着我的，绝不是明媚的希望。

在每天晚上的泪水当中，我努力地思考小哥离开的原因。我用了很久的时间，才找到了一个可以说服自己的解释：任何人选择放弃这个世界的时候，必然是对这个世界产生了绝望。而产生绝望的原因，是因为未来不是他想要的。是的，在外人看来小哥似乎拥有了他这个年龄所拥有的一切，而且他的未来也必将是好工作、好家庭这样一帆风顺地进行下去。他的人生就像电脑里事先做好的程序，精准、完美，一切都在意料之中，没有丝毫的差错。从开始的那一刻，似乎就能看到最终的结局。想到这里，我不禁打了一个冷战。我可以料想如果自己处于这种程序化的人生里会感到多么的绝望。就像答一张已经知道最终答案的考卷，答题的过程只是没有技术含量的手部运动。当生活中没有未知数，没有意料之外，生活就不再是生活，而沦为机械的生存。

这就是我向自己交出的答案。我不想要公式化的人生，我希望我的人生经历缤纷绚烂，充满挑战。可我又如何能跳出这个怪圈？我想要程序当中所设定的一切美好，意味着我不能完全脱离正常的轨道；而我想要程序以外的刺激，可这却要求我离开我所熟悉的安全地带。

当第一次了解到出国读书这种可能的时候，我就意识到，这是我给自己设下的矛盾命题的平衡点。

可对当时的我来说，上大学是一件很遥远的事情。忙忙碌碌的学校生活很快填满了我脑壳里的每一处空间，出国读书这件事也就这样被我扔在了脑后。

上高中以后，因为张老师有意无意地提及，我开始思考今后职业道路的问题。张老师对我艺术天赋的不断肯定也逐渐让我相信完全放弃绘画会浪费我的天资，然而完全从事艺术行当则更会浪费我这么多年来在理科学习方面的努力和成绩。当我将我的优势项目在眼前展开，有限的交集中，建筑这个专业吸引了我的目光。

这个世界上有太多的工作是事过无痕的。很多时候我们终其一生忙忙碌碌所获得的成果，在这个变化万千的世界里转眼就被扔到垃圾桶里。而建筑是个严肃的、能够经得起时间检验的事物。多少已经灰飞烟灭的文明因为它们所留下来的建筑被人们所认知，而那些早已逝去的人的存在被他们建造的建筑所证明。也许你会说所有的艺术品几乎都有这样的能力，没错，确实是这样。可建筑还有多数艺术品所不具备或者无法匹敌的使用功能。建筑能够为人遮风挡雨，提供最适宜人类活动的空间，从此将人类文明与残酷野蛮的自然分割开来。每当想起这些，我的心中便会燃起一种强烈的神圣感。这就是我要做的，能为当今及未来的人们服务的，能同时提供美感与使用功能的建筑设计。

于是我开始逐步地了解建筑，了解中国建筑设计的大环境，了解当今中国建筑设计教育的情况。申奥成功后北京掀起了一轮建筑热潮，一幢幢崭新的大楼拔地而起，一座座新型的地标性建筑也被推上舞台。一张张美丽（或是不美丽）的图片下一串串外语的名字分外的显眼。我很奇怪：为什么这其中鲜有中国设计师的身影？

于是我对中国建筑教育产生了怀疑。恰逢一位学长成功申请到美国大学念本科，勾起了我先前对出国读书的渴望。可等我了解了整个美国大学本科申请过程的时候，高三已经开始了，而我所有相关的准备都没有作。一旦选择出国，我当年就不可能直接上大学，而且我还需要彻底放弃高考。因为我早上了一年学，等待的时间对我来说并不是很严重的问题，但我舍不得放弃高考。我知道对有些人来说，这话有点不可思议。可我当时真的是这样想的。从十二年前踏入小学校门开始，我就一直在为高考作准备，我不甘心就这样放弃参加这一生中最重要的考试，我也不希望生命中缺失掉高三这样一段特殊而不可复制的时光。而这些都不是让我犹豫不决的最根本的理由，实际上是我自己对独立在国外生存那种不可遏制的恐惧屡次阻止我下决心出国。

繁重的高三学业让我无暇理清自己的思路。浑浑噩噩中，我失去了出国申请的机会，只得一心参加高考。很快，填报志愿的日子到了。面对着那一串串学校和专业的名字，我直感到恶心。我分明听到有个声音在说：我不想去这些学校，我真的不想去这些学校。我被自己逼到了一个死角，而又完全作不出选择。最后我放弃了，我报了一个让老天作决定的志愿：只有一所学校，而我考上这所学校的概率与掷硬币考满分并无二致。如果我考上了，那我命中注定要在中国念本科；如果我没考上，我就头也不回地出国。一次考试，一次结果，一次选择，绝不后悔。

命运给我的答案是：出国。

后高考时代的一波三折申请路

虽然已经做好心理准备，但高考之后那段日子依然如地狱煎熬般。之前十七年的人生里，我何曾被人用看失败者的眼色看过。突然之间，这成为我每天最熟悉的目光。善良的人会同情你，恶毒的人会幸灾乐祸。起初我还试图用自己的高考成绩来摆脱别人贴在我头上的“失败者”标签。渐渐地我放弃了这种其实毫无意义的反抗。为了逃避外面的世界，我把自己严严实实地锁在了家里。

于是，孤独成为我最忠实的伴侣。每天的社交对象除了在网上虚无缥缈的陌生人，就是抬头不见低头见的老爸老妈，可就是这仅有的一点人际交往都不令人轻松。因为我没考上大学这件事给一向以我为傲的父母带来了巨大的压力，其实用“耻辱”这个词都不过分。我在外面要经受的痛苦他们一样也要经受，回家以后，他们还要继续在我面前制造轻松愉快的假象。这样的现实让我背负着沉重的罪恶感，他们偶尔的擦枪走火更是让我在内疚与委屈中饱受煎熬。

终于，暑期 TOEFL 班开课了。可那两个礼拜的时间实在是太短了，我甚至来不及认识班上的任何一位同学。而且这两个礼拜的课程让我意识到了高考英语水平与 TOEFL 之间巨大的差距，之后 SAT 的课程更是让我有种站在高山脚下仰望山峰的绝望之感。

可是不要害怕，咱还有一整年的时间，我对自己说。

然后我开始背单词。根据新东方老师所教的方法，一天新背 320 个单词，复习 1800 个，每天到了晚上我看见英文字母就有想呕吐的欲望。然后我开始练写作。TOEFL 写作老师所强调的写作逻辑这档子事逼得我写了上句写不出下句。三十分钟的定时器很快响起，面对着空空如也的显示器，我只想砸烂自己的脑袋。然后我开始练听力。耳机里絮絮叨叨的男人女人们在那里口若悬河滔滔不绝，说的都是些无聊至极的主题。后来有人告诉我，那份练习资料比实际考试长出 50%。然后我开始练阅读。看串一行又一行，满篇的单词好像在空中盘旋，好不容易看清一个，另一个又飞了。

TOEFL 成绩出来以后，虽然不是什么高到令人叹为观止能傲视群雄的成绩，但也足以让我长舒一口气。而第一次 SAT 的成绩却不是那样美好。1930 分，我拿这个成绩能够申请下来的学校都对不起我这两年的辛苦。接到成绩的那一刻，我真是沮丧万分。

还好，新东方 Workshop 班在这一年放宽了准入门槛，从原来的 TOEFL110 分，SAT2200 分降到了 TOEFL90 分，SAT1900 分，于是我很幸运地被接收了进去。Workshop 班是一个专门针对美国顶尖名校申请所设的培训班，在这个班上，我们主要通过集体讨论、头脑风暴来探索各种申请材料的写作方式。除却文书写作,Workshop 班还会传授面试、签证等方面的技巧，并且在之后的申请当中可以随时随地提供咨询。由于 Workshop 班面向顶级名校的申请，因此该班在招生时的政策也相对贴近美国高校的标准。能够进入这个班，几乎就已经能够宣布美国排名前三十的院校申请无忧了。

可后来我发现 Workshop 班最令人激动的并不只是这些，而是班上那二十多名同学。他们聪明、开朗、幽默、勇于挑战、视野开阔。每个礼拜六，从南方来的，从北方来的，坐火车来的，坐飞机来的，和凌晨起程开车来的同学们会聚到一起，为了同样的梦想共同努力。从走入 Workshop 班的那一刻开始，我逐渐摆脱了一年以来一直萦绕在我心头的那份孤独与无助。在出国申请这条路上，我终于不再是一个人了。

在 Workshop 班中，我们的核心任务是完成一整套申请文件，其中包括简历、Personal Essay（Commonapp.org 的题目）、三封推荐信（文、理科老师各一封，班主任 / 校长一封）、一篇 150 字个人活动短文（Activity），再根据目标学校写一篇补充文章（Supplement）。每个文书都有自己的特点和在申请过程中所起到的作用，Workshop 班的内容正是通过讨论的形式帮助我们从所经历过的事情当中选择出最适合的几件，从不同侧面向录取官展示一个最真实最全面的自己。时至今日，我依然可以清晰地回忆起当年在 Workshop 班上课时的情景：周容老师在台上拿着话筒介绍学校，介绍文书资料，介绍历年来的录取信息，我们在底下拿着笔记本，提出一个又一个的问题；拿着话筒的同学讲着自己最为得意的经历，转眼间就收到无数善意却不乏犀利的批评。

申请文书写作听起来很玄很神奇，其实真正落到自己笔头很苦很不容易。出于负责任的态度，周容老师并不提供任何写作模板，而是要求我们一笔一画写下属于自己的申请文书。每一次课程结束后都是漫长煎熬的写作过程。没有一篇文字不是在抓耳挠腮绞尽脑汁中挤出来的，没有一份材料不是推翻重写无数遍后才最终定稿的。随着一份份申请材料的出炉，我对自己的认知也在一步步地加深。一遍又一遍，我回顾着自己短短十八年的人生，在这个回顾中，我看到一个无知无畏的小女孩在一路搏杀之中走到了今天。许多的纷繁嘈杂在现在看来都波澜不惊，反倒是在有些理所当然中完成了翻天覆地的转变。基于这些细致的梳理，我完成了一整套申请材料并递送给

Workshop 的老师进行修改。当修改好的文章发回到我的信箱时，旁边附有一行小字："改文件的老师说你真的很优秀，要我以后一定告诉他你申请的情况。加油啊！"我心底一片温暖。

那个因奥运会而热闹非凡的 2008 年夏天很快就过去了。Workshop 班的最后一课也在众人的不舍之中匆匆到来。周容老师对于来年 5 月重聚的保证让所有人翘首以盼。在一声声"明年 5 月再见"的道别中，我们恋恋不舍地各奔东西。

9 月份是在紧锣密鼓的 SAT 备战中度过的。10 月初，我飞到香港。这几乎就是决战了。也许是当年高考失利的后遗症，我身上的每一个细胞似乎都被紧张控制。我努力地深呼吸，在挣扎中度过了 SAT 考试那地狱般的六个小时。还好，当天晚上见到了我在小学升初中那段时间就认识的好朋友，以至我的神经还没有全盘崩溃。听着她发发有关香港学校的牢骚，有一搭没一搭地说当年应该跟我一起准备出国，我只是笑笑，没有回答。

回到家，正式的申请工作全面展开。美国高校申请有着它独特的日程。针对 2009 年秋季入学有着不同的申请项目，不同的申请项目有自己不同的要求和公布结果的时间。对于大多数优秀院校，早期决定（Early Decision）与早期行动（Early Action）都在前一年的 11 月份截止，前一年 12 月中旬出结果；常规决定(Regular Decision)则是在该年年初截止，该年 4 月份出结果。我们所采取的通常的策略是在 11 月时，申请 Early Action 院校作为试水；由于 Early Decision 的条件比较严格（一旦被录取必须要去），通常都用来报考最心仪的学校。之后我们再根据 12 月中旬的结果进行常规申请。

首先，头等要务就是选择学校。建筑专业由于横跨艺术、工程两大领域，因此提供建筑学教育的学校成分复杂：大型综合大学、文理学院、艺术院校及建筑专业院校。很明显的，建筑专业的排名是不能够以我们通常所看到的 USNews 等其他排行榜为准的。而本科建筑专业所颁发的不同的学位证书（B.Arch：具有职业资格，可直接参加建筑师注册考试；B.S/B.A：不具有职业资格，需继续进修研究生取得 M.Arch 才可称为职业建筑师）导致就算找到专业排行榜（如 Design Intelligence），也需要个人对榜单进行分析解读。最后，由于建筑系申请人较少，很难根据先前成功的案例评估自己在所有申请人中的竞争力，从而找到合适的院校范围。

因为有进入 MIT（对国际学生不提供早期申请计划）的梦想，我起初并没有打算申请 Early Decision。由于建筑系提供 Early Action 申请项目的院校不多，我很快就定下来第一批申请的学校了，也就是 University of Notre Dame 和 Pratt Institute。然而当我看到 University of Notre Dame 的申请要求时，我简直都傻了：需要两打（二十四份）用不同媒介表现的艺术作品。我翻箱倒柜找当年那有限的一点作品，本着宁缺毋滥的原则，找出了十几份。仔细翻看，发现除了高中时有限的平面设计和高三时为了考中央美院而学的平面三维设计，其他全都是写生类作品。于是我针对自己所欠缺的创作绘画及三维模型制作开始没日没夜地赶工。

创作绘画这部分其实还好说，毕竟有扎实的绘画功底及个人这些年的思考，任务很快就完成了。而三维模型制作就没有这么简单了。说来惭愧，虽然我常年以富有创造力自居，但是当我面对着完全真空进行创作的时候，就没有那么得心应手了。幸好我的同学正在清华建筑系学习，我跑去要了份讲义，回到家里慢慢地钻研。这份讲义虽然很薄，但在这次的模型制作上给了我极大的启发。按照讲义上的题目，我以极光为原型作出了让我自我感觉颇为良好的作品，也成了我整本个人作品集（Portfolio）当中颇为吸引眼球的亮点。

好不容易凑齐了内容，我便着手设计封面。为了使封面看上去更有冲击力，我选择黑白红这组经典配色作为封面的主色调。在定封面主题的时候，我使用了京剧脸谱的部分元素来强调我的中国文化背景。个人作品集就像其他所有的申请文件一样，尽可能鲜明地留下了我个人的烙印，张扬地展示着我与众不同的地方。之所以确定这种方向是因为，无论是在 Workshop 班的讨论当中，还是参考之前申请成功的案例，我都发现在如此众多高端的申请生当中，优秀已经不再能成为某个人的特点。如果想要从成千上万的申请人当中脱颖而出，首先要做到的就是让招生的老师能够记住自己，对我这个人有个整体的概念，并且要给招生老师充足的理由来选择自己而不是其他人。整个申请当中我没有接到任何的拒绝信，我想这与我所选择的正确申请策略有着相当密切的关系。

随着早期申请的准备渐渐完工，截止日期也越来越近。在还有十天就到截止日期的时候，我突然产生了申请 Rice 大学的 Early Decision 的想法。是什么让我改变了不申请 Early Decision 的决定呢？当时我是这样想的：第一，因为 Rice 大学的 Early Decision 项目不给国际学生助学金（Financial Aid），根据协议中所写到的条款，如果我被录取了，我可以合理合法地拒绝掉 Rice 的 Offer；第二，Rice 大学的本科建筑教育排名遥遥领先，因此竞争必然相当激烈。如果我能被录取，那么我在 Regular Decision 的申请当中就可以有底气申请一些综合排名更加靠前的学校；如果我不能被录取，那么在之后的申请中就要保守一些。

虽然之前其他方面的准备都已成型，但十天的时间还是有些短。Rice 在申请要求中明确指出面试的重要性。可等到我准备申请面试机会的时候，已经过了面试的最后期限。距离截止日期还有三天的时候，我将所有资料投递了出去。

可这事还没完。当我兴冲冲地上网追踪快件信息的时候，无比绝望地发现我寄往 Houston，TX 的邮件被投递到 San Francisco，CA。当时截止日期已过三天了。我跑到邮局，填写了一大堆表格，盼望着哪怕是一点点的可能把我这份文件给追回来。从邮局工作人员的眼神里我知道，那基本上是不可能的。回到家以后，我沮丧万分，拿起电话向 Rice 大学的工作人员求助。那位老师很耐心地听电话这端又沮丧又愤怒又紧张的我结结巴巴地把整个事情说完，然后和蔼地问道：

“Where did they send the documents to？（他们把文件送到哪里去了？）”

“San Francisco.”我说。

“Oh，my well，you need to send another set of documents. But you have to be quick，otherwise we have to transfer your application to Regular Decision.（哦，天哪……你需要再寄一套文件过来。但是你得快点，要不然我们只能把你的申请转到常规申请了。）”

听罢这句话，我如释重负。

原本跳到嗓子眼的心脏终于被安放回原位，我的申请又重新变得按部就班起来。不过，现在的任务多了定期上网和打电话给大学确定自己的文件是否被寄送到位。很多次我发现明明是一起发过去的文件，有些文件的状态是收到，有些文件的状态却是未收到。一个电话过去，在与工作人员说明情况以后，他们才会发现其实文件已经到位了。我打电话的次数之多，按我老妈的话说，算是把面试给补上了。

接下来就到了 12 月。我前往中关村希格玛大厦微软亚洲研究院参加了我申请过程中唯一一次面试。对这次面试，我是相当的期待。首先，这是我梦想中的 MIT 的面试；其次，虽然我笔试水平有待商榷，可从小到大我的面试成绩还是相当之好的；最后，我终于有机会去微软研究院了！

但是这次面试远远不是像我所希望的那样一帆风顺。一上来，这位面试官就给我了一个下马威：长达十分钟的有关 MIT 及其招生政策的介绍。很显然，我这两年在家离开学校的经历在面试官的眼里是个很大的劣势。我抓住一切机会向面试官传达一个信息：我是知道我在做什么的。渐渐地，我们的谈话变得“正常化”起来。当然，这个正常化只是相对而言。这位 MIT 的面试官总是能够很敏锐地觉察到我话语中的薄弱环节，并瞅准我最不可能作准备的地方设下问题。我的大脑在飞速地运转，完全来不及去想怎么去修饰自己的想法和语言。我感到自己在和一位武林高手过招，此人出手不多却招招击中我的破绽。在历时整一小时的面试当中，我处于从未有过的被动境地，拼尽全力也只能保证不至于一败涂地，完全没有原来面试时领着面试官顺着我的思路展示自己的主动感。

不过在这场面试当中，我还是有一些小小的亮点的。在面试官问道如何用几个词语形容自己的时候，我的回答是“理性实际，富有创造力，有正义感”。不出我所料，面试官的兴趣落在了“正义感”上，通过这个词，我先是提到了高中时代与老师之间的冲突，再延伸到整个高中生活，将我中学生活有致地展开来。当然，我并没有得意太久。面试官很快发现了我的意图并掉转话题。除此以外，面试官有一句话给我印象很深：“这篇 Essay 讲的是你成长过程中的一个转变，但我以为这只是故事的一半。基于这个改变，你应当有所收获，那是什么呢？”

当面试官送我走出办公室上电梯的时候，我已经筋疲力尽，满脸通红像个高烧的病人。他对我说：“无论你以后到哪个大学，MIT 也好，Rice 也好，其他学校也好，你都会干得不错的。”我想，这应该是一个顺利的面试应有的结局吧。

2008 年 12 月 14 日晚，我接到了 Rice 大学的正式通知：我被录取了。在经历了短暂的麻木、狂喜之后，我手足无措。自从 2007 年 6 月 7 日以来，这是我距离大学最近的一次，相隔不过一个“Accept（接收）”键。可我迟迟下不去手。一旦我点击了鼠标，就意味着我要放弃申请其他学校的可能性，更重要的，我要放弃获取助学金的机会，那么很有可能我父母毕生的积蓄都要投入我的学费中来。当时，我对 University of Notre Dame 的申请因为资金问题被延迟了，但是他们学校积极的来信让我确信我是有很大的机会申请到助学金的。而 MIT 的面试也给了我申请最高端的院校一定的自信。可我也舍不得拒绝。过去的两年青春让我实在承担不起再多的风险。而且 Rice 的建筑系确实在全美也是名列前茅。况且 Rice 的学费在同类大学当中是最为低廉的。在整个不景气的大环境下，我在别的学校就算申请到助学金，也可能要面临很高的费用问题。我一动不动地窝在沙发里，紧张得浑身发抖。

最后，是我的父母，我那坚强的、对我百分之一百支持的父母，帮助我作出了选择。我感到十分的感激与愧疚。这一路走来，我为了我自己的梦想，任性地选择落榜，选择出国，将我的父母拖入他们本不应该承受的痛苦与折磨当中。他们完全有机会选择一条对他们更为轻松的道路，比如，让我重新参加高考，或者直接送我出国，来摆脱我给他们带来的直接的间接的痛苦。而他们永远在我的身后，作为我无比坚强的后盾，百分之一百地支持我每一个选择，甚至不惜搭上自己一生省吃俭用所积攒的心血。我欠他们的实在是太多了。

这一年半的经历让我成长了很多很多。我经历了太多在先前一帆风顺的校园时代不可能经历的事情，我想到了太多曾经忙忙碌碌的生活无暇去思考去回顾的问题。我体会到了身上的责任：于家人，于身边人，于自己的责任。我开始宽容：宽容错误，宽容差异，宽容矛盾。我学会了发自内心地感激：感激人，感激事，感激从小到大我所经历过的遇到过的一切。我还会感到恐惧，还会感到彷徨，但这些不再会阻碍我追求我的梦想。高考落榜这件事是上天补给我的一课，而我成功地通过了这次考验。为此，我满心欢喜。

很快，4月份到来了。随着offer雨的落下，距离周容老师承诺的Workshop班重聚的日子越来越近了。郭一然决定承担此重任，并邀请我和他共同组织这项活动。在与周容老师的商讨后，我们决定把这个简单的Workshop重聚活动升级成囊括所有北京今年被美国顶尖高校录取的高中毕业生，邀请新东方各位大佬及北美部著名老师的大型庆功活动，并由我和郭一然担任主持。

见到久违的同学们，每个人身上都洋溢着快乐的神气。站在主席台上，下面黑茫茫的一片。我的眼前仿佛看到了过去的画面：林老师在当着全班指着我说“她是咱们班上以后最有出息的！”；盛老师远远地回过头，向我伸出大拇指说“咱永远都是这个！”；张老师下定决心似的笑着说“你是我教过的最好的学生！”；蹦蹦跳跳进家门的老爸；头上顶着白雪接我回家的老妈；还有十一岁时那个摇摇晃晃走进北大附中愣头愣脑的自己。这一路磕磕碰碰地走来，我走过岔路，我也跌倒过。但每一次，我都幸运地在他人的信任与支持下，重新回到了正确的轨道。从现在起，我开始书写那后面的半个故事。愿今后的每一天，都能值得让我记录。

明天，我来了！

薛涌：

著名美国教育问题研究专家，著有《美国是如何培养精英的》等教育名著

人家的成功是玩儿出来的，不是考试考出来的，更不是背单词背出来的。其实每个人都可以有一种完全不同的生活，就在于你如何去思考，如何去追寻。

—— 薛涌

成功是玩出来的，不是考出来的

作为有一个十岁女儿的父亲，我祝贺周雪瑶同学成功考取了莱斯大学建筑系。读她的文章，我领略了她在应试教育下挣扎的全过程。虽然她的生活很多时候都被考试所规范，又遭遇亲人去世，高考失利等惨痛打击，但她的天赋和青春的热情反而被激发了出来。在诸多不顺的经历之后，她下决心出国，也找到了突破。她似乎打赢了这一仗。

说“打赢了”，是因为她最终没有放弃自己的思考，并根据这种思考而不是考分来确定人生道路。说“似乎”，是因为她对自己的问题并没有答案，她最后是否能够成功，还在于她怎么寻求这样的答案。

这里，我希望和她分享两个故事，也许能帮助她在回答自己的问题时找到些线索。

学建筑的人，当然对现代建筑运动的第一代四位大师非常熟悉。其中莱特的设计格外有色彩。莱特是怎么学习建筑的呢？十岁的时候母亲给他买了一套教育性的积木，通过摆积木，他学会了日后独特的建筑设计中的基本原则。如今研究他的著作很多，有人专门把他的建筑和他所玩的积木一张图一张图地对比，非常令人信服地证明了两者的关联。他晚年的自传中，也非常强调这套积木对他的影响。

另外一位，则是以设计网格穹顶而著称于的世美国著名建筑师 R. Buckminster Fuller (1895–1983)。他四岁进幼儿园，玩的也是莱特用的那套系列玩具。不过这次不是积木，而是以点和线创造平面乃至空间的另外一组游戏。下面是他的回忆：

“我刚进幼儿园的一天，老师拿来一把牙签和半干的豌豆，让我们进行结构制造。我视力不佳，只看得见大东西，对那些结构线条毫无感觉。别的视力好的孩子，则对房子和谷仓等建筑很熟悉。也正因为看不清楚，我自然要依靠其他感官。当老师叫我们进行结构制造时，我就开始了试验。我拿着这些道具制造结构，然后推推拉拉，发现三角形能够保持其形态，而其他结构不可以。其他孩子制造的长方形似乎能够保持其形态，只是因为那些豌豆把那些牙签连接在一起。我的老师把所有小学的老师都叫来审视我制造的三角形。我还记得自己对她们的吃惊感到吃惊。”

看看，四岁的孩子，通过自然的玩耍，发现了“三角形的稳定性”原则！而他由此发展而作的这个架子，六十多年后赢得了专利，成为他享誉国际的看家的发明！

这是建筑师成长的道路。人家的成功是玩儿出来的，不是考试考出来的，更不是背单词背出来的。周雪瑶像莱特、R. Buckminster Fuller 一样充满了童年的想象。但是，我们的教育制度没有给她太多机会。如今，她终于解放了。我恭喜她，祝福她。同时，也要用这两个故事提醒大家：其实每个人都可以有一种完全不同的生活，就在于你如何去思考，如何去追寻。

李峭寒

我信仰我心所向

点评：周成刚

她兴趣广泛——做播音员，参加模特比赛，在中央音乐学院的演奏厅演奏钢琴

她是创新小科学家，用植物测定电池对环境污染的影响

她还为孤独症儿童服务机构做志愿者，翻译材料，照顾患儿

她在校刊上发起捐助活动，募集资金支援灾区

她从模拟联合国的成功，走到了普林斯顿大学的大厅做演讲

她将去往布朗大学，继续她心之所向的生活

她叫李峭寒，一个信仰心的方向的自信女孩

我们“适应”了社会，放弃了自我，最后就会导致“平庸”——与所有人一样，与标准一样，毫无特点。一个平庸的人，不管他做得再“出色”，也还是一个平庸的人。我们所要努力的，就是要证明自己并不平庸，而是一个独特的、鲜活的、有独立思想的人。

—— 李峭寒

我信仰我心所向

当我面对今天的自己，回首走过的路，一种惊奇感，或者说荒谬感，突然扑面而来。我讶异于自己居然会出生，这是概率上一件小得接近于零的事件。我更讶异于我怎么成为了现在的自己，就像飞矢不动一般悖谬。我从没觉得自己在变，可每当回想起不久前的我，都仿佛在看另一个人。那一个个小小的事件，单独拿出来任何一件都渺小得不值一提，与无数牛人相比简直就是浮云，在漫漫宇宙时空中更只是尘埃。我的生活看起来平静得有如一汪清泉，然而平静水面上的一丝丝涟漪在偶然泛起的时候一定不会想到，它们看似不经意的造访却会在很长时间后，造成这么可怕的蝴蝶效应，在时间轴的远处产生一个今天的我。

今天的我，在码这些字时，常常会想，如果当初我不是这样而是那样做会怎样？庆幸很多，悔意也很多，然而生活不是《蝴蝶效应》，我不能像主人公一样，利用神奇的日记随意回到过去，改动一个小小的行为从而改变故事的结局，改变自己的命运，甚至决定身边人的命运。我只能把日记留下来，试图找寻到底是哪一件小事对我产生了如此神奇的影响。

卢梭的自传是一部《忏悔录》，我需要忏悔的大概比卢梭还要多。夏多布里昂的自传是一部《墓畔回忆录》，我想每部自传都可以这样叫，即使是不信命运的人，在面对必将到来的死亡的时候，大概也会心虚而缄口吧。王尔德的自传是《狱中记》，而谁又不是“Captives of our own identities，living incages of our own creation”呢？我常想，如果要我写，我一定会写“一个无神论者的自控书”。我常自问信仰是什么。有信仰、居其中的人不会发出这个疑问，可见我没有信仰，最起码没有坚实的信仰。尽管我身陷信仰危机，不时感到渺小，不时感到荒谬，但是我仍相信世界上有真理，人间有善。

我信仰我心所向，并为之奋斗。这些不是信仰，但与之无异。

学习从来都是我自己的事

我出生于一个普通家庭，从小父母只在生活上关照我，学习从来都是我自己的事。还不认识字的时候我就每天让母亲将《格林童话》和《伊索寓言》读给我听。上小学后就开始了自己读书。那时大量空闲的时光都被我用来读一本又一本的杂书，一个个阳光明媚的下午就这样度过。家里的藏书读完了，我就找出一本再从头读起。那时小小的我没有现在买书如山倒的资本，也没有现在读书如抽丝的陋习，由于资源有限，我就将一本书反复读上个七八遍，每当觉得情节不太熟悉了就抽出来再看，以至于后来书中的一些句子我都能自然而然地背下来了。这就是那时的我写作文得心应手的原因。而那些科普著作，就是我窥视科学世界的窗口，使得我始终保持对自然的敬畏惊叹之心和一种希望了解她的动力。小学时期对我最重要的影响，也许就在于培养习惯。那时学习轻松，在学校与同学比赛谁最先完成作业，这样回家能拥有更多的自由时间，在课堂上我也是发言最勤的那个，就这样我渐渐地养成了学习自主的习惯，以及在竞争环境中斗志昂扬的性格。

童年也是一个人养成性格的最佳时期。在校广播站做播音员，与老师搭档代表学校参加区模特比赛，在中央音乐学院的演奏厅演奏钢琴……在台上的一个个瞬间，当时带给我的感觉也许是紧张、不安，而当我走下台时，一股自信已经在不经意间注入我幼小的心田，并对我日后的性格造成影响。

尽管如此，在成长的过程中，一直能够听到母亲对我的"演讲"、"组织"等各种能力的批判。也许正因为如此，我潜意识中才一直很注重这方面的各种锻炼。现在想来，领袖不是人人都能做的，有人享受这个过程，有人认为被领导更舒服。这是合理的。如果人人都是强势的领导型性格，我们将见到比现在多得多的喧哗与躁动，社会将因为无法分工而不能正常运转。但是，每个人在社会中总要扮演各种角色，各种"能力"的培养，就是要确保我们能够在需要的时候担得起这些任务。比如，当我上小学时在简陋的小喇叭广播站里念稿的时候，从来没有想过日后我会站在学校的电视台演播室里、模拟联合国的讲台上和普林斯顿大学的报告厅里。

童年更是科学性探究、创造性思维的启蒙时期。小时候的我，关于浩瀚的宇宙、苍茫的星尘，总是有很多问题。于是父母开明地决定给我买一台天文望远镜。从此我每天都对着星谱用想象在夜空中描绘一幅幅迷人的星图……之所以说是用"想象"，是因为北京那时的空气质量欠佳，加上我二年级开始就因为读书时间过长而近视，恶劣的观测环境导致我的观测十分失败。甚至有一次出现狮子座流星雨，我们一行二十多人到郊区等待，其他人都看到了至少一次，只有狮子座的我一次都没见到。那时我还小，不懂得坚持就是胜利的道理，在客观的困难面前很快放弃了我的观测事业（由此很可能直接导致一位著名天文学家的陨灭，视力和空气污染要负主要责任——从这个故事我们可以看出保护视力和治理空气对我国的科技事业是多么的重要），只留下那台硕大的天文望远镜作为我快乐自由的童年时光的见证。

当然，在科学探究的路上我还是有成功的例子的。我五岁开始弹钢琴，乐感不错，在老师眼中又是一个思维活跃的家伙，于是当中央电视台“奇思妙想”节目征集名为“用废旧材料制作新型乐器”的一期节目的参赛选手时，学校就选中了我。我与另外两名同学，每个人独立设计一种乐器，准备到时共同完成一次合奏。我在双黄连口服液的小瓶里面分别装入不等量的水，将瓶子水平绑在一起，经过纠结的测音准、调水量的过程，终于制成了一件音准精确的小巧的吹奏乐器。不过麻烦事还有很多，首先水会不停挥发，因此即使我一时调好了，第二天也必须重新调。另外吹奏这个乐器对于肺活量不大的我来说很有难度，用力不足就会发出可笑的“嘘嘘”声，用力角度不对它就干脆不发声。而且为保证音与音之间的连贯性，我必须快速移动乐器，同时每个音之间都必须换气，否则在移动的过程中就会出现杂音。不过最终，我们三个人在台上配合得很好，演出了一曲由管乐器、弦乐器、打击乐器合奏的《小星星》，并赢得了那场比赛。

六年级的时候我又参加了一个“北京市中小学生环境小论文征文比赛”，我申报了一个测定电池对环境污染的项目。具体过程有：将电池内容物埋入我家的花盆并每天测定植物的长势，在我母亲单位的实验室测定 pH 值，在街上采访行人对废旧电池的处理方法并作出统计……通过几个月的观察、实验、社会调查，我完成了一篇小论文参加比赛，并最终获得一等奖。这篇论文的写作过程不仅是一次对科学的探索，更是我第一次接触严谨的科学系统研究方法，第一次了解论文这种东西，第一次自主完成社会调查并从社会层面思考一个科学问题对社会的影响，并试图寻找解决方法。这些小小的探究过程在今天看来也许很幼稚，当初为创意冥思苦想的煎熬，灵机一动的狂喜，那些三分钟热度，那些随心所欲，那些执著，今天看来都是一个小孩子的一时兴起，并没有什么明确的目标。但是也许就是这些小小的过程，成功的也好，失败的也好，对我造成了潜移默化的影响，使我看万物都始终睁大惊奇的双眼，对万事都抱有好奇的童心，同时逐渐养成清晰严谨的思维习惯和学会系统中有创新的探究方法。

我开始学习英语是小学四年级，与大多数同学比这是一个很晚的开始。但是我一开始就很重视语音，每天早上一起床就会打开音响播放学校的课文朗读磁带。父亲的车里也常备一盘英文名著朗读磁带，这样每天早上的半个小时和在路上的时间都被充分利用了。我不一定在仔细地听，但是日久天长，相同的内容每天重复，那些内容我渐渐就可以脱口而出，语音语调也十分标准。这时就再换一盘磁带，这样我没有花费什么时间和精力就解决了语音和背诵，甚至英文写作的问题。因为当我背诵句子的时候，也就不知不觉中掌握了一个地道的用法并可以灵活运用这个句型，甚至单词也变得简单许多，当我精确地知道它怎么念的时候，拼写也就不是什么困难事了，我只需照读音自然拼出来，再多看几遍就可以精准地记住拼写。从小到大，课本的单词表我从来没有刻意背过。当然这种英语学习应试有余，应用是远远不足的。学英语恰恰需要跳出应试的思维。一则笑话说道：一位在国内学英语特棒的高才生出国留学，某日驾车坠入悬崖身负重伤。警察赶到，冲着悬崖底下喊："How are you？"英语高才生一听太简单了，立马答："Fine，thank you！ And you？"于是警察就走了……所以，多看原版书、电影，用英文交流、实际应用英文才是正道。

改变自己和改变世界

自由的童年结束了，我怀着对未知的好奇和紧张升入初中。那时的我虽然有面对挑战的勇气和执著的信念，却并没有广阔的视野和闯荡的野心。我安于栖身一隅，与同学们一起重复日复一日的枯燥的学习生活，一起应付大大小小的考试。那时，我的梦想很简单，就是考入一所理想的大学；我的价值观很单一，就是做教育体制告诉我们的正确的事——学习、考大学、工作。毕竟，成绩才是决定我的轨迹的指标。在这样的体制下，我们被剥离开来，成长的过程并不十分重要，素质、能力的提高，人格的完善，思想的深邃都不那么重要，甚至学习知识的过程也不那么重要，重要的只是最后的那个数字。在这个过程中，成长的轨迹都变得模糊，只浓缩为几个节点：中考、高考……于是，我埋下头，开始学习。

“不能改变这个世界，就要改变你自己以适应这个世界。”家长、老师、社会如是说。于是，我一再改变自己。读“闲书”的时间一减再减，看些作文选就可以了；既然升学是目的，参加竞赛有可能加分，周末去上数学培训班是必要的；钢琴练习也停止了，因为时间有限，“情操”和“素养”可以以后再培养。我陷入了自己的世界——不，甚至都不是自己的，是周围的人告诉我的，是社会告诉我的，是体制需要的。我感到我们不再是一个个完整的人，而是一个个数字，考得好的是分子，考不好的是分母，反正都是数字；也有点像在流水线上被加工出来的一个个成品，学一样的东西，拼的只是谁更完美精确；更有点像木偶，那个强大的体制摆在面前，一条“阳关大道”被标记好，我们要做的只是往前走，被人领着，盲目地往前走，不必往两边看，不必关心其他。

然而，这种“两耳不闻窗外事，一心只读圣贤书”的状态在我初二暑假被改变了。

那次我与同学一起去临终关怀医院照顾老人，一位同在那里做过志愿工作的姐姐向我介绍，她一直在做志愿工作，除了定期来看望老人，还在郊区一家研究孤独症儿童的机构做长期志愿者。我答应她我也会去了解这个特殊的人群，并看望那些孩子。第二周，我来到这个叫做“星星雨”的地方。找到这里大费周章，大门毫不起眼，上面是孩子用稚嫩的笔触画的画，走进院子，只能看到一个破旧的滑梯和散落在地上的简单的运动器材。一位老师接待了我，告诉我这里是中国第一家专门服务于孤独症儿童的非政府组织，并告诉我中国的非政府组织发展与发达国家相比很落后，因为财政资源有限，他们的条件设施很简陋。随后她带我参观了里面的教室，介绍了这里老师的情况，并告诉我我国在孤独症研究方面也很滞后，很少有中文原创的研究资料，他们的资料大多来自国外。下午我旁听了一节课，看到了那些可爱的孩子，因为缺乏基本的社交能力而不能与他人无障碍交流，长大后也不能融入社会。他们沉浸在自己的世界里，从来不愿抬起头来看看这个世界。老师告诉我，不知怎么的，患孤独症的孩子大多可爱漂亮，眼睛纯澈，好像星星的孩子，无意中降落人间。因此他们把这里叫做“星星雨”。听了这个美丽的故事，望着那些美丽脆弱的孩子，那些忧心如焚的家长，我第一次发现，我们身边有这么多迷失的群体，临终的老人、孤独的孩子、无助的盲人……当我们在追“梦”的时候，他们正在默默承受。尤其是那些天生处于劣势的孩子，他们没有选择就陷于如此境地，他们的父母必须默默承受不能承受之重。这里的志愿者，包括我见过的那位大姐姐，在大学忙碌的学业中每周都抽出好几个下午来到这里，无偿地默默奉献，不求回报。而我们身边的许多人，包括我自己，居然都如此漠然。

回到学校，我把我的感受见闻与同学分享，我的一位老友有一个理论：这不是那些人的错，他们不过是环境的必然产物。那些学业、生活、事业顺利，总之混得好的人，往往多有真实的感人温馨的家庭观，他们往往对他人洋溢着友爱积极的爱心，对社会充满感激。而混得不好的，感到自我价值没有实现，或干脆是自觉也没什么自我价值的，因而生活充满郁郁不得志的愤慨、不屑和挣扎，同时对他人也冷漠。当时的我很同意。但是同时，我突然感到一种需要：不是“适应”世界的需要，不是“反抗”世界的需要，而是与世界“和解”的需要。我们想要这个社会成为我们希望的那个样子，我们自己首先要做到。

于是我索要了一张志愿者申请表，申请为这个机构志愿翻译英文学术资料，发表在每期的《星星雨通讯》上，供家长和老师们参考。毕竟，学习知识的终极目的并不是升学。在每周的翻译过程中，我都对这个群体多一点了解，也多一分为他们做事的动力。

初三暑假，我终于有时间来这里亲身做一线志愿工作了。工作人员分给我“简单地陪伴这里的孩子一下午”的任务。我来到操场，找到我的女孩，七岁的“琳”。“你好，琳！”我蹲下来，热情地与她打招呼。琳低头不语，一直摆弄手中的玩具。我继续用各种“你在玩什么呀”“给我看看好不好”的开头试图与她对话，但她始终不理我。虽然之前早就了解到孤独症儿童经常出现不理人的情况，但这样的现实仍然让我有点失落。整个下午，我只是尽到了照顾她的职责，喂她喝水，保护她玩运动器材，把她从楼梯上抱下来，却没有达到与她交流，让她通过我了解外面的世界，试图与朋友交谈的目的。直到下午活动时间结束，铃声突然响了起来，琳尖叫起来“不要铃不要铃”，我赶紧抱住她，轻声安慰她，抚摸她的头，让她安静下来。琳一直在小声地嘟囔“不要铃”，这是我们的第一次“谈话”。

这个暑假，我每隔几天就去看琳。最开始，琳看到我毫无反应，漠然地继续玩玩具或是低头不语。我照样整个下午追在她后面，在铃响的时候捂住她的耳朵。逐渐地，随着我去的次数越来越多，加上琳在研究所的学习治疗，她慢慢地认识我了。有一次，当铃响而我恰好在远处的时候，琳第一次大叫着“大姐姐”向我跑过来。我抱住她，感到了一种被人信任被人依赖的幸福感，和一种公民的责任感。我不再只埋头于自己的世界。我尽我的努力进入了琳的小小世界，改变了她，哪怕只是一点点，哪怕起点只是一个个小小的对话。同时，在这个过程中我自己也发生了改变。我经常玩笑似的想，如果我能够搞定这样一个从不回应的“谈话”对象，我的交流能力应该会有质的飞跃。

带着这样的沉甸甸的感觉，我通过保送升入高中。与以前尽自己绵薄之力不同，我知道非政府组织最需要的是更多人的了解、关注，和更多志愿者的支持。于是我开始通过电视台向全校介绍孤独症的知识，协助“星星雨”在图书馆举办讲座，并且建立爱心社，组织同学们一起到“星星雨”陪伴那里的孩子们。“星星雨”的老师说，我们是他们接待的第一个中学志愿团体。从此，我走上了志愿者的道路，与同学们一起，我们假期有时间就去那里陪伴孩子们。从这以后，我们就有了一个共同的名字——志愿者，我们也逐渐有了更强的公民意识和责任感。

在遇到突发事件时则更需要这样的责任感。在2008年突如其来的“5·12”地震后，作为校刊“汇文天下”部门的负责人，我发起了义卖捐助灾区的活动。我召集志愿者加急赶制海报，联络广播站进行宣传，与销售部合作在校园内外各个角落设计销售点。我们还设计了各种“合集”进行促销。最终我们募集了两千多元，并将款项全部捐赠给中国红十字会。

但是只有物质上的支援是远远不够的，灾区的同龄人最需要的是心理上的帮助。作为学校电视台的主持人，我策划制作了一个心理救援的短片。我们请了年级的几位同学和心理小屋的老师，请他们每人对远方的同龄人说几句鼓励的话。话语不能过于伤感，不能触及伤处，而是要体现出年轻人的活力与承受挫折的勇气……我们还排练了一曲“真心英雄”。经过对参与摄制人员的培训和外景拍摄，摄制部分完成了。我们回到电视台制作室，将之前学校心理老师在汶川做心理咨询志愿者的时候采集回来的照片和志愿者给学生的信制成视频。经过几天紧张的制作，我们刻录了二十张光盘，捐赠给了全国青少年发展基金会。

现在，我是PEER(Peer Experience Exchange Rostrum)的一名志愿者，目前我们2009PEER的五十多名成员正在紧张地进行前期准备工作，为7月、8月即将在陕西、湖南的三个国家级贫困县分别进行的为期两周的支教活动作准备。在做志愿者、服务于NGO的过程中，我认识了一群可爱的人，熟悉亲近了一个个特殊的群体，心中的归属感和责任感逐渐地增加，对社会的认识越来越立体。是的，这是一个不完美的世界，中国的NGO发展还很落后，但我看到了越来越多的人在参与进来，我们做得越来越好。中国有一百五十万孤独症儿童，无数偏远落后地区的孩子无法接受良好的教育……但当我们无数人在各个地方一起做一些事情，我们就已经在改变这个世界。

从小窗到大窗

出于对文字的热爱，我加入了学校的校刊编辑队伍，开始了约稿、催稿、采访、校对的生涯。做这些事情的时候，我是一个完美主义者，总想着要把小小的专栏设计成一扇窗口，一个同学们观察校园动态的窗口，也是展望外面广阔天地的窗口。我也给校刊贡献了很多稿件。写稿虽是个苦差事，但也是促使人思考，使人思路清晰的动力。当我们报道一个校园或社会的热点问题的时候，比如文理分科问题，那些来自不同人的不同声音总能促使我从不同的角度思考问题，在多角度的思考之后再得出一个自己深思熟虑后的答案。这样，对一个个问题的思考使得我能够较为敏锐地捕捉到社会问题，并全面地分析这些问题。

高二时，作为校刊核心栏目“汇文天下”的负责人，我的工作转向组织策划。每周的例会我都试图激发讨论，使大家碰撞出更多的好点子。在尝试创新的过程中，我和另三名成员一起增加了“看世界”这个双语栏目，每期都到国际部采访一个不同国籍的同学，并收集整理该国家的相关资料、图片，使每一期栏目都成为了解留学生生活和这个国家的窗口。我们还采访国际部的老师，以了解更多留学生在中国的故事。我们采访来自瓦努阿图的师兄，让同学们了解了这个许多地图上都找不到的太平洋岛国的风情；我们采访已经在北大就读的上届留学生状元，向她学习如何在异国的求学路上取得成功；我们向每个留学生班级发出问卷，调查他们对中国教育的看法。一期期的栏目都是一个个窗口，我们与国际部的交流，让我们“看”到了更多“世界”。

我们做开拓者，更做拾荒者。大家注意不到的东西，我们捡起来，串成回忆的项链。

现在想来，校刊的经历也许对我是种历久弥新的磨炼。在稿件堆积成山的日子里如何平衡审稿与做作业的时间，约稿不成的时候用什么技巧可以成功地拿到想要的稿件，平息初中部成员对于初中部分数量过少的抗议，收集教师语录的精髓……在校园这个相对简单的环境中，运转一个最后需要见到实际成果，并需要把成果展示在全校面前的组织也许是最有效的锻炼方式。

电视台则是更生动、色彩更丰富的窗口。高二伊始，我成为了学校电视台的主持人，第一个任务就碰到了一个大型活动：校庆报道。到场的有几百位五六十年代的校友，其中不乏各界精英。我与摄像师在学校的各个会议室里捕捉有意义的瞬间，与老校友交谈，听他们讲过去的故事，常常发出由衷的感叹。在每周三的主持中，我向学校开启了一扇窗口，一个展示学校、思考社会的窗口。

模拟联合国成为“世界公民”

从模联的选修课到北大模联的磨炼，我在其中又发现另一个通向世界的窗口。初上高中，周四下午内容丰富的选修课使我获得了学习的热情。我认真地浏览选课单，在法语、摄影、古诗词鉴赏各种课程中，我看到了模拟联合国。也许是联合国的威严震慑到了我，或是因为它新鲜的模式吸引了我，最后我毫不犹豫地踏进了模联的课堂。在选修课中对文件写作方法等基本知识有了简单的了解之后，我很快就迎来了第一次北大模联经历，而我又是在模联最为独特的世界遗产中心委员会：在这里代表们的职责是模拟申报世界文化遗产的过程，工作的特点就是在台上二十分钟的 Presentation 过程简洁清晰而完美，而台下却需要付出大量的时间准备 Presentation。我与另两名搭档一起准备印度那烂陀寺的申报。汇报分为十几个专题，我们三个人进行分工，每人分别准备几个专题。前期茫茫的准备工作是数不尽的阅读资料、查阅资料的过程，细琐又耗时。而最麻烦的部分是有些专题会找不到资料，我就分到了这样一个专题。有关那烂陀寺的“监管”只能找到少量的基本资料，更没有数据体现该遗产最近几年的监管有什么提高。网络、图书馆那一篇篇文章我都仔细地查阅过，但是这样的数据也许只有当地才找得到。这样，我们的准备工作，包括这一专题在内的好几个地方都存在这样的准备不足之处。我们三个就这样走进了北大。

会议第一天的介绍，主席就准备活动的难度作了评估报告，特别指出了“监管”这方面的准备难度。第二天就是 Presentation 了，我们回到住处后，回忆主席的话，认为这是一个暗示，也就是他在评估过我们的报告之后认为大多数代表都在这一方面做得不足。如果我们改进这一方面，当然就会脱颖而出！于是我们顾不得第二天还要早起开会，连夜对这一部分进行扩充，对该遗产监管方面一贯的严密作了详尽叙述。结果证明，我们的判断是正确的。最终我们的申报以全场几乎最高的票数通过。会议中少不了的就是这样敏锐的观察力、快速的反应和果敢的判断。在会议自由辩论中少不了唇枪舌剑，为争取票数少不了纵横捭阖，而会后我们无不庆幸我们结识了这样一帮真诚的朋友。

北大会议结束后，我们这帮人马回到学校成立了模联社团并充任董事会成员。我们参加模联的历史很短，组织很松散，建立社团就是想让这个活动继续系统化、正规化。招新会议、建制讨论、责任下放……一切都是未知，没有模式可以沿袭套用的时候，我们开创一个模式。作为宣传部长，我利用电视台和校刊的便利条件做广告搞宣传，向全校介绍这项活动，宣传这个团体。就这样，我们有了一个五六十人规模的社团。接下来就是对新人进行培训，当年我们在选修课上学习的，再加上我们在会议中体会到的，我们要让这些传播开去，传承下去。

社团很快迎来第一次大型活动：第一届校模拟会议。我们请来外校模联人做技术指导、嘉宾，请没有经验和有经验的成员一起开会。准备工作很费周章，仅是借会议室就经历了对校长和副校长一个小时的游说。会议最终圆满成功，四十多名代表都又经过了一次锻炼。

通过志愿者的经历，我努力成为一个“公民”，通过全球化教育的过程，我希望成为一个“世界公民”。

我眼中的全球化

模联不仅使我认识了一群来自各地的最优秀的高中生，使我把视野从身边放宽到全国，更使我学会从一个“世界公民”的视角考虑问题。在“地球村”的狂欢节中，我也在疯狂中感到了文化的力量和全球化的张力。因此 2007 年的暑假，我来到了普林斯顿大学，参加了三周的交流项目 SIG(Summer

Institute for the Gifted)。在那里我接受“文化休克”(俗称 culture shock)的洗礼，在远离 comfort zone 的地方继续挑战自己，更清楚地看到了自己在中国教育下与美国学生的不同——长处和劣势。

周一到周五的时间每个人都要上自己选的课，比如，我选的是 Globalization（全球化）、Hip-Hop(街舞)、Word Origins(词源)、Math（数学）和 Broadway(百老汇) 等。有的课程，如我选的全球化，就是一个老师和学生如聊天般尽情讨论。老师扮演的不过是话题发起者的角色，而我们这些来自全球的学生才真正是这节“全球化”课程的主导者。在这里，看似漫无边际的讨论其实是激起发散性思维的头脑风暴。每个人都有机会在同学面前作口头报告，锻炼当众讲话和语言表达能力。我们还运用互联网、图书馆，甚至是剧院，完成了一个个综合多角度信息的收集、整合过程。这个过程是快乐的，但绝不轻松。而最后一节的百老汇课，则是老师根据报这门课的学生的特点编写一出小音乐剧，然后我们在接下来的课中排练剧本，并在这个过程中学习剧目知识和表演技巧。三周后我们将把排练成果通过汇报演出展现给全体营员。

在最后一天的闭营仪式上，一个美国学生和我分别发表了 Student Speech。在我的演讲的最后，所有中国学生共十几个人全都上台来，一人教给观众一句中文的离别赠言。最后，在为友谊响起的掌声中，这次文化的交流、碰撞与融合圆满完成。

在那里我感到的不仅有种种新奇感，更有种种亲切感。我不仅感到了拥有国际视野的必要，更感到了维持自己民族性的重要。全球化绝不意味着抛弃我们的传统，绝不意味着文化灭绝。全球化是同质化的过程，是为了沟通无障碍，信息、技术、资源最大限度共享。但同质化不是单方向的同质化，我们的任务不是要被“美国化”，而是将东方文化和西方文化融汇，方能学贯中西。我们首先是潮流的创造者，其次才是追随者。我们可以盲目地追随，也可以影响潮流。我们不应陷入西方文化的旋涡，而应该在全球化的过程中找到自己的角色。

在此后接待香港和台湾的同学的时候，我更是感到了这种责任。与他们聊天的过程中，那些一脉相连的共同点，对热点问题角度不同的思考让我感触更深。

从宽容到多元化

据说我在小时候就是以“宽容”闻名于居民院和班级的。小时候所谓宽容，不外乎被人欺负不记仇，没人爱理的人我能忍，没人爱干的事我去干。我听了发小对我的这个评价后，不禁感叹这明明就是比较好欺负，没个性。一般来说，有才的人都有个性。他们不需要平易近人的性格就可以获得他人的尊重。反之，没才的人就必须平易近人，因为除了“性格好”，已没什么优点可供人把玩。这“才情性格论”许是谬论，但我还是乐意被人叹作“宽容”的。在我理解，宽容不只是好欺负，更是一种对所有立场、观点和思维方式的开放态度。我想我小时候所谓的“宽容”，无非就是善解人意。当别人叙说的时候，我注意倾听，并往往能理解他的立场。而现在，我倾听一切观点，因为我知道，在这个纷杂的世界里，哪种声音是必须倾听的“正统”已无法辨别，我们唯有尽量多地获取信息才容易作出一个稳重的判断。就像前言所声明，我是一个无神论者，一个不敬神的人不知何为正统，他只有自己对每件事作出判断，并对自己的判断负责。而敬神的人只对神负责，并不对自己的判断负责；他们寻求的正是尼采所说的“一己的安眠”，以及“有助于安眠的麻醉性之道德”。只是按照神立的观念行事，并没有实质上的道德自律。

高二第一次上哲学课，当我看到课本上对哲学简单粗暴的划分（唯物、唯心）和扣帽子的说法（唯物 = 科学，唯心 = 愚昧）的时候，我就在心里提出了质疑。在很多国家，哲学课并不是这样灌输一种所谓“正确”的人生观，而是向学生介绍哲学史，把对世界本质的思考呈献给大家，让学生在思考中作出自己的选择，得出自己的结论。我本能地感到，哲学是教人思考的学科，这般简单粗暴的结论，抑制学生的思考，不是教育，简直是“反教育”。很多伟大的哲学家都持有唯心的观点，按照课本的说法，这些哲学家简直如同白痴一般可笑。马哲的创始人卡尔·马克思的墓碑上铭刻着下面一段名言：“哲学家们只是用不同的方式解释世界，而问题在于改变世界。”记得初中时候的平面几何课，第一节课老师就告诉我们：“我们将要学习欧式几何。欧式几何有五大公理。这五大公理无法证明，经验告诉我们它们是对的。我们在认为它们是对的前提下展开得到欧式几何体系。当然也可以作另外的假设，建立与五大公理不同的公理，这样得到的就是非欧几何。”不同的几何体系中的定理都是由公理经过演绎推理得到的，内部没有矛盾，没有孰对孰错。于是，我写了一篇文章向报社投稿，狂妄地建议“至少每个人都有权真正地思考‘世界的本质是什么’的问题，而不是被灌输。灌输知识的后果远没有灌输思想的后果可怕。也许我们是一群健康向上、整齐划一的青年，但已经失去了应有的多元化。我们不需要整齐划一的人生观，而是属于自己的人生观”。当然，这篇不符合主流思想的文章并没有发表。我想，我们需要和谐的社会，却不需要一元的思想。只有宽容各种不同的思想，允许它们百家争鸣，真理才能越辩越明。如果不允许“辩”，而只允许一种不会错的正统思想存在，思想将无法进步。后来，当我申请学校的时候，我才意识到，这是一种呼吁“多元化”的声音。当我看到密西根大学的申请题目“如果你是中学校长，你希望改革什么”的时候，我一气呵成就写完了这篇“希望改革政治课”的文章。在美国这样一个被多元化成就的国家，这样的思想并不是“异端”。爱智慧的人，应当独立思考而不是被迫接受。

然而，善于倾听并不意味着“长耳短视”。听到不同的声音有助于我作出较为完善，或者是尽量接近真相的判断，但是各种“舆论”往往都与真相离得很远，我更看中自己的实践与体验。我希望亲自体验西方文化，亲自融入那个社会，看看它到底是那种舆论说的那个样子，还是另有一番风情。于是，我想到了走出国门。

申请的那些事儿

我的内心总有一种惴惴的不安。“多少不同的可能，而我却在选择明天的早餐。”总有一个声音这样对我说。我知道人生很短，可能很多，我满足于我的生活，但我还是觉得它太不可预测。最开始，我不过是简单地觉得到外面闯荡经历未知事物应该是有意思的经历，后来在一步步往下走的过程中又发现了无数之前没有想过的理由。

我是怀着试试看的心态开始申请之路的，并不像很多同学从小就有明确的目标要到美国某知名大学。这条光荣的荆棘之路对我来说本来就只是一个“可能”而已，于是我怀着轻松的心情，报了第一个“五一”TOEFL 词汇班，开始有一搭没一搭地看单词。高一暑假在普林斯顿的交流，让我近距离接触到另一个迥异的教育体系、价值观，我希望了解它们甚至成就“更多可能”的想法才变得更强烈一些。但是多年来的“正统教育”使我根深蒂固地觉得即使教育方法有很多问题，高考还是全世界最靠谱的事。所以高二寒假 SAT 班开始时，我意识到如果要准备 SAT，我的课业一定会受到影响。我面临着一个艰难的抉择：放弃留学，或者继续，并承担一旦失败高考也会受影响的风险。我们学校并无“前辈”，只有与我同级的战友。我们交流过后一起决一起决定走下去，即便是没有后路。从那个暑假开始，我第一次认真投入了很多精力，每天背三百个红宝书单词，两天刷一套模拟题。开学后，我争取白天把学校作业写完，8 点以后看 SAT。考前的一个半月，我转为以阅读为主，每天刷一套题，一两点睡觉，第二天照样要集中精力把听课效率提到最大。那时我的确是做到了“尽人事”了。压力确实很大，由于参照标准很模糊，我也不是很了解，我一直不确定我是否能够成功留学。当时很有点孤注一掷背水一战的味道，所以效率不错。

上一次我这样背水一战大概是准备体育中考。中考体育加试前的那个寒假，有一天我突然意识到还有两个多月就要体育中考了，而八百米看起来仍像是不可能的任务，或者地狱般的任务。这个念头震撼到了我，使我提前进入紧张时期。于是我每天晚上都在楼下漆黑的夜色中绕楼跑两圈，差不多一千米，并且每天去健身房做有氧拉丁以便长跑中比较身轻，这样坚持了一个寒假。一开学，我就发现班里只有我每天这样练习。别人或许是没有意识到体育中考的来临，或许是认为学校会安排好训练事宜，总之我的体育成绩一下就从倒数变成了第一，从此变成了女生八百米的领队。对于我这样一个没有体育天赋和体格的人，正是对即将到来的困难的正视、直面和勇于承担的信念，让我改变了自己。这种信念，与之后我在留学之路上的信念，是同一种东西。

红宝书的确是个梦魇，但如果坚持背确实还是很有效的。官方推荐的方法是快速浏览，但我觉得比较王道的还是看每个单词的时候尽量用一个自己的方法记一下，联想或是语音或是象形，什么都行，就是利用第一直觉。这样可能会比直接浏览慢一点，但记忆效率比较高。另外我还非常细致地做了总结近义词的工作。我过第一、第二、第三遍红宝的时候就尽量把同义词写在了每个单词的旁边。这样我就拥有了一本看上去很好很强大的旁边写满了密密麻麻近义词的红宝书……当然事实证明这是有点完美主义或者偏执型人格作祟，我完全没必要花那么多时间来做这个浩大的工程，因为事实证明我后来只又看了一遍左右……我高估了自己的毅力。我还有个本，用大括号把所有的相同的中文意思的词都括在一起……大家 feel free to 我，这个大概就是偏执型人格的女生喜欢弄的东西。但是确实有的还是很有效的，这样就能很快记住一大堆变态的词，比如，我记得“骗”这个意思的同义词大概是最多的,swindle 什么的一共有二三十个……当然大部分都是一辈子也遇不到的，本活动只供背红宝书无聊时自 high 使用。这些东西都是有至少四个月的时间才有必要去搞的，如果你只有三个月甚至更少的时间，背核心词和做阅读才是王道。

高二下学期我充实地在虐 SAT 中度过了。从香港回来再过一个多星期就是期末考试了，我在那一个多星期里又集中突击了一下本学期的最核心内容，事实证明结果还不错，排名与以前比无明显变化。这个试验结果也可类推到 SAT 考试，比如 GRE 词汇固然是积淀，但考试差不多 90% 都是那核心的三千五。

暑假开始，我参加了新东方 Workshop。此前我对申请并不十分了解，在班上周老师会讲一些申请中的原则、选校的技巧等。在我了解了这些内容以后，申请的时候就不会走偏，而是可以有针对性地把最闪亮的一面展现给 AO。的确，每个人都有自己不同的闪光点，如何发掘这个闪光点就是课上讨论的内容了。在分析别人文章的过程中，我们学会的是一种批判思维的方法，这种方法可以应用到自己的 Essay 写作中，甚至是以后的工作中。写文章也许是申请中最痛苦、最快乐、最广博、最深邃的一部分了。构思的过程就是自我发现的过程。我认为最重要的在于我们要有激情，有喜爱的东西。这要靠平时的积累，取决于平时真实的兴趣点。如果一个人没有什么关心的问题、思考过的话题，那他的 Essay 就会只触及表面，或者是遵照学校的喜好硬生生地捏造一些特点安在自己身上，或是说一些无关痛痒不真实的话。AO 是一定能鉴别出这些的。这就是为什么 Essay 最能体现一个真实的申请人的原因。所以，最重要的任务，不只是为了申请论文，更是为了今后一生的发展，每个人都应该真正有自己的“生活”：这是除了按照学校的要求、老师的布置、社会的需要以外的真实的“兴趣”。是的，我们小时候都是有兴趣的，后来慢慢地因为“正经事”的压力太大，我们慢慢地放弃了兴趣。现在就是时候重拾那些“不正经”的事了。如果我们希望做完整的人，甚至有可能的话，做有深度的人的话，我们就要活得自由一点，不要被框架束缚住，不要做标准流水线上的成品。另外，一个人兴趣的多寡当然是与他的知识广博程度成正比的，这也就要求我们多睁大眼睛接收更多有趣的信息。

你看，我们“适应”了社会，放弃了自我，最后就会导致“平庸”——与所有人一样的，与标准一样的，毫无特点。一个平庸的人，不管他做得再“出色”，也还是一个平庸的人。我们所要努力的，就是要证明自己并不平庸，而是一个独特的、鲜活的、有独立思想的人。绝对不要因为这所大学要的是“领导力”，我就变成一个领导。如果你写出来的不是自己，而是按照一个模子造出来的标准像，这与现行教育制度的理念没有任何区别。大学需要的是个体的人，带着他们的个体人格，给大学注入独特的那一份新鲜，甚至很多学校会特意寻找少数群体并给他们照顾。

选校也是一个很纠结的过程。都说选校如相亲，match 最重要。但是 point is，学校也正像那个面目模糊的少女 / 男，性格并不是一眼就能看出来的。这就需要你 do your homework 了。我当时做得不是很好，除了在各处听到的说 ×× 大学是 ×× 的性格，我并不知道从学校网站等各种资料中怎么看出“性格”这么精髓的东西（从 Essay 的题目倒是能看出一些！）。于是，我采取了 early 拿下保底，以便 regular 中广撒网。这是一种比较流氓的行为，但确实是比较实用的。当我在得知 early admission 的 Michigan University 录取了之后，我就放心地将重心转移到了排名前二十的学校，节省了很多额外功。甚至 Brown 一开始都不在我的 original list 上的，是我发现我 regular 范围缩小精力够用之后才加上去的。

另外，比较影响心态的就是定位。记得我在 CUUS 上看到一位仁兄表达他自我定位的几起几落时，真是深有同感。大概就是这样一个波澜壮阔的过程：一开始刚有留学想法的时候，由于是受到某种刺激，立誓 HYP 全奖非我莫属；上了一个班认识了一些人之后产生强烈的受挫感，叹道“唉！有他们在我可能也只能凑合前 ×× 了”；上了 CUUS 论坛看到真真假假一些 chance 帖之后，被深深地打击到，带着火星人一般的心情觉得有学校可去就不错了……总之就是由于最终决定因素的复杂，自我定位受环境影响很大。我当时的心情也是这样，解决这个问题的办法当然就是：要淡定。

我 8 月底将前往布朗大学读大一。在这样一个以自由的学风著称的地方，我想我会尽情探索。没有核心课程，有如此多的可能，谁知道我会不会发现更多的兴趣呢，会不会开拓出另一片天地呢！在未知面前，我的未来似乎又模糊了，不过我喜欢这样的未知。知道结局的游戏是不好玩的。

结束也是开始

现在的我正在准备为我们即将前往的三个支教营点募捐和购买图书；参与一个古希腊哲学的读书讨论会；旁听北大的一些课程和各种讲座。生活未完待续，过去又不断变成回忆。没有回忆就没有人生，一个人之所以是他自己就是因为他拥有的那些回忆。当我回忆的时候，那些穿过时光的模糊片段在头脑中回放，仿佛一场电影。

前两天读好友的日志，看到一篇讨论墓志铭的。大家众说纷纭，我也不禁想象起我死前的卡夫卡式场景：

我病了，是那种万里挑一的病，病得要死。家人围在我身边，问我死前还想要什么。

“你喜欢什么，亲爱的？”

“我喜欢洁净的空气，蜂鸣的声音，素皮的书……”

发问的人奇怪地摇摇头，走开了。

可是能想到什么令人满意的答案呢？哪个答案不蕴涵着无尽的虚无感呢？我曾试图找寻生命的意义，终极的真理，存在的价值，但抓住的唯有虚无。我最后拥有的唯有回忆，如果我还清醒的话。甚至我带不走回忆。这样一想，便释然了。人生恍如梦，化蝶戏丛中。就算它是一场游戏吧，我也可以把它玩好；哪怕是没有输赢的游戏，也可以尽量 have fun 嘛。这样，当游戏结束的时候，我就可以微笑着，回忆着那一个个有趣的瞬间，满足地离场。

周成刚：

著名英语教学与留学咨询专家

新东方教育科技集团常务副总裁，新东方前途出国咨询有限公司总经理

李峭寒同学是一个善于观察判断、善于思考交流、善于发现、总结和善于付诸行动的年轻人，这也是她今天能够成功走进美国名校的重要原因。

——周成刚

优秀来自于主动追求

一口气读完了李峭寒同学的故事，眼前浮现出一个鲜活的、多维的、真实的青年形象。李峭寒同学用自己的方法、实践和成绩向我们阐述了一个年轻人自我奋斗的故事，给人启发，让人清醒。

在大部分小学生还懵懵懂懂的时候，李峭寒已经能够自主地参与学校的各种活动，并且课内功课和课外活动一样不落。无论是每天的家庭作业还是学校广播站的广播节目，她总是满心投入，不经意间已经收获许多。李峭寒从小对书痴迷，有时候一本喜欢的书可以读上七八遍，知识又带给她探索自然世界的渴望，这种渴望促使她自己钻研，完成了她小学时代的第一篇学生论文。这种追求和探索精神是她培养的一种优秀习惯。

她勇敢地去接触社会。人说社会是个锻炼人的大学堂。当大部分中学生天天做题做考卷、一切皆为中考作准备的时候，李峭寒同学再次先人一步，勇敢地走出校门，主动接触社会，投身志愿者的行列。她的志愿活动从临终关怀医院，到孤独症儿童关爱，到贫困县支教活动，到她自信地走上普林斯顿大学的学生讲台，每一步都在走向一个更加富有挑战的广阔新世界，她也正在成为一个具有强烈公民意识和社会责任感的学生表率。这种自我实践带给她的是更多的自信和勇气。

取得一次成绩可能是偶然的，取得两次成绩可能有巧合，第三次的优异成绩一定有其内在的必然性。李峭寒同学是一个善于观察判断、善于思考交流、善于发现、总结和善于付诸行动的年轻人，这也是她今天能够成功走进美国名校的重要原因。大洋彼岸是一个不同的多元世界，人种、环境、教育制度、社会运作以及思维方式和价值观念和中国都不尽相同，李峭寒同学未来的道路也不会一帆风顺。但我坚信，这条未来的未知之路对于李峭寒同学来说会变得更加迷人和精彩，因为她每一天都在学习和成长。

袁　瀚

我的电影

点评：沙云龙

他三岁练小提琴，五岁背古诗，八岁学国画，长笛一练就是七年

他以第一名的成绩考入南京最好的高中；获得全国化学竞赛省级一等奖

他去民工子弟学校支教，教小朋友们学英文

他在哈佛领袖峰会上体会团队精神，体会严谨不失激情的美国式教育

他热爱旅行，去内蒙古骑马，去凤凰看小桥流水的古镇风物

他向往独立生活，即将前往华盛顿圣路易斯大学学习最爱的生物化学

他，就是袁瀚

十八年的电影结束了，不知道你能不能在其中看见一个完整的我，从小时候在爸爸妈妈呵护下成长的我，到自编自导自演自己未来的我。在一部部电影中，我成长了，我成熟了。我经历的这些电影，有的平淡，有的激情，正是它们，让我在这个世界上独一无二，让我成为我自己。

—— 袁瀚

我的电影

我喜欢看电影，喜欢看电影的主角们如何在一个个困境中绝处逢生，如何一步步去实现自己的目标。看电影的时候，我会试着把自己带入那个场景中，想象着如果主角是我，我会怎么做。其实我自己的生活，又何尝不是一部部电影呢？这其中有武侠片，有励志片，有喜剧，有悲剧。无论是哪一部，我都是自己故事的主角。电影的主角们在故事中肯定不是一路顺风的，他们会遭遇一些挫折，有的创业上破产，有的遭遇失恋，有的遇到天灾人祸，但是最终他们会克服这一切，然后有一个大团圆的结局。因为主角们都有一个共同的特点，就是他们总是不停地往前走，不会因为任何失败或是困难停下脚步，不会后悔发生了什么，而是不停地向前看。或许他们也知道，自己是主角，既然是主角，那么无论什么困难，都只是成功的序曲。天道酬勤，付出一定会有回报的，或许你暂时看不见，但那是因为付出得还不够多。

当然，我还能看到我身边的一幕幕电影，我看着他们的事，也受到他们的影响。其中对我影响最大的，就是我的家庭。

我生活在一个简单的三口之家，爸爸、妈妈和我。从小到大，对我影响最大的人就是我的父母。

创造奇迹的爸爸

我爸是个直爽的男人。我佩服他这种说话大声、自信，做事有魄力的性格，很有领袖气质。可我却做不到。我爸在外面应酬时，别人也都很尊敬他。不过在家里，他很悲惨地被我妈定义为家庭主要劳动力，而我是小劳动力。

我爸和我交流并不多，因为他总是很忙，也没有时间像妈妈一样天天在旁边看着我。除了重要的考试后他会问问我的成绩如何，然后说一句“下次继续努力”，平时都不怎么管我的学习。

尽管如此，我爸还是给了我很多无声的教育。

2003年的夏天，我和妈妈像平常一样吃着晚饭，妈妈还在唠叨爸爸又不回家吃饭时，一个电话打来，说爸爸出车祸了，车子完全毁了，人当时已经送到附近的医院，可是受伤很严重，目前仍然有生命危险。我当时脑子里只有震惊，完全不知道该用什么态度去应对这样的事情，妈妈听完了电话，一开始也愣住了，然后就拉着我，向医院赶去。一路上妈妈都在打电话，而我却依然沉浸在那种不可思议中，怎么可能？这种天灾人祸，怎么会发生在我家？

我们去探望时，爸爸刚从急救室被抢救回来，整个身体被纱布和石膏裹住，我们能看到的只有戴着呼吸器的鼻子和嘴巴。我记得医生说，生命危险是没有了，但是爸爸受伤很严重，如果能在半年内下床就算很好了，想要完全恢复到以前的身体状况基本上是不可能的。妈妈听完之后还是很放心不少，爸爸没有生命危险我们已经很满足了。

可是躺在病床上的毕竟不是普通人，是我爸爸。他在病床上的时候就说，“儿子，你爸可不在乎这点小伤，说吧！你今年暑假想去哪里玩，我带你去！”我当时也就是嗯嗯啊啊地答应着，心里面却不大相信。三个月后，爸爸的身体好转，可以拄着拐杖下床行走了。六个月后，我们一家去黄山，爸爸居然拄着拐杖和我们一起登了18公里的山道，登上了黄山之巅。原来爸爸也是他故事里的主角，面对这些天灾人祸时，只要心中怀抱着一份希望，坚定地去努力，奇迹总会发生的。

英明聪明的妈妈

我妈对我的管理理念是：身体第一，学习第二。

我妈最恨我晚睡觉。从小学三年级一直到今天，她从未比我早睡过。记得第一次她陪我到很晚是在小学三年级时，要写一篇三百字的游记，我想到头疼都不知道该怎么写，我妈就不停地催我赶快去睡觉。到了11点，我仍然一字未动，妈妈火了，让我睡觉，她帮我写。当然，能幸运地让我妈帮我做作业也就仅此一次。那以后她告诉我再有作业不能在10点完成，就等着第二天被老师批评吧。原来她倒不关心我作业能不能完成，她关心的仅仅是我。

从小学到初中到高中，学习的压力越来越大，而我妈规定的睡觉时间，从10点推后到11点，再到12点。即使如此，我还是常常不能在睡觉之前完成作业。我当然也不会甘心第二天到学校说“我妈不让我在11点后做作业，所以我没完成。”说了老师大概也不信，于是我就会和妈妈理论。

我跟同学们讲起这个事情，问他们是不是也有这样的老妈。他们倒是纷纷对我表示羡慕，他们说自己父母要不就是拼命督促着自己学习，要不就是根本不去管。我妈妈对我的健康这么关心，确实是我的幸运。可是我也希望她能够稍微了解一下我的心情，毕竟完成作业对我来说还是很重要的。

当然，我妈没有放松对我学习的要求。学小提琴，学长笛，背古诗，一样也没有落下。小时候没什么自觉性的我，正是在老妈的督促下，才这么一步步地走了下去。

我学的第一门乐器是小提琴。三岁时，我妈让我学，她说她当年想学可是没机会，所以希望我能学好。可是那时的我实在缺乏毅力，三分钟热度转瞬即逝。虽然妈妈一再让我坚持，我却没有听她的话，半年之后终于放弃了。

事实证明，妈妈是对的。四年级的时候，看见同学们个个都有一技之长，我既羡慕又后悔。特别是看到三岁开始学习钢琴的表妹已经过了钢琴十级时，我终于忍不住了，向妈妈主动要求重新开始学一门乐器。我们俩商量后选择了长笛。

第一天去老师家之前，妈妈告诉我："上一次学小提琴，你放弃了。这次学习乐器，你可以坚持吗？如果仍然是半途而废，那我们就没有开始学习的必要了。"

在妈妈的要求下，我向她保证了我会坚持。这才开始学习长笛。

万事总是开头难。第一步要练口型，每天五十次，第二步对着笛头吹单音，第三步练指法。练习仍然极其单调乏味。但一方面小提琴的经历不停提醒着我要去坚持，另一方面我妈妈也始终在我身边陪我。每天的练习，她都在旁边听着，老师的话，她也都会用录音机录下来。在她的督促下，最难的开头我总算坚持下来了。

终于到学习练习曲了，开始我充满热情地去练习，老师布置的曲目都完成得很顺利，但是热情过后，我又觉得没有兴趣了。连续的几次课，我都吹得勉勉强强，惹得老师生气，妈妈也生气。回家之后，我练得又是无精打采的。这么一段时间以后，妈妈找我谈话，问我是不是又失去兴趣了。我说我自己也不清楚，只是练得多了就觉得烦了。妈妈倒是没怎么说我，只是不久之后，她带我去听了长笛独奏音乐会。那一次音乐会，让我开始重新认识我手中的乐器。从那位音乐家手中的长笛里流出来的声音仿佛天籁一般清新、脱俗，仿佛可以把听众带离这个喧嚣的世界，进入一个梦幻般的仙境。他用的也是长笛吗？我手中的长笛也可以吹出这样的声音吗？我开始问自己。从那时开始，我吹长笛就不再是为了学习一门乐器，不再是为了完成任务，而是我想要吹出那种天籁般的声音。

于是这一次，在妈妈的帮助下，我坚持了下去。妈妈带我认识到了学习乐器需要的那种长久的动力，不是羡慕，也不是为了好玩，而是为了演奏出那天籁般的声音。

到现在我练长笛已经有七年了，中间为了学业也有过不少次停顿，可是我知道这将会是相伴我一生的乐器。

从我出生，父母就陪在我身边，看着我第一次笑，走第一步路，看着我第一次走进幼儿园，第一次拿到三好学生奖状。我所走过的每一步，旁边都有他们呵护的身影，正是因为有他们在，我才能一步一步笑着长大。

随着我慢慢长大，有了自己的想法，自己的决定，爸爸妈妈对我的影响也慢慢地小了。他们从以前主宰我生命中的一切，到现在常常因为意见不一致跟我发生争吵，虽然最后还是让着我。我长大了，他们也老了。既然选择了出国，那将来可能也不一定有太多的机会见他们，所以趁现在还和他们在一起时我要好好对他们，多陪陪他们。即使出国了，我也会让他们知道我一直想着他们的。

我自己的电影

我的生活就是我的电影，这部电影主角是我，观众也是我，但是编剧、导演呢?

电影之一：家庭生活

编剧：爸爸，妈妈

导演：爸爸，妈妈

演员：我

小时候的我，在家里，是一个悲惨的演员，一切都在导演、编剧的安排下，按部就班地演出。

小时候，他们为我安排了许多兴趣学习班，我三岁去学小提琴，五岁开始每天晚上在阳台上背古诗给妈妈听，八岁的时候又开始学国画。那时候的我的确要感谢他们的安排，如果不是他们要求，小时候的我肯定不会用心去学什么技能的，肯定就会在耍闹中荒废了。

到了高中之后，我仍然在他们的要求下努力考进了南京外国语学校唯一的实验班。

课上到高二时，我发现我的同桌整天从早到晚都捧着书看，除了数理化，其他的课他一概不听，专心看他的书，做他的题目。某天我终于忍不住问了:“你每天都不听课，看什么书呢? 小说啊? 这么好看?”“不是啊!”他看了我一眼，给我看了书名:《物理竞赛题典》，“你就为了做题其他课都不听啊? 考试怎么办?”“其他课听不听都那样，考试前复习复习，通过就行了，7月份就物理竞赛了，这次再拿不到保送就没机会了。”

“……”当时的我很无语。

班上的同学们，虽然都是在努力，但每一个人都有着各自不同的目标和理想，并且是向着这目标和理想努力的，有的同学主攻学科竞赛，无论什么课，都埋头在数理化的世界里；有的同学决心出国，于是干脆请几个月的假，独自在家里准备申请的材料，以及出国的考试；有的同学却是准备走高考的道路，于是每一节主课、副课都认真听讲认真记录，那时我才发现，原来我一直都在走着别人安排的路，却没有去想过自己喜欢的、想要的到底是什么。

高二，当爸爸妈妈再次要求我按着他们的剧本走下去时，我第一次跟他们说了“不”。我，要做我自己电影的导演；我，要为我的故事写剧本，而不仅仅是按着别人给的剧本去演戏。高中之后面临一个重要的选择，出国，保送，高考，这个三选一的选择题，我选择出国，而父母的要求是保送。他们认为我有能力在保送上拿到比较好的结果。可是我希望的不仅是上一个好的大学，还希望有一个宽广的视野，可以眺望更远的地方，可以到一个新的环境中，真正地做我自己，规划我自己的人生。虽然商量的过程很长，也不乏争吵，可是最后，爸爸妈妈都同意了我的想法。爸爸说：“孩子已经到了自己为自己作打算的年龄了，只要他的做法是有道理的，我们就应该支持他、帮助他。”那一次的谈话，让我感触很深，无论是小时候给我的安排，还是现在的放手，都是他们对我的期望，对我的信心，还有对我的爱的表达。现在的我，虽然已经是自己安排自己的剧本了，可是许多时候还是少不了爸爸妈妈宝贵的建议。像风筝一般，无论我飞得再高再远，有一根线永远牵在他们手上。

电影之二：学习之路

编剧：爸爸，妈妈

导演：我

演员：我

童年的故事中，我按着爸爸妈妈编导的方式，在他们的监督下兢兢业业地完成一个演员的本职工作。当我终于长大了，了解了自己所要追求的方向，我就要脱离悲惨演员的地位了。

在学校的电影中，从一开始，爸爸妈妈就只能给我剧本，而无法告诉我如何去导演这出剧。毕竟，在学校如何去学要靠我自己。因此在学习上，我是自己的导演，我也相信到目前为止，我导了一出不错的电影。

我觉得学习是件挺有意思的事情，看书或者做题，从不知道到知道，都是享受的过程。我其实从来不曾在意过自己到底应该怎样去学习，其实也不用去在意。有时候我会想想我和别的同学不同在什么地方，大概就是兴趣吧。无论是学习，还是别的什么，要想超出别人，那一定要有不一般的兴趣才行。我对学习就有这么一种兴趣，这么一种好奇心。正是这种好奇心，让我在上课时努力地把手举高，想要发言；正是这种好奇心，让平时爱玩的我回家后一旦开始做题目，就可以坐在椅子上三四个小时不愿动。这就是我对学习的兴趣吧。

五年级时我虽然总成绩在班上是前列，但是英语水平却只是中等，而那时候，我们学校每年只有十个人左右可以考上南京外国语学校——以英语为特长的南京市最好的中学。我对这所学校也并不很感兴趣，自认为轮不到我。但我偏偏却遇到这么一位英语老师，她竟然认为我一定可以考上这所学校。也许是因为我上课比较积极，也许是因为我做作业比较认真，也许是因为我比较有好奇心。她找我的爸爸妈妈谈了话，告诉他们希望我可以试一试去考南外，她说我不试试很可惜。借着她送来的信心，我去上了学校的英语提高班，又在外面上了一些培训班。最终，我压着录取线进了南京外国语学校。

很幸运，我在六年级遇到这么一位对平凡的我充满信心的老师；很幸运，我有对我充满信心的父母；很幸运，我没有辜负他们的信心——更幸运的是，我来到了南京外国语学校。

刚进南外时，这里对我来说都那么新鲜。这里有南京市最好的学生，有最风趣、最博学的老师。与他们相比，踏着录取线进来的我，又再次成为平凡的一员。不过我知道，在电影中，主角总是那个可以从平凡走向不平凡的人。开学的期初测试就给了我很大的信心，虽然我的英语成绩在班上处于中等偏下的位置，但是我的数学成绩是全班第一。我知道我仍然可以在这个集体里面做最优秀的学生之一。初中的学习仍然是轻松的，上课我会积极地参与，只有参与才能让自己对这些知识产生兴趣，放学后回家也就是完成作业，另外还有每天听读录音半个小时。初中时的学习要比小学稍微繁重那么一点，也仅仅是完成老师要求的作业，但我睡觉的时间却越来越晚，从初一的 10 点，到初二的 11 点，到初三的 12 点。不过渐渐地，努力还是有回报的，我的成绩在班上也排进前几名，英语成绩也在班上名列前茅了。

中考，我总分全班第一，顺利进入了南京外国语学校高中部，同时还考入了年级唯一一个实验班。不过在高中，一切都不一样了。我还没有准备好时，改变就开始了。实验班上课的第一个月，我们就开始加课了，学科老师们也已经开始了竞赛动员，于是，刚开学没多久，就看见不少同学除了数理化，其余课上都抱着习题做。这种紧张的氛围也影响了我，虽然还不知道自己的方向与目标，不过在大环境的影响下，我也紧跟着努力地看着竞赛书。这大概是我第一次自主地去学习，不过这次并不是为了我自己的目标，而仅仅是跟着大环境一起走而已。接着是高一的竞赛，数学和化学的初赛我都很顺利地过了，而复赛，我却都失手了。这次失败使我对自己产生了怀疑，看着班上几个要好的同学以极高的分数过了复赛，我怀疑我是不是真的适合走竞赛这一条路。从小学开始，我就参加过各种各样的竞赛，也在老师的要求下花了大量的时间去参加竞赛辅导，可是对这些，我都只是抱着完成任务的态度去参加的，而结果也仅仅是许多的二等奖。我真的适合竞赛吗？在怀疑的同时，那个夏天，我在新东方参加了 TOEFL 培训，原因仅仅是知道这是一门出国要考的考试，而出国也是南外很多人走的一条路。不记得是被老师那三寸不烂之舌给说得心驰神往了，还是因为两次失败让我对自己走竞赛保送的道路感到无望了，总之上完课后，我开始规划起自己的道路来。

最后我还是决定出国，为了自己更宽广的将来。但是我并没有放弃竞赛，一是我需要证明自己，二是我不想让自己这么多年的努力白费，三是竞赛也可以为出国申请添上漂亮的一笔。

我高二高三就纠结在出国考试、出国准备、竞赛，还有学校的某些重要考试中。虽然目标很清楚，但是做起来却让人头发昏。4 月底小高考结束，5 月份化学省级初赛，6 月 7 号考完 SAT Ⅰ，11 号就是学校的期中考试，然后 7 月份是化学夏令营及化学省级复赛，8 月参加哈佛领袖峰会，还有每个星期到北京去上一次新东方 Workshop 的培训班，9 月化学国家初赛（也就是最终决定省级奖项的比赛），10 月份去考 SAT Ⅱ。所以经常会发生很悲情的画面，比如我在晚上去北京的火车上打着灯看化学竞赛书，比如在学校的英语课上在抽屉里抱着本单词书背。在这样紧凑的生活中，我还真是学到了很多，学会了安排自己的生活，学会了列详细的计划，学会了制定目标，以及完成目标，这些锻炼让我觉得出国的选择没有错。

学习篇——竞赛

竞赛说起来只是做题，可实际上却是看你到底对一门学科了解多少。我因为主要目标是出国，所以在数理化三门中也仅仅是选择了化学作为竞赛方向，毕竟这门学科对于做题量要求相对比较少，而对学科的知识面却要求比较广。事实上是你化学知识掌握得越多，就越有机会拿到高分。于是在决定了要以竞赛辅助出国之后，我尽量不缺席每一次的化学竞赛课。

高一还没开始的时候，我们班的化学老师就选了一批同学进行了辅导，早一天准备就是多一分把握。可是因为我初中化学竞赛成绩并不好，我没听说这个消息，也没有被老师选中。

开学了，当第一次化学竞赛辅导结束时，我看到了我和实验班同学们的差距，一个月的学习已经拉开了很大的差距。可是我告诉自己，我也是实验班的一员，我不会输的。我去找了化学老师，向她表明了我想要提高化学成绩。她只是告诉我去把《化学高考总复习》做完，有问题问她。当时的我们连高一化学都还没有学完。我知道，他们上过辅导班的同学们已经在开始做这本总复习了。我当时的想法很简单，我做完这本半个字典厚的大本子，就可以学好化学了。

于是每天回家，我就去看知识点，做题，然后把不会的记下来，第二天去问老师。这样半个月下来，差距就基本消失了。一个月之后的一次考试，我第一次在化学上拿到了全班第一的成绩。

后来我就去参加了化学竞赛，可是高一时，我却没有过复赛。我很深刻地记得高一竞赛失败的那一次经历，在南师大仙林校区十天魔鬼集训，每天听着老师讲天书般的知识点，连抄笔记都来不及。回去宿舍后我们几个第一次参加夏令营的同学也都是兴奋地享受着宿舍生活，并没有意识到竞赛对我们来说有多么重要。最后考试的时候，我看着题目就已经失去信心了，失败确实是必然的结果。那次失败的原因，是我没有意识到复赛和初赛之间的巨大的知识落差，初赛是高考水平，而复赛却是大学难度，多了整整几本书的知识量，我只是凭着初赛的知识，还有化学夏令营中的十天掌握的内容去和当时高二的学生比，实在很困难。

而2008年5月份，新的一轮竞赛又开始了，这一次正是我证明自己的机会。5月份的省级初赛仅仅是高考难度的化学考试，也就是我们高一已经过了一遍的内容，我也就没太在意。考前我基本上都在复习SAT的考试，只是在化学竞赛前做了大概八套竞赛的模拟题，结果也是高分顺利地进入了省级复赛。

7月份的省级复赛我丝毫不敢马虎，这毕竟是我2007年跌倒的地方。为了这次比赛，我还不得不放弃另一个有关出国的夏令营项目，我参加了全部的竞赛夏令营课程，地点在南京城郊。爸爸妈妈每天需要开一小时的车接送我，回家后我也不敢马虎，连续十天坚持每天看化学书，巩固自己的知识。最终比赛的那天，我虽然心中还是紧张，可是不像高一时那样感觉无从下手了。最终我也顺利地过了化学的省级复赛。

9月份的化学全国初赛是决定我最终省级奖项的一场比赛，也是我的最后一次竞赛了，既然不走保送的路，我的目标也仅仅是省级一等奖，并不需要拿到保送名额，但是这也并不容易，我也从没有拿到过省级的一等奖。不过我相信经过了这么多锻炼之后，我已经有了制定目标并且完成目标的决心和毅力。从决定出国开始，虽然经历了许多挫折，但我的每一个目标最终都顺利地完成了，所以我相信这个也不例外。8月及9月，除了参加哈佛领袖峰会及新东方Workshop培训以外，我丢下了一切其他的事情，全心投入准备化学全国初赛，每天在学校也和其他的准备竞赛的同学一起，请假停课，整天集中地由教授辅导化学，常常上到晚上八九点钟。我还记得那段时间最惨的是在去北京上Workshop的路上，我坐的是晚上9点的火车，在颠簸的车上我也会看化学，现在回想起来，当时的我真是充满激情。考前的一星期，老师们也不辅导了，放我们自己在家里看书。这次比赛，对其他同学来说是决定他们保送的考试，对我来说，是我自己可以完成目标的证据。

最后，我坚持下来了，也成功地拿到了江苏省的一等奖。

电影之三：出国之路

编剧：我

导演：我

演员：我

在我的世界中，出国才是我真正自编、自导、自演的一部电影。

选择出国这条路，有两个目的，一是希望可以开阔自己的眼界，看到与熟悉的中国文化不同的文化，更加了解这个世界；二是为了让自己可以快些长大。从小我就一直在爸爸妈妈的保护下生活，虽然生理上我还是很健康地长大着，可是心理上，我一直是一个需要爸爸妈妈的孩子，我需要脱离爸爸妈妈的帮助，需要自立，需要从一个孩子变成一个可以承担社会责任的男子汉。妈妈总是跟我说，出国的孩子都是在国内读不下去的。但我知道，在我的圈子里，出国的很多同学都是很优秀的，而且他们还比同龄人要成熟，要自立。出国这一路走下来，学到的远远比单纯的知识要多得多。

我出国的流程大概是：

2007 年 12 月考了第一次的 TOEFL（分数 101）；

2008 年 4 月参加小高考；

2008 年 5 月参加化学竞赛江苏初赛（过）；

2008 年 6 月参加了 SAT Ⅰ考试（分数 2280）；

2008 年 7 月化学竞赛江苏复赛（过），同时参加第二次 TOEFL 考试（分数 106）；

2008 年 8 月参加哈佛领袖峰会，参加北京新东方 Workshop；

2008 年 9 月参加化学竞赛全国初赛（省一等奖），同时参加了第三次

TOEFL 考试（分数 108）；

2008 年 10 月参加 SAT Ⅱ考试（分数 2400），同时开始准备申请材料；

2008 年 11 月 15 日，华盛顿圣路易斯大学 ED 申请截止；

2008 年 12 月 15 日，华盛顿圣路易斯大学 ED 录取。

在这期间我也零散地参加了不少义工及志愿者的活动，开始参加这些活动或许有些功利，可是真正参加了一两次之后就发现，帮助别人真的是很有意思的事情，这过程中可以发现自己对别人，对社会的价值。

另外，每个人应该按照自己的情况作出适合自己的时间安排，例如，我的 TOEFL 由于口语总是无法提高，就考了三次，实际上我报名了四次，但是有一次和竞赛冲突了，于是我就浪费了 2000 多元钱，所以合理的时间安排很重要；还例如，很多同学在 2008 年 5 月份先去完成了 SAT Ⅱ的考试，一是因为刚刚学完数理化，还比较熟悉；二是因为可以为 10 月份留出足够的时间来准备 SAT Ⅰ的第二次考试。而我当时的想法是集中两个月的时间完成 SAT Ⅰ，毕竟 SAT Ⅰ的复习资料是有限的，只有第一遍才有最高的利用率，而且当时我也需要一次考试来证明自己。无论如何，每个人都应该按照自己的学习能力还有特点来制定自己的流程安排。

一波三折的 SAT 考试

SAT Ⅰ的考试对我的影响远远超过了学习英语本身。

2008 年刚开头，看着同学们要不就是过了学科竞赛的复赛，要不就是 10 月份考过了一次 SAT，又考过了 TOEFL，在家里准备着第二次战斗，而我却只有 12 月份一次 101 的 TOEFL 分数。我茫然地每天上着课，看着身边一张张空着的课桌，怀疑自己将来能往哪里走。

无论如何，那时的我已经有了出国的想法。于是在 2008 年的 1 月份，我去上了SAT的寒假班。当时听SAT就仿佛是在听天书一般，语法还勉强可以接受，而阅读则完全跟不上老师的速度，看不懂单词，更别提做题目了。因为4月份要参加江苏省的小高考，这个也需要花大量的时间去复习的，于是在2月到3月这段时间，我每天只是训练着语法和单词，想着先把可以掌握的熟练掌握。

小高考过后，6月份的考试前，我还有一个月的时间，我需要去背完单词，还要从头开始训练阅读。对我来说，这次的SAT考试是一切的证明，向所有人证明，也向我自己证明，证明之前的失败，竞赛、模拟联合国，这些失败都只是铺垫；证明我还是以前的那个优秀的学生；证明我虽然常常像个小孩子一样地放纵自己，但是当我对自己许下承诺后，无论多么困难，我都是可以完成的。

整整一个月，我请假在家，每天来回于两个地方，一是家，二是新东方。因为离家比较近，又有许多空的教室，新东方对我来说就是个理想的自习室。在考前的那一个月，我做掉了四十多套模考题，背完了一本绿宝书。我还修改手机的开机问候语来自我鼓励：

“Do it now！ Don't regret，it's done.”

“Calmness，Confidence，FOCUS.”

“Only 2200+is worth the efforts.”

我也是从那时开始相信，一切付出终会有回报的，只要付出得够多。考试前一个星期，我去新东方做了三次模考，2120，2180，2180的分数更让我坚信我可以实现目标。

可是事情却永远是一波三折的，那次的香港之行像噩梦一般。香港暴雨、飞机晚点、我们考试前一天晚上11点才住进宾馆，而第二天考试时间就是早上7:45，我们没有时间去看那20千米以外的考场，甚至不够时间睡觉。不过那一晚我也根本睡不着，不是紧张，而是太兴奋了，拼命回忆着这个月的努力。以前我从未为了一个自己的目标而如此地付出过，我坚信付出一定会有回报的。

第二天香港黑雨警报，我们5:45起床，6点就开始在宾馆的门口等出租车，到6:30才在大雨中上了车，可是司机却不认识考点，我们一车四个人也只是知道那个地址，也不知道具体位置，司机说粤语，而我们说普通话，说外语他也听不懂。在车上我几乎要绝望了，想着我半年来的努力就要因为跟错了旅行团而白费。最后司机让我们上了另一辆车，新的司机倒是把我们送到了一个名字差不多的地方，可是下车后却发现并不是我们的考点。我们在大雨中走了十五分钟后，幸运地遇到了一个南京的同学，他认出了我们的校服，把我们一起带到了考场。

到了考场，我们已经全身湿透。幸好那是香港的夏天，虽然下着大雨，气温依然很高。考前衣服也渐渐干了。考试的过程还算比较顺利，至少在最后五秒钟之前都很顺利。铃响时，我还有最后一个选择题没有做，习惯性地，我扫了一眼题目，直觉选了一个答案。填完才发现监考老师已经站在我的旁边了。他没有制止我，而是看着我写完后，很平静地把卷子收了上去，还注意了一下我的名字，我已经有了一种不好的预感。老师收齐卷子后，宣布考试结束并示意我留下来。当我走上讲台时，老师说："你多用了五秒钟时间答题，这种行为对其他同学来说是不公平的，所以我会把你的情况上报到college board（考试中心）。"

"会有什么结果？"

"这个由他们决定。可能你的成绩被取消，也可能什么也不影响。"

我只是觉得很讽刺，半年的努力，仅仅是因为这么最后五秒钟就付诸东流了。我求了那些老师，说情说理，我想这五秒钟时间，虽然在规则之外，却是在情理之中，我希望他们可以通人情，可是他们没有。

回去的路上，我绝望了。功亏一篑大概就是这种感觉。我心里不舒服并不是因为我的 SAT 成绩将被取消，而是因为我不能知道自己这半年的努力到底会有什么样的结果。我觉得我被开着作弊器的命运打败了。一直以为付出会换来回报的我，被事实彻底地打败了。不过我还是想，我也并不是没有学到东西，这个结果至少让我学会了坚持。为了目标而努力，要一直坚持到目标实现，不然，很可能就败在了那最后一秒上。

回去后的第一个星期，我不停地问以前的同学被 report 之后的情况，我还打电话去 college board 进行解释。第二个星期，我学会了接受事实，不过就是再来一遍，我可以做一遍，自然也可以做第二遍。第三个星期，我在网上查到了自己的成绩：2280 分。看到分的一刹那我真的震惊了。妈妈说我的手都一直在抖。毕竟我的心理预期是 cancel，而这个分数却已经实现了我的目标。虽然命运在过程中不断地折磨我，可是原来它只是想让我多学习一些东西。付出，最后还是会得到回报的。

第一次支教给我的启示

出国申请最特别，也是最困难的地方就是要提早与社会打交道。美国学校对学生的评价很大程度上是依据学生参与社会活动的程度和能力。所以，每天穿梭在学校——家两点一线世界里的我们，为了申请，必须踏上社会，至少是初步地接触社会，在这个过程中，我获得了许多在学校里面没有获得的经历。

2008 年的暑假，我去红山民工子弟小学支教。我们在一个三年级的班上支教，一个班上有将近八十个同学，教室的环境还算比较宽敞，设备却是简陋到极点了。全部的教学工具只是黑板和粉笔，我们带着英文磁带本来想去教他们唱英文歌的，却发现那里连录音机都没有。开始的时候我们都有些紧张，第一次当老师，虽然大概有了些准备，上场时却犹豫着该从哪里引入。“老师，我能要那个苹果吗？”一个小朋友忽然问我。我忽然自然了起来：“你要是能说三个英文单词来形容这个苹果，老师就把苹果给你。”我回答他。这些小朋友都丝毫不会紧张，我们老师还有什么好紧张的呢？于是第一节课就这么开始了。上课的过程很顺利，一方面使我们准备了很多互动的活动，例如猜词之类，另一方面这些小朋友也很积极地配合，所以课堂气氛一直很活跃，每一个问题问下去，都会有十几个小朋友举手发言，他们还喜欢站起来，或者跑下座位，生怕老师看不见。他们知识面很广，除了英语之外，还和我们讨论了很多，讨论了美国，讨论了 NBA，等等。他们很聪明，我们一节课教了二十多个英文单词，课后检查的时候发现大部分同学都能记住十个左右，还有几个特别好的学生基本上全掌握了。让我感动的是，下课的时候，让他们每人画幅画，来帮助记忆单词，画收上来后我发现有一个小朋友在画的背面写上了“谢谢老师们”，虽然是很简单的几个字，但是我看着这些稚嫩的笔迹，有了一种前所未有的成就感。

走之前，我承诺他们一定会再来的。在回家的路上，关于这次支教的经历我想了许多。一次经历让我学到的，比看一本书还要多。以前都是在电视中见到这样的学校和小朋友，而现在我站在他们中间，看着他们的笑容，我觉得他们像所有孩子一样值得有一个好的环境，来满足他们对世界的好奇，可是我这一次的支教却根本帮不了他们什么。与他们相比，我要幸运得多，我有机会去追求自己的理想。我的幸运让我觉得我有义务去帮助这些孩子，在命运天平的另一端的孩子们。在申请结束后，我又来到了这个小学，来完成我的承诺，也来履行的我义务。

哈佛领袖峰会让我认可美式教育

哈佛领袖峰会（HSYLC）是非常精彩的夏令营。倒不是说它对申请有什么直接的帮助，不过在那里，我第一次真真实实地感受到了团队的力量，也认识了很多好朋友。

哈佛领袖峰会是哈佛大学的中国校友们每年组织的在中国开展的夏令营活动，夏令营的所有老师都是哈佛学生，而工作人员也都是各个大学的优秀人才。这个夏令营活动的宗旨是让同学们培养一种团队精神，团队意识。所有的活动都是根据这个目标去设计的。

给我印象最深的两个项目之一是 Mission300，这是一个之前完全没有透露任何相关信息的项目，所有的课程安排介绍上只写了 Mission300 这一个名字，所以大家都很期待会参加一个什么样的活动。到了晚上 7∶30，所有人都聚在了一个大的礼堂里，期待着主持人宣布我们的活动项目。在所有人欢呼后，先是每二十个人组成一个小组，选出一个组长，然后宣布了第一个任务：画画。根据关键词和颜色要求作画，每人作画二十张！在规定时间内完成最快及最出色的小组就可以获胜。于是整个气氛就火热起来了，三百多名同学都在作画，而组长们则在不停地传递着油画棒这类的工具。终于，一小时后，第一个任务完成了！在各小组都在为自己的成功喝彩时，主持人又宣布了第二项任务，小组按组号顺序离开礼堂，去体育馆！

一进体育馆，就响起了更热烈的欢呼声，原来早有一队工作人员埋伏在那里，为所有进来的队员加油鼓劲！之后便宣布了我们 Mission300 真正的主题：把所有画出来的图按照背面的坐标贴到体育场地面上相应的位置。于是紧张的工作又开始了。8 月份的上海夜晚，三百多个人在体育馆里热火朝天地工作，队员们密切地配合，一张张图连成一列列，一列列图又拼成每个小组的那一块，最后把所有的小组成果拼到一起，一张占了有半个体育馆大小的大型 Logo 出现了：HSYLC 2008！当看到所有人的努力汇聚在一起时，所有人都激动不已，虽然只是个简单的图案，可是这个图案足足有几十平方米，它让我们看到了集体的力量有多么巨大!

另一个活动叫做 At Venture，十个人一个团队，需要提出一个社会问题并提出可行的解决方案，最后需要做一个 Presentation，说服这些哈佛学生请来的企业家们采纳我们的建议，同时还要作可行性分析，也就是在解决问题的同时要能获得一定的利益，不然也不能指望企业家们都是慈善家。不过如果真的取得了他们的认可，甚至有可能真的得到他们的经济资助！在团队讨论中每个人都要提出自己的看法，我们小组想要解决的问题是计划生育政策造成的独生子女合作精神和集体观念的缺失。因为现代都市的许多独生子女都是长时间一个人待在家里，少了很多交际的机会，也造成了一些心理障碍，可能是他们无法融入集体及社会，造成一些以自我为中心的思想而缺乏合作意识的原因。针对这个社会问题我们小组提出了开办类似于 HSYLC 的以培养合作意识为主旨的早教班，名为班，实际上是让独生子女们在玩游戏的过程中有更多的机会参与了解合作的精神。最终我们的提议获得了优秀奖。虽然没有得到那些企业家们的资助，但是我们还是很开心自己能真正地利用自己的力量和团队的力量为这么一个社会问题提出了一个基本可行的解决方案。

这次峰会让我体会到了什么叫做美式教育，课堂上没有安静的听课，没有昏昏欲睡的氛围，没有严肃的老师，有的只有热烈的讨论和激情的交流。这些哈佛的学生热情、细心，每次课前总是会发下来大摞的材料让我们事先熟悉理解。而课后，他们带着我们一起玩，一起疯，这就是美国的教育。Work hard，play hard. 这是我从这些哈佛学生那里学到的生活方式。这次经历，让我更加向往美国的教育，那种严谨又不失激情，学术又充满乐趣的校园环境。在这里，我也交到了很多志同道合的好朋友。我的舍友们，我的组员们，我们在这十多天里共同奋斗过，合作过，彼此之间也都有了认同感，即使在峰会结束后，我们也仍然保持联系，相互鼓励，相互支持，曾经只是峰会上的合作伙伴，现在已经真正成为可以相互分享生活中欢笑与泪水的好友了。

牛人辈出的 Workshop

在出国申请的过程中，参加北京新东方的 Workshop 对我的影响也很大。

参加这个培训是在 8 月份，当时我已经拿到了一个比较满意的成绩，在准备竞赛的同时，我也在为即将到来的 10 月份申请作准备。可是，当时的我对申请还只有大体上的认识，对于具体的表格如何去填写，推荐信该用什么格式写、写几封、向哪些老师要，这些具体操作我都完全不清楚。

正当我不知该去找什么人请教的时候，同学向我推荐了北京新东方的这个 Workshop 培训课程。

开始时我对这个收费高达 2 万的培训班并不怎么感兴趣，何况又远在北京。可是，我看了上几届 Workshop 培训出来的同学们的情况，又看了培训班老师的名字，当即就被吸引了。这个 Workshop 是由号称“哈佛妈妈”的周容老师亲自主讲。而经过 Workshop 培训的学员们，全部进入了全美前三十的大学，无一例外，每届都更有三到五个进入哈佛、耶鲁的同学。我心动了。我真的很想申请到理想的大学。不想有任何意外。

而当我又了解到 SAT2200+，TOEFL110+ 的同学可以免费参加，虽然只满足其中的一条，但我也尝试着去联系了，结果新东方同意让我免费参加了。

于是在 7 月到 9 月每个双休日我都奔波在去北京的火车上。

事实证明，参加 Workshop 是值得的。

在上课的第一天，各个同学的自我介绍，就让我认识到什么叫“没有最牛，只有更牛”。

“大家好，我曾经获得过全国数学竞赛一等奖。”

“我曾接待过美国大学校长，他还为我写了推荐信。”

“我是少年作家。”

“我曾经当选为世界小姐。”

“我是全国化学竞赛北京第一。”

当然，听得最多的是“我是学校的学生会主席”。

我那时候才意识到，原来全国最优秀的申请者，都已经聚集在这个教室里了。而这个 Workshop，实际上是让我们相互帮助，相互学习，共同提高。

前几节课，周容老师给我们介绍了我们的目标大学，接着介绍了申请材料的清单。

之后我们就开始着手准备申请材料了。

在 Workshop 的开头，周容老师就承诺过我们，在结课时，新东方会为每一个同学修改出一套完整的申请文书，也就是说，早在 9 月份，别的同学还没有着手开始准备申请的时候，我们就已经可以完成申请文书的一稿了。

每一篇申请文书的完成，都是经过“学习—讨论—设计—修改—再设计—定稿”的步骤。首先周容老师会带着我们分析前人的申请材料，这些前人大都也是被哈佛、耶鲁录取的牛人。周容老师分析完之后，会让我们进行讨论，说说这些申请材料的优点缺点。上课的大部分时间我们都是在激烈讨论之中。接着，我们会设计自己的申请材料。如果是 Personal statement，我们会先在课上把主题说出来，大家讨论。如果是推荐信之类的，就会在家中各自设计。设计完了之后，会再由周容老师进行修改，提出意见，返还我们再次设计，最后再由老师定稿。

9 月份结课时，我们每人手上都已经有了一份完整的申请材料，一份充足的自信，还有一帮最优秀的朋友。这些朋友会是我们将来在美国最有力的依靠。

痛并快乐着的申请

申请美国大学，最重要的一点是信息。因为我们都是从零开始的，对于美国大学一无所知，不知道申请美国大学的方法，不知道流程，不知道录取的标准，甚至除了哈佛、耶鲁、普林斯顿，根本不知道美国还有什么好的大学。所以，一切都从了解开始。

最初自然是听听老师介绍：美国大学的排名，美国大学申请时需要写申请文书，申请美国大学需要考 SAT、考 TOEFL，需要老师写推荐信，开始接触时总是一头雾水；后来又学会了利用网络资源，上 CUUS 看帖，上美国学校的网站看介绍，问问学长当年的经验，一点点地积累，同学之间也相互交流信息。

在了解中，我发现去美国留学并不像想象中的那样一片光明。我最开始思考的是美国的教育究竟适不适合我，我在中国的教育模式下学习了整整十二年，虽不能说是根深蒂固，至少也是颇有心得。中国的教育都是以考试为衡量标准的，因此我每次的重要的考试基本上也都能发挥得很好，无论是小升初考试，中考，还是 SAT；而出国以后，大学对学生的评价却远远不会仅限于考试，那我还能像在国内那样优秀吗？思考之后我认为国外的评价方式更趋向于社会对一个人的评价方式，不仅仅局限于成绩，而是更加全面，更加现实，如果我不能在国外的大学中锻炼得优秀，那我也就同样无法在社会上做一个优秀的人。而后我想到的就是选择学校，开始一心想着的是哈佛、耶鲁、普林斯顿这些顶级的学府，可是深入地了解了录取形势之后，我绝望地发现我远远没有达到中国优秀学生的水平，我的优秀，仅仅是局限于我所在的环境。后来，我又发现美国的学校并不是靠着排名就可以说明一切问题的，甚至许多名不见经传的学校，在某些领域也可以处于数一数二的地位，在大概地决定了自己将来的学习方向之后，我选择了华盛顿圣路易斯大学作为我的目标。这所学校虽然总排名只列十二，地理位置也并不很好，可是它的生物化学却是全美前三的。

一开始申请时，我充满信心，毕竟我的SAT成绩在我们这届里也算是比较优秀的了，但是在了解了其他学生的情况，他们的社会活动，他们与众不同的经历之后，我了解到成绩真的不能说明问题。特别是在上了新东方的Workshop班之后，我才看到原来中国优秀的申请者有这么多，与他们相比，我的活动经历实在是少得可怜，甚至连模拟联合国我也没有参加过。仅仅凭着SAT成绩去申请是远远不够的。在仔细地思考了我自身的优劣势之后，我决定把学术作为我申请的重点，因为和大部分申请者相比，我在学习上面有一些优势，而在社会活动方面却比较弱；在写申请文章时，我也尽量把重点放在学术上，展现自己对科学领域的热爱，同时也用各种的比较零碎的社会活动来体现自己学习之外的全面性。

10月份申请时，我定下的目标是ED中被华盛顿圣路易斯大学录取。首先是因为我很喜欢华盛顿圣路易斯大学，特别是它在我想学的生化领域在美国长期处于前三的强势地位。看了学长们以前申请的结果，我也觉得这个排名的学校被我定位在冲一冲可以够到的那一种。因为ED是优先录取，一旦录取就失去了选择其他学校的权利，我也就把华盛顿圣路易斯大学作为了我的ED选择。可是在我对自己和对学校的定位过程中，我犯了一个很大的错误，我以为美国学校在2009年金融危机的影响下会变得很吝啬，会把本来给国际学生的奖学金转而提供给本国的学生，所以当时我认为申请奖学金会给录取增加相当大的难度，于是我并没有申请奖学金。可是事实证明我是错的，至少我的学校并不吝啬，许多的国际学生都拿到了半奖或是全奖。最后，12 月份，当别人还在为申请做最后的工作时，我的申请已经结束了，可惜的是，我并没有奖学金。不过当时的我还是相当兴奋的，毕竟自己高中的那些辛苦，那些付出，那些努力最终都得到了回报。我也得到了自己当初想要的结果。在 4 月份看到其他同学的申请结果时，我也有过后悔，许多同学都拿到了奖学金，我却由于坚持自己对学校的错误判断，而给家庭造成了很大的负担。可是我也相信自己，选择这个学校也有部分原因是因为它在第二年还有申请奖学金的机会。虽然大学的竞争会更加激烈，但是在申请中，我学会了相信自己，我学会了制定并完成自己的目标，所以我知道，明年我会拿到奖学金的。

后申请时代

申请刚结束的那几个星期，每天就是和同学们出去腐败，想着自己三年高中生活终于有了一个大团圆的结尾，首先想到的当然是犒劳自己，放松自己，唱歌、吃饭、打牌、旅行。就这么过去了一个多月，终于，我也对这样腐败的生活感到无聊了。

申请结束，我又有了新的目标，新的起点。

我大学要面临的困难比现在又要大得多，出国、自立、学习、诱惑。在国外这些问题都会接踵而至。申请到一个理想的美国大学，还只是一切的开始。

于是，和父母商量后，后申请时代来临了，一是为了大学生活作准备，二是为了自立作准备。为了大学学习，我去报名了 Advanced placement 考试

（一个可以提前取得美国大学学分的考试）并学习了相关课程。毕竟我高三基本上都是在家里做申请，没有去学校上课，高中知识也忘记了不少，借着学习课程，我也可以回忆一下高中知识，免得到大学发生知识脱节的悲剧。

与此同时，我也学习了大概三个月的德语作为二外。也说不清楚为什么选择它，大概是我对德国比较有好感，喜欢这个严谨的国家。

由于我将来的打算是学习生物化学，所以现在就要开始尽量地做好高中和大学、美国和中国教育之间的衔接工作，最需要提高的就是我的实验操作能力。在美国，虽然高中生掌握的知识比我们少，但是他们却有比较好的教学设施，比较丰富的课外时间，有大量自己动手操作实验的机会。所以，我在暑假里也找了一个生物化学实验室去进行学习，因为凭我的知识和能力，还不能帮上什么忙，不过是在实验室练习基础的操作。

就这样，我又回到了朝九晚五的学术生活，有空的时候，我也会去和同学们一起疯，一起腐败，一起唱歌。Work hard，play hard 这句话现在也成为我的信条了。

电影外传之旅行

最开始旅行是跟着父母，从小学开始，每个寒假暑假，他们都会带着我游历中国，用他们的话来说："身为中国人，首先应该了解自己国家的文化。"

不过，我真的是喜欢上了旅行，可以见识不同的人，不同的风景，不同的事情。印象最深的两次旅行一次是去内蒙古，一次是去凤凰。

去内蒙时我才十岁，小时候喜欢看武侠片的我对内蒙一直心驰神往，无垠的沙漠，辽阔的草原，苍茫的天空，高歌的牧人，奔驰的骏马，还有马背上那些爱憎分明的蒙古游侠。当我终于站在草原上时，我了解到内蒙古的壮丽在于他的气度和那种苍茫无边的包容感。我站在草原上放声大喊，却发现自己的声音在这广阔的天地里很快就飘散远去，消逝无踪了。

在这里我第一次骑马，在这里我第一次骑骆驼，在这里我喝羊奶，吃烤肉，住了几天后，在环境的影响下，我豁然觉得自己的心胸就像草原一般广阔，不管什么不开心的，都可以放下了。

走在成吉思汗陵中，我们听着导游说着这位可汗的丰功伟绩，说着这位在小说中可以弯弓射大雕的传奇可汗的光辉的一生。元朝时期中国的疆土，几乎是现在的两倍，那时的中国地图轮廓，并不是一只雄鸡，而是一只横冲直撞的公牛！那时的我，看着这位伟人的雕塑，心中只有崇拜，而看到这样的一位伟人在历史的掩埋下也只剩下些建筑来纪念了，而他当年率领金戈铁马打下的江山却早已变成历史书中的一个课时而已，心中又有些失落。

凤凰是我跟同学们自己组团去的，这个古镇又是另一番婉约的感觉。

刚到凤凰的时候，下着小雨，雨中走过这个古镇又是另一种韵味，古朴的建筑，木质的房屋，古镇的城墙，都展示了这个小镇的历史沉淀和文化底蕴。

我们住在小河边的吊脚楼里，对面就是山，就是水，就是古朴的人家，河面上一座跳跳岩组成的小桥。所谓的跳跳岩桥，并不是一座桥，而是把两岸连了起来的一块块立在江中的岩石。走在上面看起来危险无比，当地的人们却很是轻松地走着，常常有背着竹篓的姑娘轻轻跳过一块块岩石，渡江到对岸。早晨推开窗，会看见美丽的沱江上划过一叶小舟。

晚上，漫步在沱江边，静静的江水流过小镇，而对面却是喧嚣的酒吧和人群，安静和吵闹，古朴与现代，矛盾却又统一。

这里既是沈从文的故乡，也是土匪的据点；这里既是一个风土小镇，也是一个商业闹市。

我不知道该用什么样的语言来描绘这样的一个小镇，可是身在此中，我却从心底感到安心。当听到清早的鸡鸣时，感到安心；当看到江边洗衣的苗族姑娘时，感到安心；当晚上漫步在江边时，听着江水流过桥洞的声音，都感到安心。

这就是凤凰，远离尘嚣的古镇，热情繁华的古镇。

电影外传之篮球

篮球是我最喜爱的运动，第一次打篮球是在初二。在认识这项运动之前，我很难理解它有何魅力可以风靡全球，可以使亿万的人们为之欢呼、疯狂。可是当我真正接触它后，我也忍不住被它的激情所感染。

我对篮球的热情，是从看开始的。当年纳什率领的太阳队那华丽的进攻让我知道了什么叫做“篮球是五个人的运动”。科比单人 81 分的疯狂表演，詹姆斯强悍的突破扣篮，霍华德的超人弹跳，还有那些无数在最后时刻绝处逢生的关键球，让我了解了什么叫做“一切皆有可能”。从那时开始，我疯狂迷上了篮球。

体育之所以为体育，是因为只有站在场上才能真正体会它的魅力。从初二开始，几乎每天放学，篮球场上都会有我的身影，当然，初三中考前的那段时间，因为打篮球而被老师训话的同学里，也有我。总之，自从接触了这项运动，我就欲罢不能了。打篮球原来也是会上瘾的，我会在星期天一大早跑到家旁边的大学篮球场上，一个人在零度角投进一百个球，然后满头大汗地跑回来吃早饭；我也会在天黑后，还和同学们一起在操场上拼抢那个几乎看不见轮廓的篮球。

我认为篮球不只是体育，更是竞技。它不仅强健了我的体魄，它更加磨炼了我的意志。比赛场上，每个队员必须充分承担自己的责任，相互信任，相互配合，才能战胜对手。赛场如人生，领先、落后，随时可能变化；手感、状态，有时也真的难以预料，可是，只要有一颗永不放弃的求胜之心，胜利必然会降临。

高一下半学期刚开始的时候，我也因为打篮球而发生了一次事故。由于在空中失去平衡，而落地时为了减速又用左手撑了一下地面，把全身的重量都加在了左手上，还带着一些旋转，于是立即就感到手肘向外翻了过去。落地时，我已经疼得喊不出声了，全身出着虚汗。到了医院，医生诊断是左手肘关节的粉碎性骨裂和左手腕关节的骨裂，需要做手术。于是，我就这样进入了篮球生涯的第一个伤病期，做了我的第一次手术。这次我在医院里待了整整一个月。当然，伤好了之后，我又回归赛场，回归了我喜爱的篮球。

电影尾声

十八年的电影结束了，不知道你能不能在其中看见一个完整的我，从小时候在爸爸妈妈呵护下成长的我，到自编自导自演自己未来的我。在一部部电影中，我成长了，我成熟了。我经历的这些电影，有的平淡，有的激情，可是它们都是我一一亲身经历过的事情。它们，我会牢牢记在心里，正是它们，让我在这个世界上独一无二，让我成为我自己。

虽然十八年的电影结束了，可是我即将开始自编自导我人生之后的电影了。我坚信我的舞台会越来越宽广。我更坚信，我的电影将越来越精彩。

沙云龙：

英语词汇教学和出国留学咨询专家，北京新东方学校校长

新东方教育科技集团副总裁

清晰定位、和优秀的人在一起、做力所不能及的事情、坚持，认真思考袁瀚的成功案例带给我们的启发，学习他的优点，他的今天就可以成为我们的明天。

——沙云龙

他的今天就可以成为我们的明天

看过了袁瀚的“电影”，很多人会对他的经历和取得的成绩感兴趣，尤其是他在种种不利的情况下，还能考出SAT2280的高分，并最终被华盛顿圣路易斯大学录取，着实令我们羡慕。分析他成功的原因，主要有这么几点：

1，定位：袁瀚对自己有一个清晰的定位，能够客观地分析自己的比较优势和不足之处。因此他不仅认真学习书本知识，还积极参加竞赛学习，参加志愿者活动，培养一些兴趣爱好，这些都为他最终被美国名校录取作了充分的铺垫。

2，和优秀的人在一起：在袁瀚读小学的时候，老师鼓励他去考南外，这对他来说是非常重要的一步。虽然是压着分数线考进去的，但是经过几年努力，他的成绩还是排到了前列，升到高中部的时候，还考进了唯一的实验班，这样他就可以和全南京的优秀同学在一起，见贤思齐。同桌对他的触动，班级里其他同学对他的启发，这些影响都是潜移默化的。袁瀚在申请美国高校的时候来到新东方的 Workshop 班，跟全国各地的优秀学生在一起，这样大家相互碰撞，相互激励，对他能够成功申请成功至关重要。未来他去美国的优秀大学读书，就会和来自世界各地的优秀人才相互学习，耳濡目染之间，人的提升是自然而然的。

3，做力所不能及的事情：袁瀚从考初中开始，就一直有意识地挑战自我，比如参加竞赛等。一个人必须不断做力所不能及的事情，不断去做一些经过很艰苦的努力才有可能做好的事情，才可以不断进步。就拿学习 TOEFL 和 SAT 来说，很多中国学生都觉得十分困难，尤其是开始学的时候，大多数人都想放弃，可是只有硬着头皮学下去的人，才能超越自己，不断突破，考出理想的成绩。

4，坚持：恒者，亨也。同优秀的人在一起也好，做力所不能及的事情也好，最终落实到操作层面，必须要能够坚持。所以，大家不要认为袁瀚考出了 SAT 高分是因为运气，请记住成功来自勤奋，积累带来好运。袁瀚如果没有多年英语学习的积累，也不可能只准备一个月的时间，就考出高分。看似偶然的背后，一定有必然。从另一个角度来看，只要付出了足够多的努力来学习 TOEFL 和 SAT，就一定可以考出好成绩。

总之，认真思考袁瀚的成功案例带给我们的启发，学习他的优点，他的今天就可以成为我们的明天。

邓　玮

踮起脚尖就能摸到那片天

点评：张洪伟

她曾荣获国家级荣誉奖学金

她能力超群，初二时成为校史上年龄最小的学生会主席

她爱好文学，在人民文学出版社出版个人散文集

她兴趣广泛，在英国林肯市四场国际古典音乐会中担任英文女主持

她还是 2008 年奥运会火炬手

现在，她又创造了奇迹：高二的她接到了杜克大学录取通知书

她的成长一路伴随着掌声和惊呼

可是她要说的是，在所有荣誉背后她究竟付出了怎样的勤奋

她叫邓玮，她的故事一定可以感染你

我并不是随便做个决定试着玩玩。这是属于我的道路，我的心中有一个强烈的声音一次次激励着我勇往直前。走在自己选择的道路上是幸福的，能够努力付出是幸福的。我一定要很努力才行，不能让大家为我担心；我一定要做出点成绩才行，要让大家知道我的决定切实可行。

——邓玮

踮起脚尖就能摸到那片天

2009 年 4 月，我手里拿着八所美国大学的录取通知，心里平静却满足。这时的我十六岁，是河北唐山外国语学校高中二（1）班的学生。一段旅程就这样结束了，美丽而又艰辛，终点处似锦繁花绚丽地绽放；一段旅程就要开始了，我的心情平静而又充满期待，不论前方是荆棘丛生还是满园芬芳，我会微笑着迈着坚定的步子一直前行。

过去的一年，我遇到了很多自己想象不到的困难与挫折，也曾迷茫，也曾悲伤，也曾孤独，也曾失望，却不曾想过要放弃。我很感激，感激一路上一直关心我支持我的人们，感激自己能够那么坚强、那么勇敢、那么坚定地走完了这条路，当然还要感激美国八所名校对我的认可。这一路走来，没有所谓的成功与失败，这是一个摸索人生道路的过程，努力了一年，拼搏了一年，摸索了一年，我终于找到了一条属于我的道路，终于找到了我愿意继续一路向前的方向。在美国综合排名第八的杜克大学 (Duke University)，文理学院排名第七的波莫纳大学 (Pomona College)，公立大学排名第一的加州大学伯克利分校 (UC Berkeley)、第二的弗吉尼亚大学精英班 (U Va Echols Scholars)、第三的加州大学洛杉矶分校 (UCLA) 等八所学校中，我最终决定选择充满机遇与挑战的杜克大学。

我的申请路是独特的，因为我是高中二年级的学生，因为我来自一个美国大学并不熟识的城市——唐山；我的申请路是美丽的，每向目标迈进一点我就满足一分，而这份满足与幸福冲淡了所有的辛苦与疲惫。走过漫漫申请路，杜克大学终于为我打开了一扇通往未来的门，这道门后面是写有我的名字的新旅程。亲爱的朋友们，就让我来跟你们分享一下我的学习故事吧，希望志存高远的你们也都能通过努力开启那扇通往未来的门、走上一条你们选择的并同样选择了你们的道路，开始一段新的人生旅途。

我的选择

2008 年 2 月份的时候，我参加了北京 SAT 强化班。本来只是想锻炼英语、开拓眼界，没想到，这个班级彻底改变了我的生活。班上有很多北京本地的学生，也有很多是来自沈阳、大连等东北地区的学生，剩下的一般来自其他大城市，南京、深圳、珠海，等等。从和同学的交谈中我得知，原来中国的孩子也可以直接申请美国大学。SAT 班上的同学几乎全部是在为出国留学作准备。“我最想去的大学是 NYU，我超爱这个学校，超级超级爱！”我的室友跟我说。她的眼神里充满幸福与期待，而我是那样羡慕一心向往纽约大学并在为之努力的她。有理想是幸福的，有追求理想的权利是更幸福的。

来到这个班级的头几天，我只要一有时间就会和同学们交流，或者说是请教如何申请留学，以及美国大学的情况，等等。下课之后，我努力地查找资料，希望可以了解得更全面些。我并不是容易跟风的人，不会因为大家都干什么就去干什么，或是因为很多人说好就不假思索地也认为好。在做决定的时候我一向很慎重。出国，还是不出国？我天天都在分析思考。选择大学或是说选择人生的时候，其实没有什么所谓的好与坏，只有适合与不适合。每个人都应该基于自己的情况选择最适合自己的道路，自己真心喜欢的道路。

我用了几天平静心情，静静思考，希望不要受到任何外界干扰而做出冲动的决定。终于，我决定要出国留学，而且要高二出国读名校。

美国大学和中国大学，其实不存在哪个好哪个不好。面对不同的教育方式，总要选择适合自己的那个。我之所以想出国是看中了美国大学的自由。我希望在一个拥有充足资源的环境下不受拘束地锻炼自己各方面的能力。我喜欢过充满机遇与挑战的生活，紧张充实而多姿多彩的生活。而美国大学那种相对自由相对自主的教育方式深深吸引着我。之所以选择高二就出去是因为我提前一年多就可以完成高中课程，在不影响学习的情况下在一年内完成全部申请于我是异常艰辛但不无可能的。我希望我的时间能够得到最有效的利用，无疑度过一年丰富多彩的大学生活远比在高中原地踏步一年要来得更有意义。

于是，在十五岁的高一寒假，我下定决心一定要高二出国上名校。

做出决定以后，我就开始考虑应该怎么和家里人说，毕竟这是一个相当重大的决定。其实，我们家一直都很民主，爸爸妈妈非常尊重我，也非常信任我。爸爸妈妈深信“三岁看大，七岁看老”这句话，所以在我很小的时候，爸爸妈妈对我管教很严厉，教我做人的道理，教育我什么是对什么是错。但是，等我长大一些后，妈妈爸爸管教我的次数反而越来越少，他们让我独立自主地生活、学习，遇到什么事情也都让我自己决定，因为他们认为这是我的人生，应该摸索一条属于我自己的路。当然，当我碰壁的时候，爸爸妈妈总会给我提意见，在我感到迷茫的时候也总会帮我一把。

考虑再三，我终于拨通了妈妈的电话，告诉了妈妈我的想法。当然，我也告诉了妈妈我的担忧——对于高二的学生到底能不能申请出国的问题，我也心存疑惑。妈妈感到很吃惊，但并没有马上否定我的想法。为此我很感激。自那以后，妈妈开始四处打听申请的相关事宜，而我也努力地查询资料、询问同学、请教老师。

“他们都没接触过高二申请的孩子，可行性不大。”妈妈说，又补充道，“但他们说如果高三申请的话肯定没问题。”

再等一年吗？要再等一年吗？一年的时间我实在是非常心疼。我感到茫然和恐惧，有了明确的目标却没有为目标努力的权利，这是异常痛苦的。既然很多大学网站上并没有明确说不让提前申请，那就应该可行才对。一天又一天，我安慰着自己这条路能走通并很努力地背着 GRE 词汇、准备着 SAT 考试，但是，我确实感到心里空落落的，好像所有努力与决心都可能变得毫无意义一般。

“没听说过。”

“这恐怕不行。”

“应该行吧？”

我问了很多人，从没有人跟我说过“肯定行”这三个字，所有的“肯定”后面加的都是“不行”。直到有一天，新东方 Workshop 班的周容老师给我们大家开讲座。这位周老师是非常著名的留学专家，大家都这么说。留学专家？我心中一震。等专家来了，我一定要问问高二能不能申请。

其实，我已做好决定，如果连专家都明确告诉我不可以的话，我就放弃高二出国的计划，等一年再申请。只是，一想到这点，我就感到心中异常痛楚。

那天晚上，我草草吃过晚饭就来到教室等着晚上的讲座。我只觉得一直在冒冷汗，完全不知道等待我的是怎样的答案。

周容老师早早来到教室，同学们一拥而上问问题，大家都不想错过这个宝贵的机会。我愣坐在椅子上，不敢上前。这位专家真是很和善啊！看着细心给每一位同学解答问题的周老师，我暗暗在心中想着。应该不会“残忍”地扼杀我心中小小的梦想吧？我一个人胡思乱想，迟迟不敢前去问问题。豁出去了！今天一定要有个结果！我挪着小步走上前去。可是，我是恐惧的，马上轮到我的时候我总是紧张得退后几位不敢上前。直到只剩下最后几个同学的时候，我终于“被逼无奈”鼓起勇气说出了自己的疑问。

“周老师您好，我是高一的学生，请问高二就想出去读本科可以吗？”我低着头，一直不敢对上老师的眼神，紧紧握住的手汗津津的，却冷到不行。

“可以啊，当然可以，只要你足够优秀。”周容老师很和善地回答。

什么？老师说可以？说当然可以？我不是因为心情太迫切而产生幻听了吧？我猛地抬起头，看到老师正在对我微笑。这应该是我迄今为止看到过的最美丽的微笑了！我连声道谢，激动地跑出教室。是的，我真的是太激动了。我跑进卫生间，再也掩饰不住自己喜悦而满足的心情，哭了出来。我拨通了妈妈的电话，一边哭一边说“专家说可以，专家说可以，专家说可以……”一遍又一遍。

我回到教室，带着我大大的微笑，我感觉这是我迄今为止笑得最开心的一次，我和我的同桌、我的室友、我的前座和后座、每一位好朋友分享着我的喜悦。后来的讲座，我全神贯注地听着周老师讲的每一句话，生怕落下哪一个细节。讲座期间，周容老师提到一个自己亲自主讲的教授如何书写留学文书的Workshop班，并向我们介绍着从Workshop出来的去牛校的牛孩子们。周容老师继续介绍着这个班级，说只有很优秀的孩子才可以进。Workshop一下子在我心中闪闪发光起来。唐山市是没有那么多留学资源的，我对文书什么的一窍不通，Workshop是我的不二选择。我一定要进Workshop！不论多难，我一定要进 Workshop！我暗下决心。在我心中，Workshop 就像是一个设在天上的神奇班级，专门帮助有梦想有实力的孩子实现梦想。

那天我背单词背到凌晨 2 点半。我是真的感到非常非常幸福，能够为自己的梦想努力让我感到非常非常幸福。我临睡前把 GRE 单词书放在了床边上，亲了一口，抚摸了几下，心里甜甜的。就这样，我在 GRE 词汇与 Workshop 梦幻之班的交替画面中进入了梦乡。

学校课程不能落

申请自然是大事，但是课业学习绝对不能耽误。我 3 月份回到了学校上课，带着我的课本，带着我的 SAT。刚开学的时候还是有不适应的感觉，并不是因为任务量大，而是因为很多人的不理解或是不支持。唐山市以前没有学生尝试过这样申请美国名校，我自然成为了高考大队伍中的一个另类。身边的人都是关心我的，他们认为我要做的事情实在是太具挑战性了，其实，大家基本上认为这是不可能的事情。从唐山考到美国去？高二？天方夜谭。这是大家最初的反应。我的爸爸妈妈自然也是担心的，他们怕我会影响高中课程，怕我耗费太多精力最后是一场空。

其实我很感激身边那些关心我的人，我也非常理解他们的心情。但是，我并不是随便做个决定试着玩玩，我是经过反复思考反复斟酌后做出的选择，并且是我真心喜欢的选择。这是属于我的道路，我的心中有一个强烈的声音一次次激励着我勇往直前。走在自己选择的道路上是幸福的，能够努力付出是幸福的。我一定要很努力才行，不能让大家为我担心；我一定要做出点成绩才行，要让大家知道我的决定切实可行。

要说没有压力是假的，原本很轻松的高中生活变得忙碌起来，原本在普通高中生的路上跟着大队伍走得很好，竟然一下来了个急转弯走上了完全不同的路，而且还是孤单一人。我开始高烧，嗓子哑得说不出话来。虽然身体状况不太好，但是我的精神异常好，每天很 high 很 high 地上学，学习、工作、准备 SAT。虽然有的时候头涨痛涨痛的，有的时候感觉浑身酸痛，有的时候嗓子涩涩的烧得难受，但是，我还是因为自己可以不断为理想努力而感到幸福幸运。生病一个多月，我没有请假。开学后的月考，我照旧考了年级第一。

我的成绩没有任何滑坡让爸爸妈妈慢慢放心了一些，老师同学们也慢慢适应了选择不同道路但依然成绩优异的我。同学们好奇吃惊担忧的话语变成了支持、关心和鼓励。而我的状态也越来越好，身体慢慢恢复了，每天依旧精神百倍，从不知疲倦是何滋味。

其实，准备申请出国的首要任务就是平衡时间，在不影响学习的情况下尽最大努力准备留学申请。切不可放弃高考而走上留学的单行道。其实，调整好平衡，合理安排时间，申请和课业应该是相互促进的关系，而不是相互抵触。退一万步讲，如果申请结果最后不如意或突然感觉出国不适合自己，背后一定要有退路。

做个坚强的人，努力的人，冷静的人，就一定能够找到学业与留学申请的最好平衡。

SAT 复习

SAT 是 Scholastic Assessment Test 的缩写，中文名称为：学术能力评估测验，也就是俗称的“美国高考”。申请美国大学时，很多大学尤其是排名靠前的大学都会要求 SAT 标准化考试的成绩。因此，取得好的 SAT 成绩成为申请名校时的基础。SAT 考试分为两个部分：SAT Ⅰ推理测验（Reasoning Test）和 SAT Ⅱ专项测验（Subject Test）。SAT Ⅰ分为数学、写作和阅读三部分；SAT Ⅱ有数学、化学、物理、生物等学科。

SAT Ⅰ复习材料自然是以OG为核心，以Kaplan，Princeton Review，Barron为辅助的一套材料。其中，OG是最重要的，Princeton Review与OG最像。Barron偏难，题型与真题有差异，在时间宽裕的情况下可以放在最后看看，但如果时间并不充裕就不要耗费太大精力，要不然反而得不偿失。Kaplen比较简单，适合刚起步时使用。

我的考试日期定在6月7日，总共有三个月的复习时间。看着大本大本1000多页的书，我心中一阵抽搐。我的词汇量不够，SAT阅读中有的时候连题目中都有模糊的词汇，做起阅读是寸步难行。所以，解决GRE单词必定是第一步。可是，我要从SAT满分多少都不知道的情况下提高到考出好的成绩，三个月的复习时间实在是很不充裕。我只得背单词与做题同步进行，虽然这样无疑是加大了难度，但这也是没有办法的办法。

我首先定了大体的复习计划。面对SAT Ⅰ阅读、写作和数学三个部分，我决定从背单词、做阅读训练下手。对于写作，很重要的一点是积累论据，所以最初的一段时间我并没有天天写论文，而是通过阅读大量读物进行论据的积累和整理。第二阶段就是阅读的强化时期和写作的加强期。对于阅读，我要对已做过的题目不断进行分析和整理，同时做新的阅读题进行训练和查找缺点。对于写作，我开始尝试去写不同的题目，训练运用论据的熟练程度。刚开始写文章的时候，不要去计算时间，一定要保证每一篇文章写到无可挑剔。等到论据积累丰富和运用熟练，并且深知各类文章如何去写的时候，再进行时间上的加强。最后一步，其实就是巩固阅读和写作的时候了，每天继续复习巩固单词、阅读熟悉论据、写作题目，等等。这段时期的重点是掌握数学的英文表达法。SAT Ⅰ的数学是简单的，单就题目来讲，我认为没任何难度，但是数学的英文表达法一定要熟悉，如果在阅读题目的时候出现问题就功亏一篑了。关于数学的另一点就是，虽然题目简单，但是一定要细心，毕竟想拿 800 分的满分就不能有任何疏漏。

我看着自己的计划，心中并没有轻松感，毕竟高质量地实施计划才是最重要的。复习计划正式开始，我白天要在学校上课，要基本保证白天的时候完成所有课业方面的任务。晚上的时候，除了有时要忙学生会的工作外，我基本把时间用于 SAT 复习，每天总是凌晨 2 点以后才睡觉。

那个时候我的 GRE 书是随身携带的。起床后要看，等车的时候看，课间的时候看，吃饭的时候还看。每天基本所有的零碎时间我都在努力地背词汇。除了零碎时间外，我每天晚上睡觉前还要背上一两个小时。我的生活真的就像老师说的那样，每天要是不背上几百个单词我就感觉寂寞而空虚，我就感觉浑身难受，就好像每天本来应该吃三顿饭但只吃了两顿一样。我尝试各种背单词的方法，正着背、倒着背、抽页背。到了最后，我把一张漂亮的纸分成很多部分变成拼图，在图画后面写上 word list 的编码，边抽号背单词边拼拼图。枯燥的单词记忆变成了拼图游戏。一本漂亮的红皮 GRE 单词书一开始只是被蹂躏掉了塑料胶膜，后来整个封皮都掉了。还好书的质量好，要不然整本都会散架。

其实，虽然 GRE 单词书是词汇最全的单词大全，但是里面有很多极少考到甚至不会考到的专业词汇，这些词汇考生基本上都能分辨出来，如果时间不足可以直接无视掉。Barron 有一个单词 3500，虽然这个单词表并不全，但是都是经典单词和高频词汇，这些词都是必须掌握的。把 GRE 和 Barron 结合在一起其实是最好的，以 Barron 的单词为重点，用 GRE 作补充（当然并不是让把两本词汇都背一遍，这里的结合是说配合使用。其实，不论考试还是单词，时间都是不能忽视的考量标准，每个人都要根据自己的复习时间充足与否设计自己的复习方案）。

SAT考试定在6月7日。为了不让旅途的颠簸影响考试发挥，我和妈妈6月5日凌晨出发前往新加坡，这天正好是我的生日。

不得不承认，这是我第一次没有准备充分就来参加考试。在机场换登机牌、托运行李的时候，我左犹豫右犹豫，先是把GRE单词从行李箱拿了出来，然后又把OG拿了出来。这本OG是饱经沧桑的，不知被我翻阅多少遍之后，本来平滑的纸张变得毛糙，本来清晰的字迹变得模糊。但是，我已经不需要清晰地看每一个字了，单是看看页码，看看文章第一段，下面的内容就能基本无误地在我脑中浮现。紧跟OG的是我的笔记本，这已经不知道是我的第几个笔记本了。拿着大大小小的书，我心里仿佛踏实了一些。我自然知道现在看书是无济于事的，但是，过于清闲的旅程让我恐慌。说白了，就是因为没有准备好心里没底，以前我很少在临近考试的时候还在看复习资料。

在飞机上的几个小时，我就翻翻这个，看看那个。我也不知道看这些东西有什么用，但就是不住地翻着材料，仿佛不看一眼就会全部忘记一样。妈妈当然知道我是因为没有准备好才有如此异样的表现，但她没有一点责备的神情，因为她知道常常忘记吃饭、不睡觉也不知道困的我已经在过去的三个月尽了自己最大的努力。妈妈常说能够从开始时题都做不完到现在能够冷静地面对试卷已经很不错了，对于十五岁的学生，能够承担这一切已经很棒了。但是申请就是这样，好就好，不好就是不好，比别人年级低只能是劣势，绝不能成为疏漏的借口。这一刻，我异常了解年龄小意味着要比别人做得更好。

妈妈劝我休息一下，不要因为疲惫影响了考试。我把书本放进了包包里，手里拿着OG，头靠在椅背上闭上眼睛休息。其实，我并不疲惫，这么长时间了，我并不感到疲惫，我的心中就只有目标和为目标努力的迫切心情，容不下任何其他情绪。精神支柱可以产生巨大的能量，比如让人一直精力旺盛，比如让人的体力和耐力都达到最好的状态。

早上 7 点，飞机降落在新加坡机场。天气非常燥热，我和妈妈一下飞机就换上了最轻便的衣服，但汗水还是浸湿了衣衫。我和妈妈坐上出租车去看考点。因为我们在网上发现最近的宾馆离考场也有十多分钟车程，所以决定亲自到考场附近转转，就近住下。7 点多的新加坡路面上没有很多车辆或行人，让人感觉很冷清。7 点半的时候我们来到了考试地点，新加坡卫里公教会学校，和一所神学院同处一院。该校地处新加坡西北部武吉知马快速路的旁边，非常偏僻。这个时候，学校大门还没开。

我和妈妈在门外焦急地等待，忍耐着天气的燥热和蚊虫的叮咬。我一手拿着报纸不停地扇动，试图凉快一些；一手拿着风油精，不停地在身体各处涂抹。我的脑子有点混乱，思绪在蚊子、SAT、神学院、申请间不停穿梭。

等了一个多小时，终于等到了考场学校的老师。剩下的一切都很顺利，令人兴奋的是，我们住进了神学院的招待所。这样一来，从住处到考场慢走顶多用五分钟，为考试提供了很大便利。

我和妈妈整理好房间休息了一会儿，然后准备到外面去吃中午饭。

“宝贝，今天是你生日。”妈妈说。

我知道妈妈一定不会忘记我的生日，其实，我也没有忘记自己的生日。

“哦，呵呵。”我一时不知道怎么回答。

妈妈建议到附近买个生日蛋糕庆祝一下，但我没敢回应。

神学院地处偏僻，附近只有几家便利店和零散的餐馆。我和妈妈走进“711”，我突然感觉眼前一亮。

“蛋糕！”我没控制住喜悦的情绪，指着远处的蛋糕欣喜地叫了出来。

“买！”妈妈没有犹豫。就是这样，妈妈从某种程度上非常宠我，从小就是这样，但这种宠爱反而让我学会节制，从来不敢乱提要求。

我跑过去趴在玻璃上看一个个蛋糕，只觉脑中浮现出两个闪光的大字加感叹号："抢钱！"猜得没错，新加坡的蛋糕异常贵。我毫无留恋地转过身，跟妈妈说太热的天气吃甜的太腻了，然后拽着妈妈逃离了蛋糕区。

在便利店，我和妈妈买了面包，我最爱的草莓酱、牛奶和黄瓜，然后很满意地离开。"711"旁边是早点店，里面专卖印度手抛饼。这饼挺独特的，要蘸着一种特制的酱吃。我和妈妈买了两张饼很 high 地回到神学院招待所。

其实，一直以来我都对除果酱以外的各类酱有抵触心理，不过在妈妈的逼迫之下我尝了一下手抛饼蘸酱，感觉非常美味，我不禁大加赞赏。

"十六岁生日，蛋糕变大饼了。"妈妈说。

"多美味啊！"我咬了大大一口。

十六岁生日就这样度过了，但是，我感到很开心，很满足。

6 月 6 日一天我都在神学院看书，平静心情，希望第二天能有最好的状态。下午的时候，妈妈说她想再去看一次考场，害怕会有什么差错出现，我想考场就在一个院子里，妈妈应该不会迷路什么的，就答应了。

我在房间看书，没注意时间过了多久。等我意识到，天已经渐渐黑了。妈妈怎么还不回来？我刚想打电话，妈妈推门进来了。

"怎么这么长时间？"因为着急，我的语气有点急。

"哈哈，终于找到了。"妈妈一脸开心。

"嗯？"

"我问了很多人，他们都不知道。最后我到旁边的教堂找人问的。"

"啊？"我很吃惊。

"最后找到了。明天我带你去，几分钟就到。"妈妈满足地说。

"教堂的人听懂中文了？"

"没有，我给她看这个。"妈妈拿出一张纸，上面写着："SAT

WHERE？”

我怎么就这么疏忽呢？竟然让妈妈一个人出去找考场？！我在心中怨自己，郁闷至极。妈妈这么努力地为我的考试做准备，可是，这次考试我真的能考好吗？我不禁感到恐惧……

6月7日，我参加了SAT考试，发挥失利，痛苦不堪……

考完试，我躺在床上不想动，想哭哭不出来，大脑一片空白……

妈妈一直在安慰我，一直说已经很不容易了，这才第一次考试以后还有机会……

妈妈很担心，一直说让我哭出来，哭出来会舒服些……

我不知道自己是什么样的心情，是悲伤，是失落，是自责，是无助，是抱歉，还是……

我到底在想什么呢？自己很努力很努力却没有取得好成绩？感觉自己很无能，对不起一直在身边支持的爸爸妈妈和所有爱我的人？怎样进行下面的申请？

其实，都有，这些心情，这些想法，是都有的。但是，我最担心的还是下一步申请要怎么做。SAT考试这次失利了，没有什么，以后还有机会，不会影响申请。但是，暑假的Workshop招生是有分数线的，这次考试能过线吗？依照我的经验是可以的，但是，如果没过，那怎么办呢？如果不能加入Workshop要怎么办呢？申请文书的重要性是丝毫不能轻视的，但是我又偏偏不知道怎么做文书，上哪儿获取更多资源？我的大脑飞速运转，我最初的担心，竟然还是怎样才能申请成功。

即便没有过分数线，我也一定要努力申请Workshop班，我可以制作图册，在图册内图文并茂地把我多年来所主持、参加的各项活动、大赛及各种奖项等表现出来，我可以亲自去找老师介绍自己的情况，我可以……如果付出所有努力还是进不了 Workshop 班，我就自己查资料，我就……

我努力理清自己的思路，心中只有一个信念，就是不服输不放弃，要尽力要成功。我想着所有的可能，直到确信这次考试不论怎样都不会影响申请，才放心大胆地悲伤起来、失落起来、自责起来。

当黑暗降临，我躺在妈妈身边，开始低声哭泣，我的身体开始颤抖，抽搐得越来越厉害。我一定要把所有的不良情绪都好好发泄出来，回去以后，我要更努力……

如果，永远都不放弃希望，不放弃努力，那么绝望终将远离……

找到适合自己的学习方法

6 月 9 号，我和妈妈从新加坡回来。期末联考定于 7 月初，我还有一个月的时间用于复习。我又投入新一轮奋战中。

期末复习对我来讲并不困难，一直以来在学习中我从不会局限于教科书，所以，用了一年时间高中的课程就完成得差不多了。在课下，自我探究式学习让我感到很享受，我喜欢自由自在地不受拘束地学习知识，没有所谓的大纲，没有所谓的年级界限，有的就是知识，这让我感到满足。

学习中，非常重要的就是找到适合自己的学习方法、培养好的学习习惯和提高思考分析的能力。这几项应该是在初中的时候着意锻炼的，初中的时候不能只注重课本的知识学习，要在课本的基础上加深拓宽知识，同时一定要找到适合自己的学习方法，培养好的习惯，针对性提高能力，这对以后的学习至关重要。

因为我对自己的情况非常了解，也早就找到一套适合自己的学习方法，所以全市联考并不困难。在这次全市高中大联考中，我考了全市第一名。其实，这次第一很重要。课业与申请并不冲突，我一定要证明这一点。

亲爱的爸爸妈妈，亲爱的老师同学们，这样你们就不会为我担忧了吧？让你们担心我很抱歉，但是，请你们相信我……

文字，是我灵魂的一曲欢歌

2008年暑假，我的散文集《花开的童话》由人民文学出版社出版。这让我感到幸福。在生活面前，我是好的演员，愿意尝试不同的角色，迎接不同的挑战，所以我的生活总是紧张但丰富，我不愿停歇，忙碌让我感到踏实；在生活面前，我又是好的观众，欣喜观察每一出戏的每一个细节，任何一个表情、一抹景致、一个动作、一件事物都能引起我的思考，在我的心中产生波动。因此，我爱极了这让我感动的生活，也深深感觉自己是幸运的人。而这一切，都让我深深爱上写作，用文字记录感动、思考，生活是一种微妙而美好的感觉。让我的读者感到幸福吧，让我的读者感到温暖吧，让我的读者和我一同观赏让我感动至极的人生景致吧。

每个人都是一株花，而花开是花儿自己的童话。绽放吧，每一株花儿，因为这是生命的价值……

生活在一株花里

那是一片逸满醉人芳香的薰衣草田，沿着漫溯的花香可寻到那不可企及的天边；那是一片静谧绽放的薰衣草田，顺着风的足迹可以听到灵魂的歌唱。这里，无人问津，无人过往，只有美好的灵魂，圣洁的花香。

浩瀚无限的夜空，洒下点点星辉足以使疲惫的心灵得到充足的安慰，但那凄凉的夜空是需要一片逸满暖暖花香的花丛陪伴的，就像春天的花儿失去阳光将变得黯然失色，凄清的树林失去鸟啼将变得昏暗死寂，海滩失去五彩贝壳将变成荒漠而了无生息，静谧深沉的暗紫色花丛及醉人缥缈的花香是黑暗夜色中舞动的灵魂。

薰衣草点缀了散满明星的夜空，什么来点缀沉寂幽暗的花丛呢？是一只只飘飞灵异的萤火虫。

花香暗涌，花色摇曳，那幽暗而静谧的黄色光芒则是一双双花儿的眼睛，一对对花儿的翅膀。微风吹过，静得可以听到花瓣破碎的声音，在风中，萤火虫像一片叶子，那么轻，那么静。花丛上空仿佛浮起暗紫色的烟雾，沉沉地游动、飘浮，又像暗紫色的轻纱，这里盖上一层，那里覆上些许。时浓时淡的花色在风中似乎游动起来，在幽暗的黄色光晕中漫溯，漫溯，直到与夜空接上的无边。

若是在花儿里面看世界就是另一份超然的心情了。我坐在柔软的花蕊上，双手抱着膝盖，任风儿肆意吹乱我的头发，飘飞了我的裙摆，我也只静静享受这一片静谧的夜。在无限的夜空下，花海是小的，在花海中我的那株花是小的，在小花中花蕊是更小的，但最小的是从花蕊底下散出的花香。我被这小小的紫色暗香缠住了，像一个喝醉酒的孩子，小小的心中有无限没有理由的快乐，小小的脑海里有比夜空还广阔的思考。这样一个小小，小小的我，在享受无垠的星空。

薰衣草是千姿百态的，却又是那样相似，拥有着相同的颜色与醉人的香，这就使花中的我仿佛是生活在迷宫中一样。我是最爱夜晚的，每当夜晚来临，我都在重复相同的游戏。小小的我站在花丛中央，抬起头来看那七颗连成半条裙子的明星，然后轻轻地挪动步子。星星是不动的，仿佛看星星的我也是不动的。只有花儿在不停地转换，从左手边到右手边，从后面到前面，花儿们活了，她们在跳圆圈舞呢！

在这里生活的我是那样的静谧幸福，一切的一切使我感觉自己是上帝最宠爱的孩子，拥有自己的独立城堡。而我为城堡取了个名字，叫做——童话。

我只是想做到自己的最好

第一次 SAT 成绩通过了 Workshop 班的分数线，让我如此幸福地成为了 Workshop 班中的一员。

再次见到周容老师的时候，我感到很幸福。我不知道周容老师是否还记得半年前那个问她问题的小女孩，但是当时老师的回答却给了我莫大的鼓励。

Workshop 班中高手如云，这里绝对是一个大型养牛场，汇集的全是种子选手。和这些牛牛一起上课让我开始想到自己会不会也是牛牛。其实，我毫不在意自己到底是不是牛人，我只是想实现自己的理想，我只是想做到自己的最好，我只是想努力地学习与成长。努力地向每一个人学习，我一直这样告诉自己。

申请文书在申请留学过程中占有相当大的分量。如果说好的分数是基础，那么申请文书在一定意义上是起决定性作用的。在分数、奖项、经历都优异的情况下，文书会直接左右大学的录取决定。换句话说，当其他条件达到一定水平的时候，那些条件就不重要了，毕竟优秀的孩子太多了，真正让大学录取学生的重要凭据是文书。

大学希望通过留学文书看到一个立体的人，学业、性格、特长、能力等。而优秀的申请文书能够作为一个整体全方面地展示自己，可以把自己的特点展示得淋漓尽致，可以给大学眼前一亮的感觉。一套好的文书一定要做到令人印象深刻，让人看完就忘不了，让美国大学在所有优秀的学生当中可以毫不犹豫地选择你。大学，永远希望录取有潜力的人，值得培养的人，这点应该非常注意。所以，留学文书一定要自己写，因为没有人比自己更了解自己，也没有人可以比自己介绍自己更让人印象深刻。在提笔写文书之前，一个重要的前提就是反思自己的过去，对自己有透彻的分析了解，找出大学不能不录取自己的理由。然后在文书中突出自己的特点、自己的核心竞争力。

一开始，我和留学文书是谁也不认识谁，更不知道怎么写留学文书，而引导我的那个人就是周容老师。在 Workshop 班上周容老师总是先给我们布置任务，我们用一周的时间进行书写工作，下次上课的时候，周容老师会给出点评。就这样，每个人的文书都在反复地修改，直到做到最好。我想，进入 Workshop 班最大的收获就是培育了一种辨析好文书与坏文书的能力。这样一来，我可以不断地进行修改，直到达到自己心中的最完美。

上 Workshop 班的时期也是我比较繁忙的时期。写文书是最令人郁闷的部分，要么就是不知道怎么下笔，要么就是好不容易写成的文章要完全重新写。不过，这样也很好，我感觉自己在不断进步。其实，我最不介意的事情就是用功努力。觉得忙另一方面是因为上课地点是北京，妈妈要带着我两地跑。每周五，我一般都要奋战到凌晨 3 点，收拾一下 4 点多的时候妈妈开车带我去北京，我就在车上睡三个小时，到了上课地点，洗洗脸就要开始新一天的课程了。那时正好是奥运期间，进北京的时候要安检，我的好梦就总是这样被打断。因为单双号的限制，每逢双号，妈妈还要跟别人借车。其实，我想这段时间最辛苦的人应该是妈妈。

8 月中旬，我周六上完 Workshop 班就直接到天津参加了周日的 TOEFL 考试。其实，考完 SAT 再考 TOEFL 会觉得 TOEFL 简单很多。考前只要熟悉题型就可以取得不错的分数。

9 月一整个月，我在北京上 SAT Ⅱ培训班。

我住在一家青年旅社，虽然不大但是很干净，很适合学习。SAT Ⅱ课程安排在每天晚上，除了上课的时间，我都在房间里整理修改文书和为 10 月考 SAT Ⅰ作准备。

SAT Ⅱ我选择的是数理化三科，我是理科生，这三科都是我的强项。SAT Ⅱ考试以选择题为主，题目难度比国内简单，但是考试范围更广。考试的题量较大，像是化学，两分钟至少要做三道题。这就要求很高的效率，一要有速度，二要有质量。而速度其实是建立在熟练程度上的。总体来讲，我认为SAT Ⅱ并不是非常难，但是想要取得2400的满分也没有想象中那么简单。

虽然 9 月份参加了 SAT Ⅱ培训，但是除了上课时间外，我腾不出时间进行 SAT Ⅱ复习。其实如果时间充裕，应该是把所有工作分开来做，单就 SAT Ⅱ复习来说，一般最好有 1~3 个月的集中复习时间。我的情况比较特殊，不能找出时间集中复习 SAT Ⅱ，所以只能几件事情一起做。9 月份的重点是再次备战 SAT Ⅰ，其次是整理留学文书，准备补充材料。至于 SAT Ⅱ的整理，我计划是在考试前的一个月和申请大学一起准备。

10 月初，我来到香港参加了第二次 SAT Ⅰ考试，了却了心中一件大事。

遇到困难不要盲目自信，也不要轻易放弃。

大部分美国大学的申请截止日期是 1 月 1 日，也有一部分是 1 月中旬或 2 月初。但是，加州系统的大学比较特殊，申请截止日期是 11 月底。

11 月份，我一方面准备 SAT Ⅱ，一方面准备加州五所大学的申请。截止到 11 月份，每所大学需要的通用文书我都已经准备好了，简历、个人陈述、一篇小文章等。高中成绩单、推荐信等材料学校也已经给我出具好了。我的个人补充材料其一是一本图册，里面全面介绍了我参加的各项活动、获得的各类奖项等。图册里有大量的图片，并配有简短的介绍，参加的各项大赛、出国访问、主持，作为学生会主席组织的各项活动，参加的各类社会活动，奖励证书，媒体报道情况，作品出版情况等，图册都以图片的形式展示出来。设计图册耗费了我大量的时间，编排图片、设计版面、作注释……经过无数次编排修改，图册终于成型了。打印图册时我用的是最好的广告纸，印刷出来的图册非常精美。另一个补充材料是我在人民文学出版社出版的散文集《花开的童话》。其实，补充材料一定要依照个人特点进行设计。例如，制作图册的最大前提是有大量丰富的图片，只有这样一本图册做出来才是充实的、有震慑力的，如果没有足够的图片作支撑，一本图册做得非常干瘪反而会造成负面影响。拿我来说，我是在上千张活动图片中首先筛选出质量很高的能入册的三百张，然后再从三百张中选出最具代表性的组成一本图册。当然，除了数量外，还要考虑图片的丰富程度。我的图册中基本上一张照片就可以代表一项活动，然后把各项活动图片分类整理，最后形成一本图册。

除了这些我已经准备好的申请材料，每所大学还有自己的申请论文，有的还有自己的申请表格，我剩下的时间就是准备这些东西。针对加州大学这样既有学校论文又有学校自己申请表格的学校，我的工作量就更大一些。

每天，我首先保证 SAT Ⅱ复习的顺利进行，因为我只有这一次考试机会了，如果失败就功亏一篑。而且 SAT Ⅱ一定要取得满分，本来就是高二的我学业成绩方面不能有任何瑕疵。每天剩余的时间，我就用于忙申请。

11 月下旬，我完成了加州大学的申请论文和表格，却遇到了另一项大困难，那就是填好的表格因为我缺少一年高中成绩而变成了红色，并显示我不满足基本申请要求。

以我的性格，我是不可能因为它说我不满足申请基本要求就轻易放弃的。我开始给五所招生办公室打电话，每天只要一过 12 点就不停打电话，这个老师说不行我就过会儿再打等着另一个老师接电话再问，打电话之余我还给大学发邮件，介绍自己的情况。终于，我把申请顺利提交了。

其实，提交之后我就感觉自己没什么戏了，加州大学包括公立大学排名

第一的伯克利 (UC Berkeley) 和排名第三的洛杉矶分校 (UCLA)，都是多少人梦想中的学校。全世界优秀的学生那么多，她会录取缺少一年高中成绩的我吗？不过，一切都是不定数，我一直都不相信什么“绝对不可能”，我的眼中只有我的目标，我的心中只有为目标不断奋斗的信念。我会为能够达到的目标坚持不懈地努力！

最后的录取结果是令人欣喜的，我申请的五所加州系统的大学有四所给了我录取通知，其中也包括加州大学伯克利分校 (UC Berkeley) 和洛杉矶分校 (UCLA)。亲爱的朋友们，遇到困难不要盲目自信，也不要轻易放弃。要知道自己想要什么，知道什么是可以争取的，知道什么是不切实际的。遇到困难的时候，唯一的反应应该是进行分析然后解决困难。虚心接受他人的建议，但是要有自己的判断力，不要让他们为自己作决定。亲爱的朋友，不要畏惧，不要怀疑，冷静地思考，大胆地尝试，创造自己的辉煌！

最后的申请路

12 月初，我参加了 SAT Ⅱ 考试，并取得了 2400 的满分。12 月 8 号，我从香港回来，开始进行最后的申请，准备每所大学的论文和申请表格。因为这时我对自己对申请都已非常了解，所以论文我已有了成形的思路。我基本上是用每天至少写三篇高质量成品论文的速度进行着申请。最后阶段，我感到得心应手。到 1 月中旬，我递交了给所有心仪大学的申请，没有留下任何遗憾。在此我也衷心地感谢给予我最大帮助的北京的老师。

12 月 31 日，我第二次受邀担任全国英语技能大赛唐山赛区的颁奖主持。

1 月初，在期末全市高中大联考中，我再次获得了全市第一名。

从 1 月中旬，我开始陆陆续续接到各大学的面试面知。面试是我的强项，我很享受面试的过程。

2009 年 2 月，我成功加入河北省作家协会，成为了那里最年轻的会员。

2009 年 2 月末，我开始给各大学发活动更新，其中包括我所获的最新奖项及参加的最新活动。

2009 年 4 月，我一共接到了八所美国大学的录取，其中包括综合排名第八的杜克大学 (Duke University)，文理学院排名第七的波莫纳大学 (Pomona College)，公立大学排名前三的加州大学伯克利分校 (UC Berkeley)、弗吉尼亚大学精英班 (U va Echols Scholars)、加州大学洛杉矶分校 (UCLA) 等，其中波莫纳大学为我提供的是全额奖学金。最后，我决定去杜克大学继续追寻我的梦想。这也为我的高二申请画上了幸福的句点。

回想一年的申请路，我是那样感恩。我非常感谢我的爸爸妈妈，各位老师，亲爱的同学们和所有给我支持与鼓励的人。我非常非常感激所有人的关心与帮助！

新的旅程开始了，我会微笑着幸福地迎接未来的每一天，我会无所畏惧地继续为自己的梦想拼搏。我想我会更勇敢，我想我会更坚强。

亲爱的朋友们，梦想不是盛开在不可企及之处的彼岸花，但实现梦想的道路也绝不是一帆风顺、一马平川！在为梦想努力的道路上，你们会遇到很多困难，但是，请坚持下去！经历一年的申请过程，你会变得更加成熟，更加坚强，更加独立！希望大家都能通过努力实现自己的梦想！

亲爱的朋友们，一定要对得起自己的青春，一定要对得起自己的人生。

致以最美好的祝福！

张洪伟：
著名英语教育专家，北京新东方学校北美考试部主任

Outstanding的标准在于，你要让自己从人群中out出来，因此要不断地思考：我是一个什么样的人？我与众不同的特点是什么？想明白了，你才能做的更好。

——张洪伟

想到了，才能做得更好

2009年4月，当邓玮手里拿到八所美国名校的录取通知书的时候，大家一定能够想到这个十六岁的女孩子是怎样的心情，那种喜悦不言而喻。

对于一个高中二年级的学生来说，她的这段追梦旅程既美丽又艰辛，通过她的文章，大家可以仔细品味一下邓玮同学独特的申请之路

可以肯定的是，那个时候的她，绝对不会料到现在的成功的自己。在过去的一年里，我见证了她的改变，不是外表的变化，而是内心的蜕变——她变得更加成熟和坚强，越来越了解自己的优势和需求，并且更擅长于利用自己的优势去实现自己的需求。

作为一个高二的学生，没有良好的出国氛围和环境，时间紧张，邓玮最后能够脱颖而出，主要原因之一就是她平时就是一个特别有想法的人。年轻人一定要敢想，勇于闯，做与众不同的事情，你才能成为与众不同的人。每个人的

情况和特点都是不一样的，跟着别人的步伐走，你只能做别人阴影的跟随者，因为最好的属于那些没有偶像的人们。所以，在留学的这条路上，切忌盲从，借鉴别人的优点，但是要明白自己的特点，并创造出自己的优势。

美国的顶尖名校是一座座建立在天空中的塔，带着光芒、神秘、诱惑力，爬上去的过程艰辛且漫长。在向上爬的过程中，你一定要变得更 outstanding。Outstanding 的标准在于，你要让自己从人群中 out 出来，因此要不断地思考：我是一个什么样的人？我与众不同的特点是什么？想明白了，你才能做得更好。

美国名校申请是一个成功地进行自我营销的过程，成功地将自己推销到名牌大学不仅取决于各项考试成绩和文书材料的制作，还涉及到各方面的准备细节，而这些对于功课比较繁忙，对出国留学又没有什么经验的高中生来说无疑是一个浩瀚的工程。因此对于高中生而言，早动手、早规划是成功申请到美国名校的保证。

陈励子

听从自己内心的声音

点评：俞敏洪

她是 2006 年北京中考大纲卷状元，中学期间一直名列年级第一名

曾荣获全国“希望杯”数学竞赛金奖，全国中学生英语能力竞赛第一名

身为中国少年作家学会副主席的她，已出版四部个人作品集

她还曾只身赴茫茫北极，勇闯荒凉戈壁

2009 年，十八岁的她以全额奖学金被美国卫斯理学院录取

成为希拉里、宋美龄、冰心的校友

她就是陈励子

现在，她将讲述精彩的成功故事，更会告诉你成功背后的秘密

> 爸爸告诉我，孩子在小时候就应该懂得为自己负责任，不应该什么事儿都靠父母督促，让父母管理。我一直很欣赏爸爸的教育理念。我从小到大一直独立、自我，不依赖家长，这与我爸的教育思路是基本一致的。
>
> —— 陈励子

听从自己内心的声音

我曾是一个完美主义者。

我有两大爱好，阅读和写作。因此，如果你让我给自己定个位的话，我会说，我是个读者和作者。

我人生中第一篇“作品”只有几个字，写在四岁生日之际：“爸爸，四岁高兴。”

第二篇还写在四岁，不过比第一篇进步了很多：“过四岁生日，妈妈带我到昌平公园。先吃了香蕉，又坐了木马，后来又吃了香蕉，最后回家了。”

第三篇则有些童话色彩：“路上走着三只象。象爸爸走在前面，象妈妈走在后面，小象走在中间。”

然后有第四篇、第五篇……上小学之前，我已经写满了一整个日记本。

小时候我是一个完美主义者。有一天，我翻阅以前的“作品”时突然觉得很脸红：“不行，这些太傻了，不能留下来给别人看。”于是把原来写得不满意的都撕下来了。撕完后，厚厚的一个本子，只剩了薄薄的一小半。

从铅字到心灵

小学一年级那年，我的第一篇作文《种花日记》发表在当年的《小学生优秀作文》上。直到那时，我才知道，原来，文字除了在日记本上，还有另外一种保留方式——用铅字印刷出来。

后来，我懂得了，被印刷出来的文字有一天也会丢失，只有刻在人心里的文字才是永恒的。

小学三年级那年，我的一篇小文《家有宠物》发表在了《北京晚报》的“五色土”版上，过了几天，收到了人生中第一封读者来信。直到那时，我才知道，原来我的读者不仅仅是爸爸妈妈、老师同学，还有来自天南海北，与我相识或不相识的许多人，他们可能像我一样坐在教室里学习，也可能奔波在各自的工作岗位上……

现在，我懂得了作者和读者之间更加微妙的关系：作者不仅仅写作，读者也不仅仅阅读。二流的作者会让读者认识作者自己，而一流的作者会让读者认识读者自己。

有时候也在想，自己写作到底是为了什么呢？我衣食无忧，不拿它当饭吃；我平时忙忙碌碌，不需要用它打发时间；我交友甚广，不必要用这样孤独的事业来慰藉心灵。我想，任何一个作者心里可能都有两个很朴素的愿望：让铅字印刷的文字走进心灵，让读者在了解我之外也更好地认识他自己。很多时候，写作就是为了实现这样两个简单的愿望。

因此，作为一个作者，我最快乐的时刻就是收到读者来信时。有的时候，他们也曾经历过跟我一样的烦恼和困惑，并乐于与我分享生活中的一段故事。更多的时候，他们告诉我，我的某一句话曾让他改变了对事情的看法，让现在的他活得更愉快、更精彩。

一个作者的幸福可能莫过于此吧。这些来信我没有悉数回复，但每一封都认真读过，并小心珍藏。

走进读者的心灵，这是一个需要用一生来实践的愿望，我愿用行动守望脚下的热土。

创作从想象力开始

每个人最初的“创作”都是从想象开始的。

小时候，别人家的爸爸妈妈老是给孩子讲故事，我爸我妈却老是紧着自己的事儿忙活，我因而觉得十分不痛快。我妈这人向来对小花小草小兔小猫之类的东西不感冒，从来不爱答理我这茬儿，不过反正她讲的故事也都特没劲，所以我也不愿意听她讲。我爸的故事比较有趣，所以我老缠着爸爸给我讲故事，但他每次都是讲了一点儿就不讲了。

“行啦，今天就讲到这儿。”他拿着一摞文件进屋了，“爸爸还要干‘革命工作’。”

“明天接着讲？”我眼巴巴地看着他。

“嗯。”他说得很漫不经心。

我满心期待，却没想到，我爸这人有个毛病——刚编完的故事第二天就忘。

“爸爸，庙里的那个老和尚怎么样了？”

“什么庙里的老和尚啊？”

“下雨了，他进庙里去躲雨，有个老和尚给他喝粥。”

“哦，老和尚啊，他没怎么样啊。”

“那雨停了呢？雨停了他该继续赶路了。”

“然后他就赶路呗。”

“然后呢？

“然后他就到了。”

“没啦？”

“没啦！”

“不可能。后面肯定还有。那个跟他说话的女孩怎么样了？”

“那你就自己想嘛……”我爸叼起一根烟，“爸爸要去干‘革命工作’了。”

终于有一天，我对我爸我妈彻底失去信心了。于是，我决定自己讲故事给自己听。

一个年轻人，要去遥远的地方做生意。他很穷，没有车马，只能自己连夜赶路去。有一天，他正赶着路，突然下起了大雨，那里前不着村后不着店儿的，哪儿有躲雨的地方啊！于是，他只好投宿附近的寺院。寺院的住持是个老和尚，他见年轻人浑身湿透，瑟瑟发抖，就煮了一碗粥给他喝。他正喝着粥，寺院里又进来了一个人，是个强壮的挑夫，老和尚也给他煮了一碗粥。两人一边喝粥，一边交谈这一路上的见闻。那个挑夫说，我也是经过这个地方，听人说，最近这儿老闹鬼，闹山鬼。这会儿，一个细细的声音传来：“老师傅，我能在您这儿喝碗粥吗？”年轻人抬头一看，一个穿粉衣服的小女孩，正站在寺院门口，她也被淋湿了，嘴唇发白。老和尚说：“老衲这里不接女客。”小姑娘放声大哭。年轻人看她可怜，就捧着粥走过去：“小姑娘，你先喝我的。”小姑娘笑了笑，突然消失在了年轻人眼前。挑夫大惊失色：“那莫非就是山鬼？”年轻人心里也很害怕。这天夜里，突然阴风大作，年轻人从梦中惊醒，却发现自己躺在一片荒山上，哪儿有什么寺院啊！这山上杂草丛生，林木茂密，分不清东南西北，还有虎狼的叫声隐隐传来。年轻人正在担心，突然看到远处有一棵开满粉红色的桃花的桃树，他连忙跑过去，抬头一看，不远处又有一棵桃树，再远处，还有一棵桃树……就这样，他循着桃树，走出了这深山老林。原来，那老和尚、寺庙都是山鬼变出来的，为了困死远行的人。而小姑娘是桃花精，因为年轻人对她好，所以她帮助年轻人逃出了山鬼布下的迷魂阵……

我爸常跟我说，他最欣赏我的想象力。据他说，我三岁多的时候，他买了一部摄像机，我坚决不接近那黑洞洞的东西，认为那是单眼蝎子精的某种变体，还给它起了个名字，叫“独仁”。我还曾管一个很胖的、毛孔粗大的秃头爷爷叫“柚子”；管刚卷发的阿姨叫“辛拉面”。爸爸的嘴唇胖胖的，我叫他“鲶鱼”；妈妈跟我发脾气，我就给她起外号叫“撇头怪”。

很小的时候，没什么生活经验，想象到的东西的原型总在故事书里，什么妖啊鬼呀怪呀之类的，天天神神道道的，俨然一个小妖怪。

爸爸妈妈管不了我了

上小学之前，我妈突然发现她教不了我了。一次，我妈拿着一本书跟我说：“这是希腊一个会讲故事的人写的，叫《尹（yin）索寓言》，你可以自己看看去。”我立刻纠正她，“这字念‘伊’（yi），叫《伊索寓言》。”还有一次，我妈写什么东西，把“扭”写成了“丑”，我马上给她改过来了。我妈是理工科出身的，上学的时候语文就不大好，后来也没再系统地学过语文。长大后我还常拿这事儿嘲笑她：“我没上小学时你语文就不如我啦！”我妈总是回嘴：“你知道什么是拉格朗日不等式吗？！（或是其他什么咕咕噜噜的数学名词）”我只好噤声。

上小学之后，我老嫌我妈的字写得不好看，有什么需要签字的通知啦、作业啦全是自己代笔。其实那时候我字写得也很幼稚，不见得比我妈的字好看，但年轻人总是狂点儿嘛。后来这事儿不幸被我妈发现了，我妈拿着罪证找我爸兴师问罪。我爸却淡淡地说：“没大事儿就让她自己签吧。”后来，我曾问起爸爸这件事儿，他告诉我，孩子在小时候就应该懂得为自己负责任，不应该什么事儿都靠父母督促，让父母管理。我一直很欣赏爸爸的教育理念。我从小到大一直独立、自我，不依赖家长，这与我爸的教育思路是基本一致的。

偷看爸爸的武侠小说

我从一岁半开始认字，上小学之前已经认识了三四千个汉字。

学会认字基本上就解决了初级层面的阅读问题，而我真正爱上阅读是从看武侠小说开始的。

小时候爸爸妈妈让我午睡，偏偏我在吃完午饭后精力最充沛，翻来覆去死活睡不着，于是就偷偷爬起来四处寻摸事儿做。那时我爸爸管别人借了一本古龙的《名剑风流》，他还没开始看，就放在梳妆台上。我于是拿来自己先看，看得十分入迷。具体的情节现在已经记不得了，只记着主人公是心地淳厚的俞佩玉，里面还有一个气宇轩昂的帮主红莲花，一个可爱可怜的小姑娘朱泪儿……情节里我尤其喜欢李家栈那一场大战，酣畅淋漓，好不痛快，激动得好几个晚上睡不着觉。那时年龄小，好多地方其实也不甚明白（比如，为什么朱泪儿明明喜欢俞佩玉，还老是翻着花样儿难为他）但凡遇到不懂的就直接往下翻，翻到好看的地方再接着看。那时我最喜欢的人物是有勇有谋的林黛羽（后来看《书剑恩仇录》里的霍青桐，总觉得似曾相识，难怪呢）可惜没能与俞佩玉终成眷属。

那年我一年级，在当时的北京昌平师范附小（现昌盛园小学）。

从《碧血剑》开始认识金庸

上三年级时，我转学到北京石油学院附属小学。爸爸的单位在亚运村给我爸分了一套房子。新房装修完，家具买齐了，我和我爸就常常周末到亚运村去，添置床单啦、浴巾啦这样的小物件儿。记得每次去亚运村，买完该买的东西，爸爸总要带我到北辰购物中心顶层的书店（不知现在还在不在）看书。

一次，我看到架子上摆着《名剑风流》，连忙招手把爸爸叫过来："这书我看过！"（完了，说漏嘴了，把午睡开小差的活动暴露了）我爸其实心里很高兴："你喜欢看这样的书啊，很好嘛！不过这书写得不算好，我给你找本更好的。"于是他领我到了另一个书架前，这里，一架子书都是金庸先生的作品。

"我喜欢《笑傲江湖》这名字。"我直言，"听上去就比《名剑风流》好。"

"四本，太重了，我们搬不回去。你看看这样的两本吧。《雪山飞狐》还是《碧血剑》？"

《雪山飞狐》，听起来好像是什么动物童话故事，我想到了已经翻腻的《列那狐的故事》，算了吧。

"还是《碧血剑》吧，比较痛快。"

"那就《碧血剑》吧。"

于是，我和我爸高高兴兴地夹着两大本三联版的橘红色封皮的《碧血剑》回家了。

现在看来，这是一个阴差阳错的正确的选择。

《雪山飞狐》要等长大再看，原因有二。其一，《雪山飞狐》这本书的叙事思路瑰丽非凡，用一天的时间描绘勾勒百年的恩恩怨怨，让人联想到一些西方戏剧名作中所用的以点带面的手法（如莎翁《亨利五世》中，通过酒馆人物的对话来强化亨利五世的形象，揭露战争与和平主题的做法），而当时我读书甚少，所知有限，对《雪山飞狐》的创作艺术尚不能深入体会。其二，《雪山飞狐》以各人真真假假、充满谎言和自相矛盾的回忆叙述理清事实真相，还原胡一刀和苗人凤两位大侠形象，并在其中揭示人性美丑，直指人性弱点，其作品思想内容的深刻性，可与黑泽明导演的电影《罗生门》(从人性的叛离到人性的皈依）媲美，且《雪山飞狐》所反映的背景无疑更苍凉恢弘。这样一部史诗般的武侠巨作之美，远非当时的我所能驾驭。

而比之《雪山飞狐》,《碧血剑》的思路更清晰晓畅，回目之间的连贯性更强，让九岁的我迅速而轻易地发现了一个美妙绚烂的武侠世界，从此徜徉其中，不可自拔。

体会经典作品的无穷魅力

几乎是在武侠小说阅读起步的同时，我开始了真正意义上的创作。我曾说过，一个作者的创作史就是一个人的心灵成长史。幸运的是，我在心灵成长的初级阶段，接触到的是些优质的经典作品。它们强大的磁场，让我步履坚定，目不旁视，越来越接近人类精神家园的旖旎丰腴之地。

我阅读经典的顺序与那些经典作品的写作顺序基本一致，小学一、二年级的时候，读《鲁滨孙漂流记》、《格列佛游记》；高年级的时候，读《傲慢与偏见》、《少年维特之烦恼》、《红与黑》、《欧也妮·葛朗台》、《基督山伯爵》、《茶花女》、《巴黎圣母院》、《悲惨世界》、《红字》、《大卫·科波菲尔》、《简·爱》、《呼啸山庄》、《罪与罚》、《包法利夫人》、《安娜·卡列尼娜》；上了初中以后，再读《追忆似水年华》、《飘》、《西线无战事》、《麦田里的守望者》、《苍蝇》、《荒原》、《变形记》、《等待戈多》、《广岛之恋》、《第二十二条军规》、《百年孤独》、《告别圆舞曲》，读博尔赫斯、茨威格、里尔克、叶芝、阿波利奈尔、伍尔夫、乔伊斯这些人。当然也有一些例外的情况，比如莎士比亚、易卜生的戏剧我是上高中之后才开始仔细读的，而马克·吐温和契诃夫的小说却在小学三年级就读过了。再比如我之前读日本作家的作品非常少，上了高中才系统地读了川端康成、三岛由纪夫、夏目漱石、芥川龙之介、大江健三郎。还有一些书，是从小到大都在读的，比如《红楼梦》，比如唐诗宋词，比如鲁迅。

我想，让阅读变得快乐的方式之一，就是选择那些与你的认识水平相符的书。让三岁的孩子读《红楼梦》，再美、再经典他也不会感动，让二十多岁的人去读《巴黎圣母院》，他会觉得无聊，觉得人物平面化、情节呆板。这些感受都是不可避免的。我想，一个人的成长史也就是整个人类的成长史，在阅读的时候，我们不妨也循着人类成长的足迹吧。这样的一种阅读顺序，是否合理，是否科学，我没有向专家求证过，但从我个人的经历来看，这的确是一条让我理解阅读、爱上阅读的顺畅之路。

当把那些世界文学巨匠的代表作都扫过一遍之后，我的阅读又陷入了另一重困境：老觉得好书越来越少了。拿前面那些巨著当标尺，似乎怎样的作品都显得短了一截。我对书籍的挑剔，可能就是从这会儿开始的。

好书可以反复读

我对经典的阅读虽然数量大，但其实方法上也有不得当之处。有些艰深的，我看得粗糙（比如陀思妥耶夫斯基《罪与罚》里面大段大段的内心告白，我看的时候嫌他啰唆，基本都是一目十行地看过去的）；有些浅显的，我又一笑而过（比如戈尔丁的《蝇王》，在读第二遍之前我一直以为是本童趣小说）；有些无须深入的，我过分执著；有些意在言外的，我又懒得琢磨。

我相信这是阅读的自然现象。阅读不像人生那么残酷，只有一次机会，不容任何人打草稿。一本书可以反复阅读、多次阅读，读不懂可以再读，读错了也可以再读，只要你有不老的心情，书中就有不绝的风景等待你去欣赏。

对于阅读，其实我也一直有这样一个看法。好书，特别是经典的读物，不能只读一遍。目前我身边相当一部分朋友的阅读还处在采猎阶段，一包一包地买书摆在书架上，就好像一房一房地娶妾来填房一样。

一个据说家里有很多书的朋友要搬家，临走前，说书太多搬不了了，于是叫我去她那儿挑挑书。我去了，果真书不少。可满墙满墙的书，都崭新如彩砖，有着“不得见者三十五年”的深宫宫女一样哀怨的眼神。我挑了几本买不起的画册就慌忙走掉了，不知剩下的书她怎么处置了。

我买书其实买得并不多，许多书都是在书店看完的，只有那些需要看第二遍的书才买回家去看。

许多好书，读过第一遍后，是要晾一晾再读的。越是那些难啃的书，往往越是需要多读几遍的书。

记得第一次看尼采的《偶像的黄昏》，痛苦得如同便秘一样，隔了几年再捧起，便觉妙语连珠，爱不释手了。

也记得第一次读《庄子》，光是查字典就耗去了大半时间，恰好那时我拿的是繁体本的，读起来更加费劲，更不用说欣赏了，读过之后，大半也忘记了。后来看《史记·苏秦传》时，有一句叫，“孝如曾参，廉如伯夷，信如尾生”，在“尾生”这词条中注释说，尾生的故事《庄子·盗跖》曾载。我不由一惊，按说这我应该是读过的啊，怎么一点儿印象也没有了呢！回头重新读《庄子》，才注意到了这个凄美的故事：“尾生与女子期于梁下，女子不来，水至不去，抱梁柱而死。”心中不由大为感慨。尽管庄子并不认同尾生的做法，我倒是宁愿自己所期之人能“水至不去”。

读书也要有方法

然而，正是因为经典作品的艰涩、“难啃”，让许多年轻朋友望而却步，不敢亲近。这种现象的出现，有一定的客观因素。

经典作品之所以成为“经典”，就是因为它们经历了时间的考验。正因如此，许多经典作品距离现实生活较远，读起来难免有隔膜。特别是一些外国作家的作品，不但纵向跨度大，横向跨度也大，其间经历了不同水平、层次的译者的转述，很难保留原著原汁原味的东西。

其实，应对这个问题并不困难。从我自己的经历来看，阅读经典也需要经过一个由浅到深的过程。记得最开始读《古文观止》时，我上小学三年级，开头《左传》那几篇，把我读得头昏脑涨，痛不欲生，简直与另学一门语言无异。后来突发奇想，决定把《古文观止》倒着读，先读离自己近的、短小易读的，再读那些又长又遥远的。当时，我对诗词已经有点儿基础了，于是便有意识地挑那些自己熟知的作者写的文章先读，读完陶渊明、苏轼的选文，再去读那些不熟悉的作者的。这样，小学毕业时，一本《古文观止》已经读得差不多了。这会儿再返回去看前头那些不好读的，便觉得轻松了很多。

读外国作家的作品也是一样。托尔斯泰的《战争与和平》一共四本，我小学毕业那年买的。买后四年之内，从没翻开过第二本，第一本也只读到三分之一左右就读不下去了，而且读过的每一页都无比艰难，毫无乐趣可言：那些一嘟噜一嘟噜的人名，复杂的称谓和人物关系，还有冗长繁琐的注释，真让人受不了。后来，我先放下了《战争与和平》，去读了托翁的其他两部名著《复活》和《安娜·卡列尼娜》，了解了他所在的时代，也了解了他本人的写作风格。这会儿再读《战争与和平》，就顺畅多了，一气呵成地读下来，心中也时不时地暗暗赞叹，不愧是名著啊！

尽管我们可以调整我们的阅读思路，但却不能忽视这样一个问题：译者的水准。伍立杨先生曾写过一篇名为《哀中文之式微》的文章，列举了一些令人啼笑皆非的译文，有文句不通顺的，有曲解作者原意的，不一而足。因此我想，既然翻译的水准参差不齐，如果可能的话，我们还是应该跃过这道门槛儿，直接去阅读原著作品。别的语言不敢说，至少对英文作品而言，这样的方案还是可能的。我在准备出国以后，才开始有意识地阅读原版英文名著，与原来读过的全译本比较，感受还是不一样。有的时候，即使译者翻译得到位了，原著中有一些微妙、细腻的表达，依然无法在译文中体现。毕竟，隔岸观火不如身临其境啊。别说这样的要求太高了，卡尔·马克思五十多岁才开始学俄语，不到半年他就可以自由阅读俄语报刊了。我们努力的空间还很大啊！

爸爸把自己比作大仲马

初三一年，学校的学习任务增多了，我忙里偷闲，紧接着出版了《看不懂你就不要看》和《正着成长·倒着回忆》两本书，那会儿，自己也俨然把自己当个“小作家”了。原来和爸爸一块儿出去，大家介绍到我，总是说，“这是陈教授的女儿”；现在，大家介绍到爸爸，却反过来说，“这是励子的爸爸”。于是我好不得意，常常跟爸爸挑衅，“你除了喝酒外别的都不如我。英语没我好吧，写文章也写不过我”。

这会儿，爸爸给我讲了仲马父子的故事：

小仲马在写出了《茶花女》之后，名声大噪，于是问大仲马：“你有哪部作品能比得上《茶花女》？”

大仲马笑道：“我的得意之作，比《茶花女》不知要强多少倍。”

小仲马不解：“我怎么没读过？”

大仲马哈哈大笑：“我最得意的作品就是你啊。”

自打那以后，我每次批评我爸太懒、太胖或是打字没我快时，我爸就拍着我的肩膀说，别说我这不行那不行，我最得意的作品就是你啊。

其实我一直很崇拜爸爸。小时候，写出了让自己得意的文章，总是第一个拿给我爸看。我爸是理工科出身的，但是读书破万卷，文学素养远远高过一般人。直到今天，有很多对文学、对社会的想法，我也最愿意和他交流。十几年来，我读过的不少好书，都是从爸爸的书架上借来的。他最推崇简易、朴实、深挚的文风，喜欢颜真卿的字，喜欢巴赫的音乐，为人谦和、平淡，生活上幽默率真，随遇而安。他从来不对我的写作作具体的指导，但要求我不论写什么题材，都要饱含自己的真情实感，不矫揉造作，不故作姿态；不论社会上流行什么样的书，都要保持自己作为一个作者的真性情，不跟风，不盲从。

他对文学的看法，一直影响着我的创作。

让阅读成习惯，让习惯成自然

我们这个时代，不缺写作的人，缺会阅读的人。现在，市场上的书越来越多，而值得读的却越来越少；我们可以登上月球，却愈发对自己的心灵一无所知。

记得皇甫谧在《玄晏春秋》里曾说，“余读书或兼夜不寐，或临食忘餐，或不觉日夕，方之好色，号余曰书淫”。

书淫，这真是个有趣的名号。可惜，能做到的人越来越少了。

我想对每一个写作的人而言，阅读都是不可或缺的一种习惯。对那些想写作的人，我始终建议他们先阅读，别忙着动笔。余华曾经说过，他读过的书对他的影响，“就像阳光对树的影响一样”。阳光影响着树，但树会以自己作为一棵树的方式成长，而不是以阳光的方式。因而，那些说阅读得多会影响写作的创造性之类的言论是很值得怀疑的。别怕，放手读吧！

现在，对我而言，读书成了一种自觉的规律性行为。每天放学到家，总要先抽几本书放在床头，以供睡前阅读。即使在高三最忙的时候，我也一直坚持每天阅读五万字左右。也许还没到“书淫”的境界，但至少也是个“书狂”了。

我相信，每天阅读是一种习惯，就像每天刷牙一样自然。

对于真正的优秀读者而言，每天阅读也是一种生理需要，就像每天上厕所一样迫切。

我也相信，阅读是一条没有尽头的路，而我只不过刚刚起步。

矗立歌吟里，掩映诗词中

过去的这一年，我高三。一边忙出国，一边应付高考，只恨自己没有三头六臂，分身无术。好久没重温写作的乐趣，心里总归有些不是滋味。

有时候也在想，出国了，我还能继续写下去吗？

我不敢下结论。

即便能在国外继续写作，如果脱离了在中国的生活，写出的文字还能有生命力吗？一个还没长大就被从母体割断的孩子，还能生存下去吗？

这个问题，只有时间能告诉我答案。

其实我从未准备把写作当职业（写作是心灵和精神的事业，我实在不愿让它和物质需求挂钩），但这么些年来，写作已悄然无声地浸透我的生活，成为我生命中不可或缺的一部分。和说话、手势、眼神一样，它成为了我骨子里的一种表达方式，而且往往比前三者来得更自然、更真实。

我有一个美好的愿望：在以后的人生中，我会写得越来越少，但写作对我而言，会变得越来越重要。最终，不是我淡忘了写作，而是写作早已成为我生命的底色。

愿我的生命永远矗立歌吟里，掩映诗词中。

对话陈励子：去美国实现人生梦想

问 1：在你看来，美国的大学比中国的大学好在哪里？

答 1：我一直觉得，美国大学和中国大学之间不存在优劣差别，选择美国还是中国，关键看自己更希望接受哪种类型的教育，也要看自己的性格更适合哪种教育方式。如果简单把中美教育作个比较的话，可能有以下几个不同点：第一，中国教育更重教师传授，美国教育更重学生探索。因此，我们的学生往往是老师教会的，他们的学生往往是自己“捣鼓”明白的。第二，中国教育更注重知识本身的系统性，美国教育更注重知识与应用之间的联系。因而，往往中国学生的知识水平更扎实、基本功过硬；而美国学生想法多、思维宽、拓展广，学以致用的能力更强一些。第三，也是最重要的一点，国内的大学教育目的性、功利性更强一些，美国大学的教育却以发掘学生的兴趣为主。在国内报考大学，大家在选填专业的时候，往往考虑的不是自己的爱好，而是未来的就业前景、收入水平。在美国，很多大学的本科教育是 Liberal Arts Education 系统，在大一、大二两年，你不用选择专业，可以完全根据自己的兴趣，随便听课、选课（当然你要获得相应的学分），在大三的时候，再根据自己前两年的学习经验和兴趣，选择一个自己主要研究的方向（concentration），然后完成相应专业的学习。当然，实际性的因素美国人也考虑，但不会放在那么重要的位置。

问 2：对很多想去美国上大学的中学生而言，出国考试是一大难关，能简单讲一下你准备出国考试的整个过程吗？

答 2：首先先简单介绍一下本科赴美留学需要参加的几项考试。一个是语言能力测试，也就是平时我们说的 TOEFL 考试，还有一个学科能力测试，也就是所谓的美国大学入学考试（SAT），这个考试又分为两项，一个是 Reasoning Test，就是我们平时说的 SAT Ⅰ，这项主要考查你一般性的学科能力，包括阅读、写作、数学三个部分；第二个是 Subject Test，也就是我们平时说的 SAT Ⅱ，这项考试主要考查你在某一个具体学科方面的知识水平，可以选报的科目很多，比如数学、物理、化学、生物、美国历史、世界历史、英美文学，还有法语、德语、西班牙语这样的学科。这样，如果你完整地参加了出国考试，手头应该有三个成绩：TOEFL 成绩、SAT Ⅰ成绩和 SAT Ⅱ成绩。各个学校对这三个成绩的要求不太一样，有的学校不要求提供 SAT Ⅱ成绩，有的学校需要两门 SAT Ⅱ，有的学校需要三门 SAT Ⅱ，这个要视学校的具体情况而定。

我再简单讲一下我参加出国考试的过程。我是 2007 年 12 月参加的 TOEFL 考试，2008 年 1 月参加 SATI 考试，2008 年 6 月参加 SAT Ⅱ 考试，这三个考试前后加起来一共用了半年左右的时间，算是考得比较紧凑的。

2007 年暑假的时候，我用了一个月的时间把整本 GRE 单词背了两三遍，以后每个月再复习两遍，把词汇弄得很熟，算是给日后的这三门考试打下了词汇基础。

从那以后，就一直没有用特别集中的时间去准备这些考试。我一直不太喜欢考试前临时抱佛脚，更重视平时一点一滴的积累。通过多年来每天一直坚持看美剧、看 CNN 和 NPR 的新闻，看原版英文小说写 book report，读 Scientific American 这样的杂志等比较有效的英语学习方法，切实提高了自己的整体英语水平。在临考前的几个星期，再通过做几套真题练练手，找找思路和做题的感觉，上考场就觉得很轻松了，没什么大问题。

有出国打算的同学，我建议早点动手准备，切实提高自己的英语实力，这比掌握各种各样的所谓考试技巧更重要。因为技巧总是要建立在实力基础上的。

问 3：在参加了美国的大学入学考试后，你又参加了高考，并且作为一名文科考生，取得了 675 分的高分。你觉得这两个考试的最大差别是什么？

答 3：这两个考试差别太大了。SAT 考试在美国每个月都有，只要提前几天报名，到时候准时去考场考试就行，一次考得不好，可以再考第二次、第三次，最后挑一个最满意的分数寄给学校。你申请大学的录取结果不会只由你的 SAT 分数决定，通常，申请任何一所美国 Top20 的大学，SAT 考到 2100分就足够了。美国大学不是只录取SAT高分学生,SAT只考了1900多分，但其他方面很优秀的学生照样也能进入美国最顶尖的大学。SAT 这个成绩更像一个参考性的数据，而不是绝对性的标准。中国的高考则不然，这个大家都很熟悉，我也不用详细说。

有的时候我也在想，我们的高考是不是也能从 SAT 考试中借鉴一点儿什么？

“一考定终身”的这种考试制度，把一些偶然性的因素放得太大了。可能对于全国几百万考生来说，几个人的发挥失常不影响全局，但对这几个考生自己而言，影响太大了。

而 SAT 这个考试会尽量把这些偶然性因素对你的影响降到最低。如果是你个人的失误，可以重新考一次，如果题目出得整体偏难，它会有些题目错了也不扣分，保证分数的公平。

当然，我只是有这么一个设想，到现在也拿不出特别切实可行的方案，因此这个课题还得继续探索下去。

问 4：你觉得你作为一个申请人最大的优势是什么？

答 4：谈不上什么最大的优势吧。一般来讲，学校衡量一个申请人会从以下几个角度来考虑。

第一，客观数据：包括你的 TOEFL 分、SAT 成绩以及在校成绩、排名这些。我的这几项数据不能算完美无瑕，但还都比较过硬（TOEFL114，SAT2310，在校平均分 95—96，年级排名第一）。

第二，课外活动、获奖情况：这一部分应该算是我的亮点。在向学校递交的简历中，我向学校展示了自己出版书籍和发表文章的情况、在全国级的学科竞赛中的获奖情况、领导和组织能力，以及丰富的课余生活（辩论、演讲、乒乓球等）。

第三，文书写作：包括一篇个人陈述，一篇课外活动的简短描述，还有一篇专业选择文章。这三篇文章的作用，在于展示你与众不同的、多姿多彩的性格。在我的这篇个人陈述中，我以给贼的一封信的形式，展示了我对写作对阅读的理解。而在对课外活动的简短描述中，我讲述了我通过太极拳体会中国文化内涵的经历；在专业选择文章中，我写了自己初中毕业后，怎样在学文还是学理的选择中犹豫，最终决定在大学学习经济，因为这个学科涉及很多人文社科方面的知识，又以自然科学的基础——数学作为重要工具，可以更好地糅合我对文、理两方面的喜爱。

问 5：为什么你选择了 Wellesley College？

答 5：我和 Wellesley 之间是一种双向的选择关系：我对她的向往由来已久；自己身上的某些品质也正好契合了 Wellesley 的传统和风格。因此，彼此都觉得“一见倾心”，非她莫属。

Wellesley College 是一所 Liberal Arts College，中文翻译过来，叫文理学

院。在美国，文理学院的班级通常规模很小，很多时候，一个班只有五六个人，文理学院实施的这种精英教育模式，能保证每个人都能得到教授充分的指导和关注，这是我看好 Wellesley 的第一个原因。

第二个原因，Wellesley College 一直致力于培养女性的独立、自强精神，这点很符合我一直以来的人生追求。从这里走出的美国原国务卿奥尔布赖特，现任国务卿希拉里，还有中国的宋美龄、冰心等，都是为我们熟知的杰出女性。我相信，在 Wellesley 优秀是一种传统。

第三个原因，Wellesley 位于波士顿西郊，环境很安静宁谧，是个绝妙的读书、沉思、行走的地方。我希望能在 Wellesley 的四年中，多沉淀沉淀，多思考思考，获得对人生新的感悟。

问 6：你的父母对你出国持什么态度？

答 6：我家是一个特别民主、自由的家庭。从小到大，他们很少干涉我的事情。在出国这件事情上，怎么考试、怎么准备材料、怎么选择学校这些事情都是我自已拿的主意。我之前就跟他们说，这些事儿都由我自己看着办，你们不用管我，就负责帮我出去新加坡、香港考 SAT 的机票钱就行了。我们三个一致认为，趁年轻的时候，人应该出国去闯一闯，换一个环境，去接受一种别样的教育，这样人的眼界会不一样，思路也会更宽阔。关键就是什么时候走的问题。应该说我有三个选择，高中出国，本科出国，或研究生出国。在高二的时候也曾有过出国的机会，当时，我和我家人都觉得时机还不太成熟，准备得也不够充分，应该再花点时间把该想的事情都想清楚，该做的准备都做好，别匆匆忙忙地走，于是就选择了本科出国。现在看来，我大学毕业后，研究生可能也会在美国念，也可能会先工作一两年再接着读吧。现在他们最担心的不是我在美国的学习。我平时生活上很懒，不爱收拾东西，房间里从来都乱七八糟，用我爸的话说，我的房间，就跟“刚被贼进来翻过”一样。现在他们天天叮嘱我，到了美国可得勤快点儿、淑女点儿啊，别把脸都丢到国外去了。

问 7：对自己将来的人生有什么打算？

答 7：我觉得真正的梦想应该藏在心里，能说出来的全是野心。对自己的人生，我不是一个特别精打细算的人，很多时候，不喜欢把以后的每一步都想得很清楚再一步步做，喜欢有点儿悬念，有点儿惊喜的生活。一直很喜欢一句话，除去睡眠，人的一生只有一万多天，人与人之间的不同在于，是否真的生活了一万多天，还是仅仅生活了一天，而重复了一万多次。其实想想也是，能把每一天都过好就不容易了，什么宏伟的打算都是空话。

问 8：有没有想过，出国之后自己会面临什么样的困难？

答 8：我不是一个乐天派，喜欢把能考虑到的困难都考虑在前面。我想这个困难可能是两方面的，一方面是共性的困难，就是说所有的中国学生到美国可能都会遇到的困难。比如，语言上的障碍（对于我们这样去读大学的可能会好一点儿，更小的孩子问题会更大一些），生活习惯的不同，教育体制的差异，文化和思维方式的不同等。我想对这些困难可以分开看。一方面，它们会让你觉得心里别扭，觉得有点儿格格不入，但另一方面，这也正是美国之行的魅力所在，去感受与自己已经熟悉的生活不同的另外一种生活。还有一方面是个性的困难，就是针对我个人而言的。我是一个生活方式偏静的人，可以和朋友一块儿玩玩闹闹，但也需要有自己的内心生活，喜欢读书、写作，不喜欢天天和一群人待在一起逛街泡酒吧。我喜欢建立比较小的朋友圈子，喜欢跟和自己有共同语言的人在一起。所以，到了美国这方面可能需要适应吧，也需要慢慢寻找和自己志同道合的朋友。

问 9：现在，越来越多的高中生开始寻找高考独木桥边的第二条路，对这些“后来人”，你有哪些忠告？

答 9：一旦出国开始成为一种“现象”，随之而来的就是媒体的各种渲染、夸大和不实的报道，这件事情就开始变得不那么纯粹了。我建议高中生朋友们不要盲目跟风，不要盲目听信社会上的那些出国如何如何容易、将来如何如何风光的言论，自己要有甄别能力。要把几个问题考虑清楚：第一，我能不能出国？你的语言能力是否过关？你的家庭是不是有这样的承受能力（任何一个懂事的孩子都不应该把自己出国的经济压力转嫁到父母身上）？第二，我适不适合出国？你与人交往的能力强不强、适应新环境的能力好不好、有没有独立生活的习惯，等等。第三，才是应该怎么准备出国的问题。

最近还有高二、高一的学弟学妹联系我，他们在国内就非常优秀，各项出国需要的基本素质也都具备，再就是在国内读清华北大还是准备出国之间犹豫。对于这样的同学，我实在不能说你们就应该这样、不应该那样。更多的时候，我想你们可以先梳理一下自己吧，想想自己走过的路，也想想自己心中二十年后的样子。听从自己内心深处的声音，用梦想为人生掌舵。我相信，不论你们考虑的结果是怎样的，一定都是最适合自己的选择。

附录 2：师长眼中的陈励子

陈勉：我和我的女儿

虽然担任这么多的职务，涉及这么多的领域，但我想得最多的还是教育。很喜欢称呼自己为教书匠。每每和学生们一起在教学科研中碰撞出火花，都让我感到欣慰，那是一种质朴的幸福。而同时，在对自己孩子的培养过程中，我始终在思考作为长者，到底应该留给下一代什么样的教育理念和模式，才是对孩子本身自由成长最为有益的，才是最好的教育。

我们两个都是学理工的，励子却喜欢读书、写作。一方面，我们尊重她自己的兴趣，欣赏她身上的人文素养和精神气质，另一方面，我们希望她能全面发展，知识结构丰满。励子也很争气，在学校文理兼优，是个很好的学生。几年前，在女儿的创作崭露头角时，出版社的领导曾经联系她，希望她能尽早开始专业创作的道路。她回绝了，不愿像韩寒、郭敬明那样提早放弃学业，走商业化写作道路。因此她现在还在校园里，像其他中学生一样，踏踏实实地学习，一步步实践着自己更高更远的人生梦想。女儿曾说，“成才重要，不着急成名。”让我们很感动。

女儿慢慢长大，她越来越能理解我所提倡的鼓励人和人之间的平等与尊重，并且内化成了自己的准则。她现在才十几岁，但有时候一些为人处世的方式甚至让成人汗颜。我告诉她，也一样告诉今天身边的学生任何时候，任何人，不应该因为他是老师或者所谓的权威，就唯唯诺诺；不应该因为别人处于生活或能力上的弱势就显出高姿态。

作为父母，我们尽量给女儿充分的独立空间。即使是危险的事情，也尽可能在可控状态下，让她亲身体会，实际体验危险的后果，自己跌倒，自己爬起来。升学这类大事，从来都是她自己拿主意，我们仅提供参考性意见，决定权还在于她自己。我们希望女儿能自己体会成功的喜悦，自己品尝失败的滋味，要让孩子知道，自己的路毕竟要自己走。

（陈勉：全国政协委员，北京市昌平区政协副主席，中国石油大学（北京）石油天然气工程学院院长。）

李煜晖：我的学生陈励子

陈励子这小丫头在学生会工作两年多了吧，基本没有参加过例会。不过，没有人指责她，或和她攀比，好像她不开会是再正常不过的事情。按照我牵强的分析，产生这种现象的原因是：一个人如果比你强一点，你会嫉妒他；一个人如果比你强很多，你就会宽容他。当然，我也不去管她。因为在我的观念里，如果一个人让我省心，我不应该给别人添乱，而开会，恰恰是古往今来给聪明人添乱的最佳选择。

她高考并不如意，只有675分，没能众望所归地拿一个文科状元回来，气得哭了好几回。但我觉得这对她本人也未尝不是一件好事。人不应该为了别人的评价活着，光环少一点，反倒可以轻松愉快地做自己。再说日中则移，月满则亏，天地之大，哪能什么都让你占了，差不多就得了。

有一件事倒是颇令人欣慰：在讨论北师大二附中最高奖——“金帆奖”的时候，学校仍然义无反顾地把这以往只有状元才有的荣誉颁给了陈励子。和她所获得的种种荣誉相比，一个校级的奖项也许并不算很重，但它有一份特别的意味：不以成败论英雄。而这，恰恰最难得。

咱们中国人评价人，往往重结果，轻过程，成王败寇，所以稍有些天分的青年，成名即被捧杀，失败即被骂杀。即使在意过程的人，其评价的标准也无非是“德”、“才”二字，而修身立德是为了齐家治国平天下，读书学习是为了经世致用建功业，也同样充满了功利的色彩。体制使我们常常忘记去欣赏披荆斩棘的过程之美，忘记去感受人为万物之灵所应有的才华之美。那种美是如此的动人，充满灵性，时而凝固如画，时而流动如水，时而令人兴奋欣喜，心旷神怡，时而令人黯然神伤，悲从中来。林语堂先生曾用四个字评价苏东坡——元气淋漓，真是抓住了神髓。天地间无此等人，活着的乐趣也就不会太多了。

说到陈励子，她在众人眼中的光环，我一件都记不起来了。倒是在她的身上，我隐约看到这一种美，还谈不上什么“元气”，谈不上“浩然之气”，姑且称之为“聪明”吧。我想，在人所有的品性气质之中，聪明也许不是最重的，但一定是最美的，最有欣赏价值的。虽说糊涂难得，可眼下聪明又何尝容易？多少孩子在十几年寒窗苦读中把与生俱来的聪明消磨殆尽？多少青年在专家权威的指指点点下让激情和创造力付诸东流？陈励子少年成名，纯属机缘巧合：她天赋好，家庭教育宽松自由，没有太多的条条框框，迄今为止，也没有“大人物”对她指手画脚，所以她茁壮发育，野蛮生长，敢哭敢笑，敢作敢当。在这个多年的媳妇儿熬成婆的社会里，我由衷地为她高兴，因为婆婆毕竟没有媳妇儿美。同时，我也为她的未来感到担忧：长大了的陈励子，是否会由聪明变精明，从成熟到市侩？果真如此，再多的光环我都会感到刺眼。听说她马上要去卫斯理学院（Wellesley College）读书了，还准备在MIT学院修一个第二学位，这样也好，也许那里的环境会好些，谁知道呢？

孤陋寡闻如我，不幸没见过元气淋漓的人物，浩然正气至大至刚的人物，偶然遇到一个聪明的陈励子，亦将出门远行。三年流光，亦师亦友，长路漫漫，悲欣交集。

（李煜晖：现任北师大二附中教学处副主任）

俞敏洪：
知名教育家，著名的英语教学专家、企业家、青年精神导师
新东方教育科技集团董事长兼总裁，中国青年企业家协会副会长

大多数能够进入美国名校的孩子都有一个共同点，他们都有相当的独立精神。当然，这一点在陈励子的身上表现得更为明显。

——俞敏洪

成功的前提：独立精神和兴趣培养

读完陈励子的文章，我心里不由感慨现在的孩子可以这么独立地设计自己的人生。大多数能够进入美国名校的孩子都有一个共同点，他们都有相当的独立精神。当然，这一点在陈励子的身上表现得更为明显。

励子的故事，更多的启示其实是留给家长的。在中国，很多家长都过于干涉或者安排孩子的学习和生活。孩子在家长的安排中，失去的不仅仅是生活的乐趣，还有独立精神、个性发展等。这些东西在短期内可能看不出来有什么重要性，但是随着孩子不断成长，这些特质在不同的孩子身上就会表现得越来越明显。孩子终究要有自己独立的生活，那些从小被安排惯了的孩子，必然会在需要自己面对选择的时候，变得手足无措或者胆怯。

陈励子必然是个很有天分的孩子，这种天分不是每个人都能具备的。可能对大多数孩子而言，他们的生活不会有那么多光鲜夺目的东西。但是有两点是每个孩子都能做到的：一个是养成独立的精神，另一个就是培养自己的兴趣。

没有兴趣、没有激情，就算把你送到哈佛，把你送到多好的学校，你可能都是背水一战，甚至浑浑噩噩，因为你不感兴趣。留学，一样需要以自己的兴趣为蓝本进行设计。美国院校在录取学生的时候，更多看重的是这个孩子未来的发展，他们相信那些能够执著于自己的兴趣，并且有独立思考能力的孩子，会比没有兴趣的人更容易获得成就。

陈励子属于那种在很早的时候就已经开始规划出国留学的孩子，她本身也是一个很有计划的人。所以她的留学过程看起来顺利而自然，从备考到申请都稳扎稳打，没有什么悬念。我们一直强调希望能到美国名校深造的孩子最好是早打算、早准备。不仅仅因为可以有充分的准备时间，取得一个好的申请成绩，更重要的是可以有更多的时间去发掘自己的兴趣、学习目标、留学的目的。我想，只有充分了解自己，了解为什么要出国，才能不枉费自己辛辛苦苦拿到的录取书，不枉费入读那些被众多孩子所钦慕的美国名校。

到底留学有什么意义？稍微理一下脉络就会发现，中国任何一次改变和变动，和中国的留学生都有着一定的联系。但是目前大部分的家长让孩子留学只是为了让孩子找到一份好的工作，或者认为孩子在中国上大学竞争力不够，这个想法肯定是对的。但是，整体来说最重要的意义在什么地方呢？整体来说留学推动了中国整个价值体系和文明体系的改革，这才是最重要的。

留学是一种浸泡，必须把自己泡在里面。一种是在大学里泡，泡学识、方法论，泡对问题的思考能力，当然也包括自己价值体系的建设。另一种是把自己泡在社会中间，学生留学完之后应该在社会中间工作以后再回国。因为充分了解了国外的社会、人情、人文思维模式之后再回国，能更好地将中西方的优势相融合。

留学所能带给我们的最后一样东西，就是让我们敢于在自己脚踏实地的奋斗中建立自信，通过自信把自己获得的经历变成行动，最后品尝我们的成就。我也衷心祝愿所有人的留学梦想都能成功！

留学时间规划

去美国读本科与入读中国的大学一样需要准备，不同的是：进入美国的大学需要提前一年进行申请，而进入中国的大学只需要在入学前三个月参加高考。中国学生一般在上了高中后开始为高考做准备，如果学生希望入读美国的大学，也需要在上了高中后开始准备。

入读美国的著名大学不仅需要学生提供较好的高中成绩和 TOEFL、SAT 成绩，还需要学生具备很好的综合素质。学校要求学生列举平时参加的各种课外活动，并希望从中看到学生的兴趣、爱好、个性、特点、能力、素质。而所有这些，对于一个还需要正常完成紧张的中国高中课内学习的学生来讲，需要为美国大学申请所付出的努力要远远高于他们的主要竞争对手——美国学生。

所以，我们中国的学生，若想在美国大学的申请中获得成功，最好早做准备。本书中的十位同学各自在文章中说出了自己准备美国大学申请的过程，对大家是最好的、全方位的借鉴。

现就大多数成功学生的申请准备情况做出如下时间规划方面的总结：

时间	完成事情
小学 ——初中	培养良好的学习、生活习惯；兴趣广泛，德、智、体，美，劳全面发展；鼓励好奇心、创造力
初中升高中暑假	放松、游玩、交友，多接触英语书籍、电影等；上 TOEFL 基础班，学习 TOEFL 词汇
高一上学期	认真完成课内学习，取得优秀成绩，参加大量课外活动；巩固强化 TOEFL 词汇，提高英语听力口语能力
高一寒假	上 TOEFL 强化班，掌握 TOEFL 词汇
高一下学期	认真完成课内学习，取得优秀成绩，参加大量课外活动；参加 1–3 次 TOEFL 考试，取得满意成绩
高一升高二暑假	参加至少两项感兴趣的活动：公益的、与学习相关的各一项（志愿者、研学、体育比赛、音乐活动、等等）；上 SAT 强化培训班
高二上学期	认真完成课内学习，取得优秀成绩，保持一定课外活动；学习 SAT Ⅰ、SAT Ⅱ，掌握 SAT 词汇；准备充分者可选择参加 1–2 次 SAT Ⅰ、SAT Ⅱ 考试

高二寒假	参加一项兴趣活动，充分准备 SAT Ⅰ、SAT Ⅱ 考试；可以申请暑假去著名美国大学或中学的 Summer School，或其他暑期活动
高二下学期	认真完成课内学习，保持优秀成绩。多做 SAT 题，每周至少写一篇 SAT 作文
高二结束前	考完 SAT Ⅰ、SAT Ⅱ 考试，取得满意成绩
高二升高三暑假	赴美参加暑期大学课程学习，或参加集训营活动等；走访大学，参加美国大学推介活动；了解学校、确定目标学校，准备目标大学的申请文书，并广泛征求意见，不断改进
高三上学期	保持课内学习质量，同时递送约十所大学的申请，加强与校方的联系，做好申请面试
高三下学期	收获录取，获取签证；同时完成高中学习，可参加高考

TOEFL 成绩是中国学生入读美国大学的基本要求，SAT 成绩是进入名校的重要砝码。只要学生从长计议，早早准备，合理安排时间，这两项考试都难不倒我们的学生。我们的高分学员也曾说：只要肯花时间，就一定能够取得好成绩。

课外活动是美国名校考察学生综合素质的重要途径。学生的课外活动越丰富越好，但也不要贪多而不精。学校希望知道学生从活动中收获了什么，并希望从学生的课外活动中看出学生出色的各方面素质和对社会或外界的奉献精神。学校想了解学生是否能合理安排学习与活动的时间，他/她做事的专注程度如何，是否能够长期坚持一项工作，以及如果录取这个学生，他/她去学校后是否能够丰富同学的生活、给学校带来贡献。

有些学生为了满足学校的要求，会临时安排一些表面上的活动，比如做一天的义工，让家长带着到孤儿院或养老院去看看，或是到民工子弟学校去给孩子们上一天的课，诸如此类。家长认为这样的经历写到申请文件中就可以了，但这样的短暂活动对学生没有产生影响，因为学生在整个活动过程还没有来得及思考，在申请文件中也就写不出真情实感。对于这样缺乏思想、空乏的申请文件，学校不会感兴趣。

合理规划，早早行动，辛勤耕耘，无论是考试还是活动，学生都能够从容应对，取得优秀成绩。本书中的这十个学生，经常被人们称为"神人"、"牛人"、"天才"。我也曾这样称呼过他们，结果他们竟毫不客气地在众人面前批评我，否定我对他们的"夸赞"。陈励子同学说："我不是天才，说我天才不是在夸我，而是在骂我。我认为世上有两种贼，一种是从别人口袋里偷钱的人叫贼，还有一种是从上帝那里偷智慧的人叫贼，人们把从上帝那里偷智慧的贼称作天才。而我的智慧不是偷来的，我的智慧是自己学来的，所以我不是天才，不是贼。"我们书中的十个小主人公有一个非常一致的说法：我不过是个普通的人。

实际情况也确实如此，这十个学生都是非常普通的人。他们之所以被大家认为是出类拔萃的，最重要的原因就是他们能够在适当的时候把握自己，用正确的态度面对困难，而不逃避困难。无论他们在追逐梦想的过程中付出的是汗水还是泪水，他们都为自己的生命做出了正确的选择。

同学们，请以本书的十个同学为榜样，定出自己的奋斗目标，合理做好规划，在自己黄金般的岁月里，坚持每天执行自己的计划，逐渐靠近目标，最终实现它。相信自己吧，你一定可以获得像本书中同学一样的精彩！

张洪伟

高中生留美英语学习考试解析

随着中国经济的飞速发展，越来越多的中国家庭考虑让孩子出国留学，接受西方的高等教育。近几年出国留学的大潮中，一个不争的事实是越来越多的家长和同学选择在高中毕业后去美国攻读本科，针对目前这样一个大的趋势和环境，作为一名高中生，一定要提早准备，提早规划。高中生在高中三年的具体学习和考试规划请参照下表：

储备阶段				
学期	大致英语水平	词汇量要求	培训班	考试
高一上学期（9–12 月）	托福基础班水平	4500	新托福基础班	参加 TOEFL 考试
高一下学期（1–7 月）	托福强化班水平	8000	新托福强化班	

高一结束的暑假，或高二开学的秋季 （7–9月/9–12月）	SAT基础班水平	10000	SAT基础班	参加SAT考试(SAT考试于每年1、5、6、10、11、12月进行)（优先考SAT Ⅰ，有时间和精力者可考SAT Ⅱ）；
高二开学的秋季或高二的寒假 （9–12月/1–3月）	SAT强化班水平	13000	SAT强化班	保持高二上学期课程分数，控制在平均80分以上。
暑假	利用暑假丰富自己的课外活动， 如：实践活动、实验项目、夏令营、义工、志愿者等。			
完成阶段				
学期	已获得成绩	申请流程安排		
高三上学期 （9–12月）	已获得TOEFL、SAT成绩	1. 信息筛选，确定留学中介机构； 2. 留学评估，制定留学方案； 3. 在顾问的指点下实施留学方案； 4. 美国名校“提前录取”申请截止于11月1日，截止日前快递所有申请材料；	Workshop申请班，实施留学方案 准备申请材料（如之前的SAT成绩不理想，可参加10月、11月、12月份的SAT考试）	

		5. 参加部分学校面试，准备常规录取院校申材料； 6. 获知“提前录取”院校申请结果，若未录取，可继续申请“常规录取”院校。	
高三下学期（1–7 月）	AP	1. 3–4 月：大部分院校截止申请；获取录取结果，决定就读学校和专业； 2.5–7 月：预约签证 – 签证文件准备 – 参加签证培训 – 美国使馆面签 – 体检、订机票、安排住宿。	拿到美国大学录取通知，准备美国使馆签证
高中毕业（8 月底 /9 月初）	登机赴美 – 开始留学生涯		

注：建议学生高一的时候开始着手准备托福考试，高二的时候准备 SAT 考试，在准备考试的过程中，还要积极参加各种活动，为未来的申请材料准备充分的材料。

一、托福考试（TOEFL）的准备

大多数中国同学的家长对于孩子的高校选择都是美国大学的综合排名中比较靠前的学府，因此考取一个理想的托福分数已经成为同学们申请美国大学的重中之重。从 2006 年起，美国教育考试服务中心（ETS），开始在中国推行托福网考（即新托福）。新托福考试从阅读、听力、口语和写作四个方面对于应试者加以测试。四个单项各 30 分，满分 120 分。对于将申请目标定位较高的家长或同学，托福考试的成绩应尽量达到 95 或 100 分以上，考生们需从词汇、阅读能力、听力、口语及写作能力共五个方面来进行准备。

首先，词汇是语言考试的一个绝对指标。托福考试所需要的词汇量应该在 8000 以上，词汇是攻克托福考试的第一步，良好的词汇基础也为后期 SAT 考试的词汇学习作了部分的准备。

其次，阅读是中国同学英语学习的一个强项，但国内英语考试与托福测试特点及重点不同，因此该单项应得到特别的重视，建议使用老托福的材料进行阅读练习。

再次，由于国内英语教学将重点放在了阅读及语法上面，因此听力能力并非是中国同学学习的重点。建议使用老托福的听力内容进行听写或泛听训练，并持续稳定的练习。

此外，口语单项并非只是简单口语表达能力的测试，该单项在新托福考试中是听力、阅读和口语综合表达的结果。建议使用《托福考试官方指南》等辅导书籍结合模板进行练习。

最后，写作能力是应试者必须在考前加以强化练习的。写作能力的提高可以从语法能力的强化开始，逐步进入段落或篇章写作，最终在经过系统培训后达到对托福考试写作的针对性准备。

经过几个单项的细致准备和练习，和一段时间的上机模拟考试，相信考生能够取得比较理想的成绩。需要注意的是；很多考生担心一次考试达不到理想的成绩，故需要连续多报几次，笔者建议不要多次参加托福考试，如果一定要报考两次，建议两次之间的时间间隔超过一个月，这样能够留出足够的时间来解决前一次考试出现的问题。因为托福考试的成绩有效期为两年，所以一般考生最好在高一下学期考取理想的托福考试，高二争取考出 SAT 成绩，在高二下学期和高三上学期就要开始积极参加各种公益活动和准备申请资料。

二、SAT Ⅰ考试的准备

SAT Ⅰ考试也被称为美国的高考，该考试共分为写作、数学和阅读三个部分。每个单项各 800 分，总分 2400 分。对于中国同学来说，95 或 100 分以上的托福成绩加上 2000–2100 分以上的 SAT Ⅰ成绩在美国高校本科申请中，是具有很强的竞争力的。SAT Ⅰ考试每年有两到三次，因为在中国大陆地区没有考点，所以同学习惯上会选择香港，澳门或新加坡等地区进行考试。该考试的注册是在网络上完成，但考试形式为书面笔考，而非如托福网考一样在计算机上进行考试。SAT Ⅰ考试对于中国同学的挑战性极强，一般可能需要参加两次考试才能取得比较理想的成绩，绝大多数考生可能是在高一下学期到高二阶段准备和参加 SAT Ⅰ的考试。

如果将申请目标定位在美国顶级名校的同学还要参加 SAT Ⅱ的考试，SAT Ⅱ考试涉及多个科目，常规准备周期可能需要一至三个月左右的时间，而且与 SAT Ⅰ考试同时进行，因此对两个考试的复习备考时间安排要尽量合理，避免冲突。

如首次参加 SAT Ⅰ考试的结果与预期分数差异很大，并且不打算再次参加 SAT Ⅰ考试，可以考虑转考 ACT 考试，ACT 考试整体难度较 SATⅠ考试低且其功能与 SAT Ⅰ考试同等，考生更可能在该考试中取得理想的成绩。SAT Ⅰ及 SAT Ⅱ考试或 ACT 考试的成绩应尽量在高三上学期开学前取得，最晚不应超过该学期的十一月份，否则对接下来的申请工作可能会产生影响。

从进入高中一年级到最后整个申请过程的结束，在历时两年半至三年的漫长准备过程中，时间的安排，考试成绩的实现等重要因素的每一个环节都对后期的申请结果具有决定性的作用和意义。因为一部分家长或考生不愿意放弃国内的高考，这样考生就面临高考和出国申请两方面的压力，有限时间的合理分配将是非常重要的。因此，保证阶段性目标的制定与实现是最终申请到理想学校的必要前提和保证。祝愿考生朋友都能成功申请到自己理想的学校和专业。